KB033348

원자력발전의 사회적 비용

에너지전환으로 가는 길

원자력발전의 사회적 비용
에너지전환으로 가는 길

—

인쇄 2018년 12월 15일 1판 1쇄   발행 2018년 12월 20일 1판 1쇄
　　　　　　　　　　　　　　　 발행 2019년 12월 10일 2판 1쇄

지은이 김해창   펴낸이 강찬석   펴낸곳 도서출판 미세움
주소 (07315) 서울시 영등포구 도신로51길 4
전화 02-703-7507   팩스 02-703-7508   등록 제313-2007-000133호
홈페이지 www.misewoom.com

정가 15,000원

—

이 도서의 국립중앙도서관 출판예정도서목록(CIP)은 서지정보유통지원시스템 홈페이지(http://seoji.nl.go.
kr)와 국가자료공동목록시스템(http://www.nl.go.kr/kolisnet)에서 이용하실 수 있습니다.
CIP제어번호: CIP2018036567

ISBN 979-11-88602-13-1   03330

이 책은 한국언론진흥재단의 연구·저술활동 지원으로 출판되었습니다.

원자력발전의
사회적 비용

에너지전환으로 가는 길

김 해 창 지음

미세움

들어가는 말:
왜 원자력발전의 사회적 비용을 말하는가

　　2017년 가을 우리 사회는 신고리5·6호기 공론화를 두고 찬
반이 격렬하게 부딪혔다. 이명박·박근혜 정부의 '원전올인' 정책으
로, 또는 문재인 정부의 '탈원전에너지전환' 정책으로 부산·울주·
월성·울진·영광·삼척·영덕 등 원전입지, 예정지 주민은 물론 전 국
민이 각각 입장에 따라 불안과 고통을 겪었을 것이다. 부산·울산·
경남(부울경) 지역 주민들은 2015년 진보, 보수할 것 없이 범시민 고
리1호기폐쇄운동에 나서 그해 6월 폐쇄 결정을 이끌어냈다. 촛불민
심을 바탕으로 2017년 5월에 새로 들어선 문재인 정부는 이러한 지
역주민과 국민의 목소리에 귀 기울여 탈원전에너지전환을 선언했다.
지난해 신고리5·6호기 공론화를 비롯해 탈핵진영에서 이를 보면 기
대에 많이 못 미치는 것이 사실이겠지만 폐쇄 목소리가 높았던 월
성1호기도 2018년 6월 폐쇄 결정이 내려졌다. 이전 정부에 비해 문
재인 정부는 안전을 중시하고, 더 이상 원전증설을 막았고, 적어도
지역주민의 목소리를 들으려고 노력하고 있다는 점에서는 과거와는
다른 양상임은 확실하다.

올해로 후쿠시마원전참사 7년을 맞았다. 과연 우리는 그간 어떤 교훈을 얻었는가. 원전의 안전에 대한 국민적 관심이 높아지고, 안전비용에 적잖은 예산이 들어갔다. 경주·포항지진으로 놀란 지역주민들은 아직도 원전에 대한 불안에서 벗어나지 못하고 있다. 무엇보다 당국에 대한 신뢰가 필요하다. 그러나 아직도 원전업계는 원전이 안전하고 값싼 발전원이며, 원전수출만이 살길이라고 외치고 있다. 체르노빌, 후쿠시마의 참상은 아직도 남의 나라 이야기같이 들린다. 신고리5·6호기 공론화 이후 부울경 지역 주민들은 앞으로 신고리5·6호기 가동 60년, 폐로 40년 도합 100년간의 불안함을 머리에 이고 살게 된다.

과연 우리에게 원전이란 무엇인가? 전력생산에서 원전의 자리매김은 어떠해야 할까? 원자력발전과 관련돼 우리 사회가 지불해야 할 비용은 또한 어느 정도일까? 원전의 사고비용은 물론, 폐로비용, 사용후핵연료처리비용 등 지금까지 원전의 발전원가에 제대로 포함되지 않았던 비용에 대해 어떻게 생각해야 할까? 그리고 그 규모는 어느 정도일까? 원전은 과연 지역경제에 장기적으로 도움이 될까? 탈원전에너지전환정책을 추진하는 새 정부의 방향은 과연 제대로 가고 있는 것일까? 추진의지는 확실한 것인가? 이러한 면에서 우리는 원자력발전에 대해 깊이 있게 고민해보아야 한다. 그리고 원자력발전의 과거와 현재, 그리고 미래에 대해서, 또한 관련 비용, 특히 사회적 비용에 대해 꼼꼼히 따져보아야 할 필요성이 그 어느 때보다 높다.

이런 점에서 이 책은 그간 원전에 대해 부분적으로 고민해왔던 것을 원전과 사회적 비용이라는 점에 초점을 맞춰 총체적으로 정리한 것으로 크게 6장으로 구성된다.

　　제1장은 원자력발전의 빛과 그림자를 다룬다. 원자폭탄 제조의 역사와 원자력발전의 평화적 이용에 대해 소개한다. 체르노빌·후쿠시마참사를 통해 원전 안전신화의 붕괴 실상을 알리고, 그동안 안전경시의 원자력정책 실태와 원전사고의 피해 및 영향에 대해 소개한다.

　　제2장은 원자력에너지를 보는 판단기준을 소개한다. 그것은 크게 안전성, 경제성, 대체가능성, 민주성을 들 수 있다. 안전성은 원전사고의 취약성과 사용후핵연료처리의 어려움에 대해 다룬다. 경제성은 원전의 발전단가를 중심으로 종합적으로 원전 전기가 결코 값싸지 않다는 사실을 보여준다. 대체가능성은 원전의 대안으로서의 재생가능에너지와의 비교, 지구온난화에 대한 실질적 기여 문제를 다룬다. 민주성은 주민수용성과 운영의 투명성을 말하는데 원전입지에 대한 차별과 정보공개 여부, 신고리5·6호기 공론화 과정에서의 지역참여 여부 등에 대해 문제점을 제기한다.

　　제3장은 사회적 비용이란 무엇인가에 대해 다룬다. 사회적 비용의 개념을 토대로 자동차의 사회적 비용을 통해 사회적 비용의 실제 적용을 이해하고 원자력발전의 직접비용과 사회적 비용에 대해 개괄적으로 소개한다.

　　제4장은 원자력발전과 비용에 대해 다룬다. 원자력의 발전원가가 타당한가, 총괄원가방식의 문제점은 무엇인가에 대해 비판적으로 다룬다. 다른 전원과 발전비용을 비교한다. 발전원가가 공개되지 않는 우리나라의 현실에서 일본의 사례를 통해 '값싼 원전 발전단가'를 만들어내는 '꼼수'를 고발한다. 그리고 정확한 원전 발전원

가 시산을 위한 과제를 알아본다.

제5장은 원자력발전의 사회적 비용의 실제를 다룬다. 원전의 직접비용을 제외하고, 원전의 사고대응비용, 정책비용, 입지갈등비용, 폐로비용, 사용후핵연료처리·모니터링비용 등을 구분해 소개한다. 사고대응비용은 후쿠시마원전의 손해배상비용을 통해 그 규모를 제시한다. 원전 유치와 관련해 지역지원비용 등을 국내외 사례를 통해 소개한다.

제6장에서는 탈원전에너지전환을 위한 사회적 비용을 모색한다. 에너지전환의 필요성 및 경제적 효과와 탈원전을 위한 정책 제안 그리고 무엇보다 에너지전환을 위한 의식, 생활양식, 제도 개선의 중요성을 강조한다.

2018년 4월 우리나라에서 (사)에너지전환포럼이 출범했다. 환경시민운동의 힘을 바탕으로 민·산·관·학·연의 다양한 인사들이 '에너지전환의 열린 플랫폼'을 만든 것이다. 나도 정회원으로 참여하고 있다. 이제 우리 사회도 원자력발전에 대해 좀 더 심도 있게 다양한 각도에서 이해할 필요가 있다. 그러한 원전의 미래를 위해 가장 먼저 우리가 알아야 할 것이 원자력발전의 사회적 비용이란 생각이 든다. 나는 또한 지난 5월부터 자의반 타의반으로 한수원 비상임 이사로 활동하게 됐다. 그래서 당초 이 책을 기획했을 때보다 좀 더 폭넓게 친원전과 탈핵진영의 목소리를 균형 있게 보아야겠다는 생각도 더하게 됐고, 국민적·공익적 차원에서 원자력발전의 사회적 비용을 다뤄야겠다고 다짐한다.

이 책은 그간 나름 탈핵운동을 해온 개인 경험과 탈핵전문가 집단, 그리고 국내외 경제학자, 시민단체 활동가의 기본적인 연구에 힘입은 바 크다. 저자의 과문으로 인해 좀 더 체계적으로 분석, 종합하고 새로운 대안까지 이르지 못한 점에 대해선 미안한 마음이 앞선다. 그러나 한국언론진흥재단의 저술지원에 힘입어 원자력발전의 사회적 비용에 대한 큰 틀만이라도 정리할 수 있었다는 점에서 어느 정도 만족한다. 또한 미세움출판사 강찬석 대표님의 흔쾌한 출판 결정에 감사드리고, 짧은 기간 내에 멋진 편집을 해주신 임혜정 편집장님께도 거듭 고맙다는 말씀을 전한다.

흔쾌히 추천사를 써주신 김정욱 녹색성장위원회 위원장(서울대 환경대학원 명예교수)님과 윤순진 에너지전환포럼 공동대표(서울대 환경대학원 교수)님, 바쁘신 가운데서도 책 표지에 압축적인 추천의 글을 써주신 박원순 서울특별시장님께 진심으로 감사한 마음을 전한다.

아울러 언제나 늘 그러하듯이 지난한 저술 작업을 곁에서 지켜보면서 조언을 아끼지 않은 평생 동지인 아내와 나름 일상에서 분투하고 있는 두 아들에게 정말 사랑한다는 말을 전한다.

아무쪼록 이 책이 우리 사회가 원자력발전에 대한 비판적 이해와 탈원전에너지전환에 대한 인식을 새롭게 하는 계기가 되는 데 조금이라도 도움이 됐으면 한다.

2018년 10월

경성대 연구실에서 저자 씀

추천하는 글 1:
에너지전환은 에너지절약부터 시작해야

최근에 전 세계가 폭염과 혹한, 태풍, 홍수, 가뭄과 같은 기후 재난을 잇따라 겪으면서 많은 사람들이 기후변화의 위험을 실감하고 또 이에 대한 대책이 세워져야 한다고 공감하고 있다. 인류가 지금처럼 살아나가면, 21세기 말까지는 지구 기온이 4℃까지 더 오르리라고 예측되고 있다. 지난 130년 동안에 지구 평균 기온이 0.85℃ 오르면서 지금과 같은 재난이 일어난 것을 생각하면 앞으로는 그 영향이 어떠할지 대개 짐작이 갈 것이다. 그래서 시베리아의 동토에 얼어 있는 메탄가스가 분출되기 시작하면 그 다음부터 기후는 통제불능이라고 보고 있다. 그때에는 인류를 비롯한 지구 대부분의 생물들이 멸종할 것으로 보기도 한다. 그래서 지금 인류의 가장 큰 과제는 이 기후변화를 막는 것이다.

2015년 12월 12일에 채택된 '파리기후협정'은 이에 근거하여 지구 생태계의 파멸을 막기 위해서는 지구의 평균 기온이 산업화 이전보다 2℃ 이상 올라서는 안 된다고 못 박았는데 2℃는 위험할 수도 있기 때문에 1.5℃ 상승을 목표로 세웠다. 그러나 최근에 두드러지게 나타나는 기후재난의 피해를 겪으면서 2018년 10월 6일 우리나라에서 열린 IPCC(기후변화에 관한 정부간 협의체) 총회에서는 〈지구온난화 1.5℃(Global Warming of 1.5℃)〉라는 특별 보고서가 채택되었다. 이는 기후변화 대응책이 보다 강화되어야 한다는 것을 의미한다.

이 기후변화를 막기 위해서는 온실가스를 많이 배출하는 화석연료에서 벗어나 친환경적인 에너지체제로 전환하는 것이 필수적이다. 우리나라도 이명박 정부 때에 여야의 절대 다수가 찬성하여 입법한 녹색성장기본법에 의하면, 화석연료에 기반한 에너지를 친환경적인 에너지체제로 전환해야 하고 이런 녹색산업을 우리나라 경제성장의 핵심동력으로 삼아야 한다고 선언하고 있다. 그러나 우리나라는 에너지전환이 에너지가격을 올려 경제성장의 발목을 잡는 것으로 인식하고 적극적인 대책을 시행하지 않았다.

그 결과는 온실가스와 더불어 미세먼지가 다량 배출되어 국민의 건강을 위협하게 되었다. 온실가스와 미세먼지는 둘 다 화석연료에서 대부분 나온다. 세계보건기구는 최근에 대기오염으로 인하여 해마다 700만 명 이상이 목숨을 잃는데 그중 60%인 420만 명은 미세먼지 때문이라고 추정하고 있다. 최근에 우리나라에도 폐암, 폐렴, 심장질환, 뇌졸중, 폐결핵 등 미세먼지와 관련된 질병이 크게 늘고 이로 인하여 해마다 수많은 인명이 희생되고 있는데 이는 다 에너지전환을 통하여 온실가스 감축에 노력하지 않은 결과이다.

에너지전환을 이야기하면 왜 값싸고 온실가스를 배출하지 않는 원자력에너지를 이용하지 않느냐고 묻는 사람들이 있다. 원자력을 우리나라가 지금까지는 값싸게 썼는지는 모르겠지만 장기적으로 보면 결코 값싼 것이 아니라 오히려 비싸다는 것이 많은 전문가들의 평가이다. 미국에서 발전소의 민영화를 추진한 적이 있는데 돈 계산에 밝은 사업가들이 다른 발전소들은 샀지만 원자력발전소는 아무도 사가지 않았다는 사실이 이를 잘 증명한다고 하겠다. 이익을 보기는커녕 체르노빌이나 후쿠시마에서 보았듯이 감당할 수 없는 큰 손해를 볼 가능성을 안고 있기 때문이다. 실제로 원자력발전소를 해체하는 단계에 들어선 나라들이 산정하는 바에 의하면 해체비용이 갈수록 더 커지고 있어서 건설비용을 웃돌 것이라는 추정도 나오고 있는 실정이다. 원자력발전은 갈수록 비용이 오르는데 비하여 재생에너지는 그 가격이 급속도로 떨어지고 있어서 이미 풍력 같은 재생에너지가 가장 싼 에너지가 되어 있다. 김해창 교수의 《원자력발전의 사회적 비용-에너지전환으로 가는 길》이 그 실상을 잘 보여 주고 있다.

에너지전환을 말하면 많은 사람들은 새로운 에너지를 만드는 것을 생각하는데, 실제 에너지전환에서 가장 큰 부분을 차지하는 것은 에너지절약이다. 에너지전환을 가장 잘 하고 있는 나라들인 덴마크, 독일, 영국 같은 나라들이 다 장래에 에너지 사용을 절반으로 줄이는 계획을 세워놓고 있다. 에너지를 줄인다고 하면 또 많은 사람들은 아무것도 하지 않아야 줄일 수 있는 것으로 생각하는데 절대 그렇지 않다. 에너지를 줄이기 위해서는 좋은 기술을 개발하고 많은 노력을 기울여야만 한다. 지금까지 개발된 에너지절약기술은 발전소를 짓는 비용의 3분의 1도 들지 않았다. 이것이 또 많은 일자리도 만들어 내고 경제를 살리는 버팀목이 된다. 덴마크에는 이런 회사가 400~500개가 있다고 한다.

우리나라는 매년 200조 원에 가까운 엄청난 돈을 에너지 수입에 쓰고 있다. 에너지전환이란 다른 말로 하자면 해마다 에너지 수입에 쏟아붓는 이 돈을 해외에 바치지 않고 그 돈으로 우리 스스로 에너지절약기술을 개발하고 재생에너지를 만드는 것을 말한다. 그러면 많은 일자리를 만들 수 있고 우리나라를 더욱 부강하게 할 수 있다. 에너지전환을 가장 잘 하고 있는 앞의 나라들이 경제도 가장 탄탄하게 만들고 있다는 사실을 귀감으로 받아들여야 한다.

우리나라의 에너지안보와 국가의 번영은 어디에 있는가? 원자력과 석탄발전소를 많이 짓는 데 있는 것이 아니다. 오직 기술만 있으면 얻을 수 있는 재생에너지와 정신만 차리면 할 수 있는 에너지절약에 있다. 이 책이 우리나라가 에너지전환을 실천해 나가는 데 도움이 되기를 바란다.

녹색성장위원회 위원장·서울대학교 환경대학원 명예교수
김정욱

추천하는 글 2:
원자력발전의 숨은 비용을 찾아라

      세계는 지금 에너지전환을 실험 중이다. 산업혁명 이후 인류는 화석연료와 원자력을 주요 에너지원으로 쓰면서 풍부한 에너지를 기반으로 엄청난 산업발전을 이뤘고 그 덕택에 인류 역사 최고의 물질적 풍요와 안락, 편리를 구가하게 되었다. 하지만 세상에 공짜 점심은 없다. 이러한 에너지 이용은 환경의 오염과 파괴, 생명과 안전의 위협이라는 대가를 요구했고 이제 세계 여러 국가들에서는 이러한 문제들에 대한 성찰을 기초로 변화를 만들어가고 있다.

      하지만 에너지전환의 길은 순탄할 수 없다. 에너지전환은 주요 에너지원을 화석연료와 원자력으로 바꾸는 데 그치지 않는다. 주된 에너지원을 바꾸는 것은 결코 단순하거나 쉬운 일이 아니다. 에너지체계를 바꿔야 하기 때문이다. 에너지 시설을 포함한 관련 기술적 요소를 바꿔야 할 뿐 아니라 에너지 관련 법, 제도, 정책 등 사회적인 요소를 바꾸고 종사하는 산업과 일자리를 바꾸며 기존 에너지체계에 익숙해져 있는 사람들의 생각과 태도, 생활양식까지 바꾸는 일이다. 에너지를 둘러싼 사회기술체계를 바꾸는 일, 그것은 엄청난 도전이 아닐 수 없다.

아직도 많은 사람들이 당연하게 생각하는 화석연료와 원자력을 주된 에너지원으로 하는 에너지체계의 역사는 사실 산업혁명기인 1750년대 중반에서 시작되었기에 채 270년이 되지 않았다. 지구상에 존재해온 인류의 오랜 역사에 견줘보면 참으로 짧은 시간이 아닐 수 없다. 특히 에너지원으로서의 핵발전은 1950년대 중반에서야 등장하였다. 1954년에 구소련의 오브닌스크 원자로가 세계 최초의 연구용 원자로(핵반응로)로 모습을 드러냈고, 1956년에는 세계 최초의 상업용 원자로인 영국의 콜더홀 원자로가 세워졌다. 핵무기 개발의 부산물이 '원자력의 평화적 이용'이란 이름으로 등장한 것이었다. 2011년 일본의 후쿠시마원전사고까지 고작 60년이 채 되지 않는 시간 동안 '평화적 이용'이란 말이 무색하게 그 사이 여러 차례 심각한 핵사고가 일어나 인류의 안전과 평화를 위협하였다.

1979년 미국의 스리마일핵사고나 1986년 구소련의 체르노빌핵사고가 있었지만 일부 국가에서의 변화를 넘어 지금과 같은 전 지구적 전환의 계기가 되지는 못했다. 2011년 일본의 후쿠시마원전사고는 핵안전관리국으로 평판이 자자했던, 원전기술 선도국인 일본에서 일어난 사고였기에, 후쿠시마사고는 원전기술에 대한 인간의 통제가 사실상 가능하지 않다는 사실을 명백히 보여주었다. 원자력 안전신화의 붕괴, 이것이야말로 원전사고라는 값비싼 대가를 치르고 얻은 교훈이었고 이는 기후변화와 더불어 세계적인 에너지전환 흐름의 계기로 작용하게 되었다.

하지만 이런 역사적 교훈과 에너지전환이라는 거대한 전 세계적 추세에도 불구하고 여전히 한국에선 원자력 안전신화를 주창

하는 이들이 있다. 그리고 이런 목소리에 아직도 현혹되는 사람들이 없지 않다. 우리 사회에서는 여전히 원자력발전은 가장 저렴하게 양질의 전력을 대규모로 공급해주는 발전방식이자 탄소배출 없이 고급 에너지인 전력을 넉넉히 만들어내는 기후변화시대에 맞춤한 에너지 이용방식이며, 수출을 통해 외화를 벌어들여 우리 삶을 풍요롭게 해줄 산업이란 시각이 존재하고 있다. 핵공학자들과 보수 언론들은 이런 논리를 지속적으로 확대재생산하며 유포하고 있다. 이들의 거짓주장, 가짜뉴스에 맞서서 논박하기 위해서는 촘촘하고 정밀한 논리와 부정할 수 없는 사실적인 정보와 근거가 필요하다. 바로 이 맥락에서 김해창 교수의 《원자력발전의 사회적 비용-에너지전환으로 가는 길》이란 저작은 가치를 발한다. 그야말로 일반 시민의 궁금증에 화답하며 '에너지전환'으로 가는 길을 열고 닦는 의미 있는 책이다.

필자는 작년 2017년에 있었던 신고리5·6호기 공론화과정에 건설중단을 지지하는 전문가 패널로 참여하였다. 짧은 기간에, 오랜 기간 기존 정부들의 원전확대정책의 든든한 보호 아래 원전의 밝은 면에 대한 정보가 압도적으로 범람하는 기울어진 운동장에서, 나름 최선을 다했지만 건설 중인 원자로의 건설재개 중단을 이끌어내는 데는 역부족이었다. 시민참여대표단이 건설재개란 결론에 이르게 된 데는 여러 가지 이유가 있겠지만 중요한 이유들 중 하나는 충분하고 정확한 정보가 절대적으로 부족했다는 점이었다. 시민들은 물었다, 원전이 정말 싼 발전방식인지, 진짜 안전을 보장할 수 있는지, 정말 원전을 대체할 수 있는 다른 에너지 이용방식이 가능한지…. 시간의 한계로 인해 그 때 제대로 답하지 못한 게 여전히 필자의 마음에 부채로 남아 있다. 그래서 이 책의 발간이 다른 어떤 이보다 반가울 따름이다.

김 교수의 《원자력발전의 사회적 비용—에너지전환으로 가는 길》은 보통 시민들이 제기할 수 있는 다양한 질문들에 진정성을 가지고 답하고 있다. 다양하고 광범위한 선행연구들에 대한 검토와 이해를 바탕으로 일반시민의 궁금증을 풀어주기 위해 다수의 사람들이 제기할 수 있는 질문을 스스로 제기하고 그에 충실히 답하려 노력하였다. 무엇보다 원자력발전에 숨겨진 비용에 현미경을 들이대어 찬원전론자들, 특히 요즘에 가짜 뉴스의 진원지인 보수언론의 주장이 얼마나 허구적인지를 낱낱이 드러내고 있다. 사람들은 혼란스럽다. 한쪽에서는 원전이 가장 싼 발전방식이고 우리나라 원전기술이 세계 최고라 안전하다는데 다른 쪽에서는 원전이 결코 값싼 방식이 아니라 오히려 너무나 비싼 발전방식이며 원전은 태생적으로 안전하지 않은 기술이라고. 그런 혼란스런 상황에서 일반인들은 제대로 된 정보를 알고 싶어 한다. 바로 김 교수의 《원자력발전의 사회적 비용—에너지전환으로 가는 길》은 감춰졌던 원전의 사회적 비용을 가감없이 드러냄으로써 일반인들에게 생각하고 판단할 근거를 제공하고 있다. 의문이 들 때 찾아볼 수 있는 책이 있다는 사실은 일반 대중에게 큰 위안이 된다. 이 책이 제기하고 찾아낸 '원자력발전의 사회적 비용'에 대해 동의하지 않는 부분이 있어 사회적 논쟁을 유발하게 된다면, 이 책은 오히려 중요한 역사적 의의를 지니게 될 것이다. 혹시 이 책의 논의에 반하거나 대립되는 의견을 가진 이들이 있다면 문제를 제기하고 논박해주면 좋겠다. 그래야 일반 대중은 누구의 주장이 어떻게 옳고 그른지를 비교하고 평가할 수 있을 것이기 때문이다.

　IPCC는 지난 10월 6일 인천 송도에서 열렸던 제48차 총회에서 〈1.5℃ 특별 보고서〉를 195개국 만장일치로 채택하였다. 그리고 같은 날 윌리엄 노드하우스 미국 예일대 석좌교수가 노벨경제학상을 수상하였다. 그가 기후변화경제학자로 기후변화가 미치는 경제적 효과를 연구해온 선구자였던만큼 그의 노벨경제학상 수상은 스웨덴 왕립과학원 노벨위원회조차 기후변화의 중요성에 관심을 두고 있음을 시사한다. 기후변화시대, 화석연료 연소로부터 발생하는 이산화탄소가 주된 원인물질로 밝혀지면서 상대적으로 이산화탄소 배출이 적은 원자력발전을 대안으로 추진해야 한다는 목소리도 있다. 김해창 교수의 《원자력발전의 사회적 비용-에너지전환으로 가는 길》은 이런 문제에도 관심을 가지면서 원자력발전이 왜 기후변화 완화의 대안이 되지 못하는지에 대해서도 차분하고도 꼼꼼하게 살피고 있다. 기후변화 위험 대신 원자력 위험을 감내하라는 양자택일식 접근은 성립할 수 없고 수용되어서도 곤란하다. 우리에겐 에너지 절약과 효율개선을 통한 에너지 소비 저감과 재생가능에너지 확대라는, 보다 민주적이면서 에너지 자립과 안보도 확대하는, 두 위험 모두를 회피할 수 있는 제3의 길이 있기 때문이다. 이 책은 우리가 이뤄가야 할 탈원전 에너지전환의 길에 의미 있는 디딤돌이자 든든한 버팀목이 아닐 수 없다. 보다 많은 시민들이 이 책을 읽고 함께 토론하고 함께 에너지전환의 길에 나서길 기대해본다.

서울대 환경대학원 교수·한국에너지정보문화재단 이사장
윤순진

차 례

1

원자력발전의 빛과 그림자

원자력 또는 핵에너지는 인류에 빛과 그림자를 함께 남기고 있다. 원자폭탄(핵폭탄) 투하와 체르노빌·후쿠시마원전사고와 같은 인류사적 재앙과 더불어 전기생산이나 방사선치료, 가속기, 비파괴검사 등 의학·산업에서 유용한 '두 얼굴'을 갖고 있다. '원자력의 평화적 이용'이라는 상업발전 과정에서 발생한 체르노빌·후쿠시마원전사고를 통해 인류는 '원전 안전신화의 붕괴'를 눈으로 확인했다. 원자력발전에서 나오는 방사성물질의 영향에 대해서도 제대로 알 필요가 있다. 원자력 또는 핵에너지에 대한 역사적 이해가 무엇보다 요구된다.

원자폭탄

인류에게 '제3의 불'이라고 하는 원자핵에너지, 소위 원자력은 지구상에 자연상태로는 존재하지 않았던 것을 발명한 것이다. 그것은 인류가 추구해온 과학 실험의 결과이자 다른 한편 전쟁에서 이기기 위한 무기경쟁의 결과이기도 했다.

구니마이 요시아키(國米欣明)는《인간과 원자력〈격동의 75년〉(人間と原子力〈激動の75年〉)》(2013)에서 원자폭탄, 원자력발전, 방사선피폭의 역사를 서술하고 있는데, 원자력의 역사를 1938년 '핵분열의 발견'에서부터 시작하고 있다. 그렇게 치면 2018년은 원자력 역사가 80년이 되는 해이다.[1]

1938년 독일의 화학자이자 물리학자인 오토 한(1879~1968)이 원자핵분열을 발견했다. 그리고 엔리코 페르미(1901~1954)는 자연에 존재하는 원소에 중성자를 조사함으로써 40종 이상의 인공방사성 동위원소를 생성시켰다. 그러한 실험과정에서 열중성자를 발견해 그 성질을 상세히 밝혀냈다. 페르미는 이러한 업적으로 1938년에 노벨물리학상을 수상했다. 이탈리아인인 페르미는 유태인 아내가 박해를 받자 수상식에 출석한 뒤 바로 미국으로 망명해 1939년에 콜롬비아대학의 물리학 교수가 됐는데 한 해 전에 오토 한이 원자핵분열을 발견했다는 사실을 뒤늦게 알았다. 그 뒤 페르미는 미국에서 원자폭탄개발계획에 참여해 중요한 역할을 맡게 된다.

오스트리아의 여성 물리학자이자 유대인이었던 마이트너는 30년 이상 한과 일을 해온 연구자였는데 1938년 신변의 위협을 느껴 스웨덴으로 이주한다. 마이트너는 '원자핵에 중성자가 충돌해 중성자가 한 개 늘어난 결과, 물방울이 2개로 나뉘듯이 원자핵이 2개로 나뉘졌다'고 발표했고, 이 현상은 나중에 마이트너의 조카였던 오토 로베르트 프리슈에 의해 '원자핵분열'로 명명됐다.

마이트너는 이러한 형태로 원자핵이 분열하면 1원자핵당 180MeV라는 큰 에너지가 발생한다는 사실도 알았다. 또한 이것을 특수상대론의 $E=mc^2$라는 에너지환산식으로 계산하면 감소한 $\triangle E$가 180MeV와 거의 일치한다는 사실도 밝혀냈다. 그러나 마이트너가 유대인이었기에 이 연구논문을 독일인인 한과 함께 발표할 수가 없어 한이 자신의 제자 프리츠 슈트라스만과 함께 더 연구해 핵분열의 발견에 관한 논문을 공표한 것이 1938년의 일이었다. 한은 1944년 노벨 화학상을 수상했다. 마이트너는 프리슈와 함께 연구를 거듭한 끝에 핵분열이 일어난 사실을 증명해 별도 논문으로 발표했다. 한이 핵분열의 발견자라면, 마이트너는 핵분열 개념의 확립자로 기록된다.

그 뒤 얼마 되지 않아 핵분열에 의해 2~3개의 중성자를 방출하는 사실에 관심이 모아졌다. 유대인이자 폴란드 출신의 미국 수학자 스타니스와프 마르친 울람(1909~1984)이 핵분열이 '연쇄반응'을 일으킬 수 있다는 것을 증명했다. 물론 이론상의 이야기이지만 원자폭탄 제조의 가능성을 보인 것이다. 울람은 제2차 세계대전 전날밤 형제가 동시에 폴란드를 탈출했다. 남은 가족은 전원 나치의 홀로코스트에 희생됐다. 1940년 울람은 망명 전 미국에서 위스콘신대학 조교수 자리를 얻었지만 1943년 폴 노이만의 요청에 의해 '원폭개발계획'에 참가했다. 독일에서는 1941년 건설된 폴란드 아우슈비츠강제수용소에 유태인 수용자가 4년간 200만 명, 트레브링카수용소에서 73만 명 등 모두 400만~600만 명이 이러한 강제수용소에서 집단학살을 당했다.

그 무렵 나치 독일이 원자폭탄개발계획을 추진할 가능성이 매우 높았고 그것을 안 미국 거주 망명 유대계 물리학자들은 초조했다. 이들은 뜻을 모아 레오 시라드, 에드워드 테일러, 유진 위그너 등이 1939년 10월 미 대통령 프랭클린 루즈벨트 앞으로 '독일보다 먼저 원자폭탄 개발을 추진하도록 요망하는 서신'을 보냈다. 알버트 아인슈타인도 그 서신에 서명을 했다. 1940년 6월 국방연구위원회(NDRC)가 설립됐으며, 1940년 10월에 농축우라늄 총량 17kg을 보유하게 됐고, 12월에는 플루토늄239가 발견됐다.

1942년 9월 'S-1계획'을 수립했는데 이것을 글로비즈 준장이 책임을 지게 됐고 '맨해튼계획'이라 부른다. 당시 20억 달러(지금의 금액으로 치면 약 300조 원)라는 막대한 예산을 사용해 연 54만 명을 동원해 원폭투하까지의 최고지휘관을 맡았다. 1945년 7월 16일 트리니티실험을 했다. 사상 최초의 원자폭탄이 폭발했다. 이 트리니티실험의 주요한 의미는 원자폭탄이 개발된 것만이 아니다. 원자폭탄의 제조나 관리, 사용의 의지결정권이 실험성공을 계기로 과학자들의 손에서 정치가의 손으로 옮겨갔다는 사실이다. 그러나 히틀러는 이미 그해 4월 30일 자신의 저택 지하에서 자살했고, 5월 8일 독일정부가 연합국에 항복했으며, 폴란드의 강제수용소들도 소련에 의해 해방됐다. 트리니티실험의 가공할 결과를 앞에 두고 개발에 참여했던 대부분의 과학자들이 "이것을 절대 인류에게 사용해서는 안된다"고 했으나 사태는 전혀 다른 방향으로 갔다. 발명의 결과가 이미 과학자의 손을 떠나게 된 것이다.

1945년 8월 6일 오전 8시 15분 일본 히로시마에 원폭이 투하됐다. 원자폭탄 '리틀보이'는 1000만분의 1초의 핵분열의 연쇄반응으로 우라늄235 60kg 중 1kg이 핵분열을 일으켜 핵에너지를 방출했다. 이때 리틀보이의 중심부는 섭씨 5500만 도의 고온과 수십만 기압의 압력이었다. 이는 태양 중심부의 3배 이상의 고온이며, 태양 표면온도 6000도의 약 1만 배에 상당한다. 원폭투하 사실은 16시간 뒤 트루먼 미 대통령이 공식발표했다. 1946년 2월 유엔사령부는 히로시마 원자폭탄에 의한 사망자가 7만 8150명, 행방불명 1만 3983명, 중상자 9428명, 경상자 2만 7997명으로 발표했는데 이것은 직접 피폭자에만 해당하는 숫자였다. 1945년 8월 9일 오전 11시 2분 플루토늄형 원자폭탄 '팻트맨'이 나가사키 상공에서 투하됐다. 당시 나가사키 인구는 24만 명이었는데, 그해 12월 나가사키시 발표에서는 사망 7만 3884명, 부상자 7만 4909명이었다.

　　제2차 세계대전이 끝난 뒤 세계는 동서냉전에 접어들어 핵무기개발에 혈안이 됐다. 1952년 11월 미국은 세계 최초의 수소폭탄 실험을 에니위탁환초에서 실시한 데 이어 본격적인 실용무기로서의 수소폭탄 실험이 1954년 3월 1일 비키니환초에서 이뤄졌다. 그 폭발력은 히로시마형 원자폭탄의 약 1000배(TNT환산으로 1만 5000kg=15메가톤)에 상당하는 위력이기도 했다. 소련은 1953년 수소폭탄 실험을 한 이후 1961년 10월에 인류사상 최대의 TNT화약환산 50메가톤급(히로시마 원폭의 약 3400배)의 수폭 실험을 했다.

　　원자폭탄이 남의 나라 이야기가 아니다. 히로시마·나가사키 원폭투하 결과 일본의 항복으로 우리나라는 일단 식민지에서 해방되는 계기가 됐다. 그런데 우리나라에서도 원자폭탄이 사용될 뻔

했다. 바로 한국전쟁에서였다. 중국이 인해전술로 한국전쟁에 참가해 후퇴를 거듭할 때 당시 상황을 타파하기 위해 맥아더가 트루먼 대통령에게 만주 월경지역 폭격과 만주의 주요 군사기지와 중국 본토의 원폭투하 허가를 구했다. 트루먼 대통령은 배후인 소련의 한국전쟁 참전 유발을 우려해 단념했는데 맥아더가 트루먼 대통령의 우유부단을 비판했다. 이에 트루먼이 결단한 것이 원폭 사용이 아니라 맥아더의 해임이었다. 귀국 후 미 의회의 증언대에 선 맥아더가 남긴 말이 "노병은 죽지 않는다. 다만 사라질 뿐이다"였다. 인류 사상 세 번째 원폭투하를 가까스로 피한 것이었다(國米欣明, 2013, pp.146-147).

원자력의 평화적 이용

아이젠하워의 연설과 IAEA

1945년 제2차 세계대전이 끝났다. 그러나 미국과 소련의 냉전이 시작됐다. 미국은 더 강력한 수소폭탄의 개발을 진행해, 1952년 11월에 폭발 실험을 성공시켰다.

1942년 엔리코 페르미가 미국 시카고대학에서 세계 최초의 핵분열 연쇄반응에 성공해 핵분열을 제어할 수 있는 원자로 제작의 길을 열었다. 이후 1940년대 말부터 원자력의 동력 이용가능성을 연구해 미국에서는 1951년 고속증식로로 100kW의 터빈 구동에 성공했다. 이후 잠수함의 동력원으로 가압수형경수로(PWR)를 개발, 1952년 원자력잠수함인 노틸러스호(Nautilus)가 탄생했고, 옛 소련도

1954년 6월에 5MW의 발전용 원자로를 개발했다. 미국에서는 잠수함의 추진 동력으로 개발한 가압수형경수로를 기반으로 시핑포트(Shippingport)에 최초의 원자력발전소를 건설, 1957년부터 전기출력 60MW의 발전용 원자로 가동을 시작했다. 한편 1961년 180MW의 비등수형경수로(BWR)인 드레스덴(Dresden) 발전소를 건설, 상업운전에 들어갔다(심기보, 2008, p.134).

1953년 1월 대통령에 취임한 아이젠하워는 이러한 냉전에서의 핵개발 경쟁이 급속히 진행함으로써 핵전쟁의 위험이 현실화되고 있다는 위기감을 안고 유엔 총회에서 이러한 위험을 호소하려 했다.

1953년 12월 8일 아이젠하워는 연설에서 먼저 핵개발 경쟁이 격화되고 있는 현상을 우려한 후, 미국에 핵 공격이 이루어진 경우에는 신속하게 보복이 이루어질 것인데, 그런 일이 일어나길 원하지 않는다며 다음과 같이 말했다.

"우리나라는 파괴가 아니라 건설을 바란다. 국가 간의 전쟁이 아니라 합의를 바란다. 자국이 자유의 아래에 그리고 다른 모든 나라의 사람들이 동일한 삶을 선택할 권리를 누리고 있다는 자신감 아래 살기를 바란다. 그리고 미국과 그 동맹국인 영국, 프랑스, 소련 사이에 회담을 가질 준비가 돼 있다." 아이젠하워는 또한 이렇게 강조했다.

"미국이 추구하는 것은 단순한 군사 목적의 핵 감축과 폐기에 그치지 않는다. 이 무기를 군인의 손에서 빼앗는 것만으로는 충분하지 않다. 군사의 포장을 벗기고 평화의 기술에 적응하는 방법을 아는 사람들의 손에 넘겨야 한다. 유엔 아래에 국제원자력기구를 설립할 것을 제안한다. 특히 전력이 부족한 지역에 전력을 공급하는 것이 원자력기구의 목적 중 하나가 될 것이다. 이에 대해서는 소련도 포함되며, 미국도 협력할 준비가 돼 있다."**2**

이것이 유명한 아이젠하워 미 대통령의 '원자력의 평화적 이용(Atoms for Peace)'이라는 연설 내용의 핵심이다. 이 연설에서 아이젠하워 대통령은 원자력의 평화적 이용 추진과 군사 전용 방지를 담보하기 위한 보장조치로 국제기구의 설립을 제안하고 이에 따라 1957년에 미국 주도로 IAEA(국제원자력기구)가 설립됐다. 회원국은 144개국이다. IAEA는 '원자력의 평화적 이용을 촉진하고, 핵의 군사 전용을 하지 못하도록 보호조치를 하는 국제기구'이다. 그래서 IAEA를 '핵의 파수꾼'이라고도 한다.

IAEA 헌장 제2조는 전 세계의 평화, 건강과 번영에 대한 원자력의 공헌을 촉진, 증가하는 것을 그 목적의 하나로 규정하고 있다. 1968년에는 핵무기비확산협약(NPT)이 체결됐지만, 이 협약에서도 핵군축, 핵비확산과 함께 원자력의 평화적 이용은 3개 기둥의 하나로 평화적 목적의 원자력의 연구, 생산 및 이용을 발전시키는 것을 '양도할 수 없는 권리'로 규정했다.

이처럼 1950년대 후반 이래 원자력의 평화적 이용은 확실한 진전을 보여 원자력발전 분야뿐만 아니라 비발전 분야에서도 방사선기술 등 원자력 과학기술은 국가의 경제·사회 발전을 위한 필수적인 기술로 인식돼 왔다.

구체적으로는 IAEA는 NPT의 사무를 맡아 유엔안보리와 자동차 바퀴처럼 연대하고 있다. 핵확산의 방지, 모든 핵실험의 감시, 원자력의 평화적 이용(원자력발전)의 촉진, 원자력사고 방지, 방사성 물질의 오염·피폭 방지 등 그 활동범위는 매우 넓다.

IAEA가 특히 경계하는 것은 원전 원자로 안에 생성되는 플루토늄239가 핵무기로 전용되는 것이다. 우라늄235의 핵분열을 이용하는 원자로에서는 연료봉 안에 핵분열을 하지 않는 우라늄238이 다량 포함돼 있다. 이것이 원자로에서 고속중성자 조사를 받아 중성자를 원자핵 내에 포획해 우라늄239가 된다. 그것이 베타선을 방출해 핵붕괴(베타붕괴)를 해 넵튬239로 변한다. 그리고 또 한 번 베타붕괴를 해 핵분열물질인 플루토늄239가 생성된다.

플루토늄239는 자연계에 극히 미량 존재하지만 대부분은 이렇게 인공적으로 원자로 안에서 생성된다. 그 플루토늄239를 재처리해 뽑아내면 핵무기용으로 사용하는 것도 불가능하지 않다. 특히 고속증식로에서는 매우 빠른 순도의 플루토늄239가 생성된다. 이를 핵연료사이클이라고 한다. 북한이 핵개발 의혹을 받아온 것도 이러한 과정을 거쳤기 때문이다.

그런데 핵무기의 평화적 이용은 가능할까? 그에 대한 답은 아주 제한적이라는 것이다. 그 이유는 첫째, 매우 집약된 장소에서 제어하기 곤란한 거대한 에너지가 발생한다는 것이고, 둘째, 그 거대한 에너지가 한 장소에 장기간 방사성물질이 잔류한다는 것 때문에 핵무기의 평화적 이용은 큰 애로가 있다.

NASA(미항공우주국)에선 한때 핵무기의 강력한 파괴력을 이용하기 위한 구상으로 지구로 거대 운석인 소행성이 충돌하고자 할 때 핵탄두로 그 소행성을 파괴하든지 그 궤도를 벗어나게 하는 방법을 제안했다. 그러나 이러한 충돌을 핵탄두로 막기는 쉽지 않다고 한다. 설령 거대 운석을 부순다고 해도 그것만으로는 중력으로 인해 다시 결집돼 거대 운석으로 되돌아가버리기 때문에 사실상 불가능하다는 것이다. 물론 핵무기는 평소의 토목공사나 댐공사에 이용할 수가 없다.

한편, 1979년 미국의 스리마일섬원전사고, 1986년 옛 소련의 체르노빌원전사고는 국제사회에 원자력안전의 중요성을 인식시키고 국제사회가 원자력안전 관련 협약의 체결에 적극 임하도록 하는 계기가 됐다. 또한 원자로의 건설과 더불어 핵물질의 방호가 문제가 됐고, 2001년 9·11 미국 동시다발 테러로 인해 핵테러리즘에 대한 우려가 높아졌다. 원자력의 평화적 이용의 전제로 국제사회는 원자력안전의 향상과 핵보안에 적극 대처하게 됐다.

이웃나라 일본도 핵비확산을 확보하면서 원자력의 평화적 이용을 추진해왔다. 2007년 G8정상 홋카이도 도야코회담에서는 3S, 즉 Safeguards(안전조치), Security(핵안보), Safety(원자력안전)의 중요성이 강조됐다.

원자력발전과 원자폭탄의 차이

여기서 하나 짚고 넘어가야 할 것이 있다. 그것은 우리가 흔히 쓰는 '원자력발전'이란 말은 엄밀하게 말하면 학문적으로는 맞지 않는 말이다. 물리학적으로 말하면 원전에서 사용하는 에너지는 원자력이 아니라 핵력이기에 '핵발전소'라고 부르는 것이 옳다. 영어로는 주로 Nuclear Power Plant라고 쓰는데 이를 번역하면 핵발전소가 맞다.

관련 산업계에서는 이러한 '핵' 대신 '원자력'이란 용어를 주로 쓰는데 이는 미국 아이젠하워 대통령이 1953년 12월 유엔총회 특별연설에서 '원자력의 평화적 이용(Atoms for Peace)' 구상을 내놓은 뒤 일본을 거치면서 '핵발전소'가 아닌 '원자력발전소'로 미화된 점이 없지 않다. 따라서 원자력발전소는 핵발전소, 원자로는 핵반응로로 쓰는 것이 정확하다. 그러나 여기서는 시민들에게 일반화된 원전, 즉 원자력발전이라는 용어를 핵발전소와 편의상 함께 쓰기로 한다.

그러면 원자력발전(핵발전)은 원자폭탄(핵폭탄)과 어떻게 다른가? 원자폭탄과 원자력발전과의 차이는 마치 '자연에서의 낙뢰'와 '가정에서의 전기'와 같다. 원자폭탄은 단기간에 집약해 필요한 양을 모두 핵분열을 시키기 때문에 고속중성자를 사용하는데 비해 원자력발전에서는 천천히 핵분열을 일으킬 필요가 있기에 저속의 열중성자를 사용한다. 보통의 핵연료는 원폭과 같은 우라늄235라는 원자를 사용한다. 원폭이나 원전 모두 이 원자에 중성자를 합성시켜 핵분열을 일으키게 한다는 점에서 원리는 같다. 원폭의 경우는 연료 속에 핵분열을 일으키는 우라늄235가 95% 이상 포함돼 있으므로 1회 핵분열에서 발생하는 2~3개의 중성자가 잇달아 우라늄235와 만나 한순간에 모든 핵분열이 일어난다.

원전의 연료에 포함되는 우라늄235는 5% 정도이고 나머지는 핵분열을 일으키지 않는 우라늄238이다. 원전은 핵분열로 생긴 중성자 일부를 제어봉에서 흡수하여 급속한 연쇄반응이 일어나지 않도록 조절하면서 발생한 열로 물을 끓여 그 증기로 발전하는 것이다.

원자력발전이라고 하는 것은 핵무기, 즉 원자폭탄을 평화적으로 이용한다고 하는 것인데 사실은 원자폭탄의 에너지를 기술적으로 제어해서 이것으로 수증기를 만들어 발전기 터빈을 돌리는 것이다. 일반적으로 자석과 코일로 발전기를 만들어 전기를 생산할 수 있다. 마치 자전거 바퀴의 회전으로 자석을 돌리면 헤드라이트가 켜지는 것과 같은 원리이다. 원자력, 화력, 수력도 모두 이러한 발전기를 돌리는 동력으로 쓰는 것이다.

　이런 점에서 원자력발전은 물을 끓여서 증기터빈을 돌리는 방식이기에 엄밀하게 말하면 화력발전과 그 원리가 같다. 원자력발전이 화력발전과 다른 점은 그 연료에 있다. 원전은 핵분열 시 나오는 방대한 열로 물을 끓여 증기를 만들어서 터빈을 돌린다. 원전 연료봉의 중심은 약 2800℃나 된다. 원전의 터빈을 돌리는 데 이용하는 증기는 400℃ 전후이므로 약 3분의 2의 열은 바다나 강이나 호수로 흘려보낸다. 분열로 생긴 중성자 일부는 우라늄238에 흡수되어 원폭 재료가 되는 플루토늄239를 만들어낸다. 그런데 원전에서 나오는 플루토늄으로 핵무기를 만들 수 있기에 원전은 '평화를 표방한 군사시설'이기도 한 것이다. 원전에서 나오는 '죽음의 재'인 사용후핵연료는 30만 년 이상에 걸쳐 방사선과 열을 계속해서 방출한다. 현재 스웨덴, 핀란드를 제외하고 전 세계에서 사용후핵연료 처분방법을 정한 나라는 없다. 그래서 원전을 '화장실 없는 고급아파트'라고 말하기도 한다.

　참고로 원자로는 크게 분류하면 비등수형원자로와 가압수형원자로로 나뉜다. 비등수형원자로(Boiling Water Reactor: BWR)는 핵반응을 이용하여 열을 발생시키고 이 열로써 물을 끓이고 증기가 발생하면 증기터빈을 돌려서 전기를 생산하는 것이다. 터빈을 돌린 이후 증기는 바닷물로 식혀서 물로 바뀌고 이 물은 다시 원자로 내부로 들어가게 돼 있다. 이에 비해 가압수형원자로(Pressurized Water Reactor: PWR)는 원자로에서 물을 데우지만 300℃가 되어도 끓지 않도록 압력을 가해준 후 이 뜨거운 물이 다른 물을 끓이는 구조로 중탕방식으로 증기를 생산하는 것이다. 즉 비등수형원자로는 물을 직접 끓이는 방식이고 가압수형원자로는 물을 간접적으로 끓이는 방식이라 하겠다.

안전신화의 붕괴-원전참사의 교훈

1986년 옛 소련 체르노빌원전사고[3]

일본 도쿄전력은 후쿠시마원전사고가 나기 전까지도 원전에서 방사능누출사고가 일어날 확률은 1000만분의 1이라고 했다. 또한 설령 이러한 사고가 일어나더라도 연료펠릿 고형화, 연료피복관으로 봉쇄, 원자로압력용기, 원자로격납용기, 원자로 철제콘크리트 건조물의 '5중벽'이 있어 방사능누출사고는 있을 수 없다고 단언했다. 이러한 것을 '원전 안전신화'라고 불렀다. 그러나 이러한 '안전신화'는 2011년 3월 11일 이후 한꺼번에 무너졌다. 이른바 '안전신화의 붕괴'이다.

원전 가동 이후 IAEA 사고등급(INES) 7에 해당하는 참사가 1986년 옛 소련의 체르노빌원전사고와 2011년 후쿠시마원전사고이다. 여기서는 체르노빌원전사고가 어떻게 해서 일어났고, 그에 대한 대처나 피해정도에 대해 알아보기로 하자.

체르노빌원전사고는 1986년 4월 26일 옛 소련(우크라이나)의 체르노빌4호기가 폭발한 것을 말한다. 사고 당시 체르노빌원전은 총 4기의 원자로를 운용 중이었고, 2기의 원자로를 추가로 건설하고 있었다. 이들 4기의 원자로는 모두 RBMK-1000형 원자로, 즉 흑연감속 비등수형경수로였다. 사고가 발생한 4호기는 1983년 운전을 시작한 지 불과 4년 만에 벌어진 일이었다. 체르노빌원전사고는 원전 기술자들이 원자로를 4차례 시험가동하면서 안전절차를 위반해 일어난 인재이다.

이 시험가동이란 이런 것이다. 원전4호기에는 이전부터 원자로의 가동 중단에 대비해 원자로의 가동 중단 시 냉각펌프와 다른 제어장치들을 가동할 수 있는 3기의 비상용 디젤발전기가 있었다. 그러나 이 발전기들은 충분한 전력을 생산하기까지 약 1분의 시간이 걸렸고, 그 때문에 원자로의 가동 중단 시 즉시 냉각펌프의 작동 여부가 불확실했다. 그래서 발전소에서는 주 전원이 끊어진 상태에

그림 1-1 1986년 4월 26일 옛 소련 체르노빌원전4호기 폭발 장면(왼쪽)과 철근 콘크리트 3000t으로 석관작업을 해놓은 체르노빌원전4호기 모습(오른쪽)

출처: 무나카타 요시야스(宗像良保) 제공(《후쿠시마가 본 체르노빌 26년째의 진실(フクシマが見た本チェルノブイリ26年目の真実, 2013) 저자)

서 원자로의 터빈이 관성에 의해 회전할 때, 그 회전 에너지가 원자로의 냉각펌프 등에 얼마나 오랫동안 충분한 전력을 공급할 수 있는지 알아보기 위한 실험을 계획했던 것이다. 원전 기술자들은 체르노빌4호기의 원자로 비상냉각장치, 비상 원자로 운전중지장치, 동력규제장치 등을 잠그고 원자로를 7%의 동력으로 계속 움직이게 하면서 거의 모든 제어봉을 노심에서 끊었다. 그런데 노심의 연쇄반응이 통제 불가능 상태가 됐다.

출력이 급격히 증가함으로써 반응에 따라 발생하는 열에너지가 원자로 내부의 냉각수를 거의 모두 기화시켰으며, 증기의 압력이 급격히 높아져 반응로가 그 압력을 견디지 못하고 폭발하게 된 것이다. 몇 차례 폭발로 원자로의 강력한 철강·콘크리트 뚜껑이 날아가고, 흑연 원자로 노심의 화재로 대량의 방사성물질이 대기로 퍼져나갔다. 화재가 진압되기까지는 열흘이 걸렸다.

1986년 8월 IAEA 산하 국제핵안전자문그룹인 INSAG(Internation Nuclear Safety Advisory Group)의 'INSAG-1' 보고서에서는 사고 원인으로 체르노빌원전의 구조적 결함이 가장 결정적이었다고 전문가들이 밝혔다. 당시 체르노빌원전은 흑연을 감속재로 사용하는 RBMK형 원자로로 이는 물을 감속재로 사용하는 PWR형에 비해 조작이 복잡하고 안전성이 결여된 구조를 가진 원자로였다. 사고 이전에, 체르노빌원전에서는 기술적인 문제로 인한 원자로의 긴급정지가 1980년부터 사고 당시까지 총 71건이 일어난 것으로 알려졌으나 소련 측에서는 이러한 결함과 사고를 감추고 폭발 직전까지 체르노빌원전을 세계에서 가장 안전한 원전의 하나로 홍보하고 있었다.

사고 다음날인 4월 27일 프리피야티 주민 3만여 명이 피난하기 시작했고, 5월 6일 소련은 사고경위를 세계 언론에 발표하기 시작했으며 그해 말 두꺼운 콘크리트 속에 고농축 방사능 원자로 노심을 '매장'하는 작업에 착수했다. 체르노빌원전사고는 국제원자력사고등급(INES)의 최고 단계인 7등급이었다. 사고 현장 사망자는 31명이었는데 그중 두 명은 폭발과 화재로, 29명은 방사능 노출로 목숨을 잃었고, 200여 명이 심각한 방사능병에 걸렸다. 프리피야티 인근 마을의 5만 명을 포함한 13만 5000명이 피난에 나섰다.

2005년에 발표된 세계보건기구 등에 의한 국제공동조사 결과, 이 사고로 인한 직접적인 사망자는 9000명으로 평가됐다. 2000년 4월 26일 체르노빌원전사고 14주년 추도식에선 사고처리에 종사한 작업원 85만 명 중 5만 5000명이 사망했다고 발표했다. 러시아 알렉세이 야브로코프 박사는 98만 명 정도가 사망했다고 추정하고 있다. 8t 정도의 방사성물질이 대기 속으로 빠져나갔는데 이는 일본 히로시마에 투하된 원자폭탄에 의한 방출량의 약 400배에 이른다고 IAEA가 공표했다.

이 방사능은 바람을 타고 벨라루스·우크라이나 등으로 퍼져나갔고 서쪽으로는 프랑스·이탈리아까지 확산됐다. 그중에서도 벨라루스의 낙진 피해가 심했는데, 낙진으로 인해 벨라루스 전 국토의 22% 가량이 방사능에 오염됐고, 유럽 대륙에서조차 농작물과 낙농제품이 방사능에 오염돼 초기 몇 주 동안은 반감기가 짧은 요오드131이 주로 우유와 잎 작물 등에서 발견됐으며 이후 수 개월간 반감기가 긴 세슘137이 작물과 토양의 표층에서 발견되기도 했다. 체르노빌원전 주변 32km 내에 있는 토양과 지하수원이 방사능에 심하게 오염됐으며 최종적으로는 이는 남한 면적의 1.5배에 해당하는 지역이 오염된 것으로 추정되고 있다.

우크라이나 정부는 사고 직후에 에너지 부족을 이유로 체르노빌원전 중 남아 있는 3개의 원자로를 계속 운전하기도 했다. 그 뒤 1992년 2호기에 화재가 발생해 복구 불능이 됐고, 1호기는 우크라이나정부가 IAEA의 협력을 얻어 1996년에 폐쇄했으며, 2000년에 3호기를 운전 정지시켜 체르노빌원전은 역사 속으로 사라졌다.

사고가 난 체르노빌4호기는 석관 작업을 했으나 내용연수가 30년으로 노후화대책에 고심하고 있다. 현재 연간 4000㎘ 가량의 빗물이 석관 내부로 흘러들어가고 있고 원자로 내부를 통해 방사능이 주변 토양으로 확산되고 있으며 석관 콘크리트나 철근이 계속 부식되고 있다는 것이다. 현재 기존의 석관 위에 새로운 안전차폐설비(NSC)를 구축할 계획을 세우고 있는데 건설비용이 7억 6800만 달러(약 9000억 원) 정도 들 것으로 예상된다. 이를 위해 1997년 G7 정상회의에서 '체르노빌셸터기금'이 설립되기도 했다. 사고발생 32년이 지난 우크라이나의 옛 체르노빌핵발전소 반경 30㎞ 이내 지역엔 여전히 출입이 금지되고 원전 주변의 100개 가까운 마을이 사라졌다.

우크라이나의학아카데미 방사선의학센터의 자료에 의하면 건강한 아동의 비율은 1992년 24.1%에서 2008년에는 5.8%로 감소하였다고 한다. 2011년판 《우크라이나 정부 보고서》에 따르면 제2세대에 아이들의 건강 악화가 뚜렷해지고 만성질환을 가진 제2세대가 1992년 21.1%에서 2008년 78.2%로 증가했고, 내분비질환 11.61배, 근골격계 질환 5.34배, 소화기계 5.00배, 정신 및 행동 이상 3.83배, 소화기계 질환 3.75배, 비뇨기계 질환 3.60배 등으로 나타났다고 한다. 특히 체르노빌원전사고 후 2008년까지 우크라이나에서는

6049명(사고 당시 0~18세)이 갑상선 수술을 받았다고 한다(宗像良保, 2013, pp42-44).

체르노빌원전사고로 30만 명이 넘는 사람이 이주할 수밖에 없었으며, 약 60만 명이 사고 처리에 종사하게 되었고, 지금도 수백만 명의 사람들이 방사능오염구역에 살고 있다고 한다.

허시버그(Herschberg) 등(1998)과 마스모토 요시오(松木良夫) 등, JAEA-Review 2008-029(2008)를 바탕으로 일본 내각부가 정리한 체르노빌원전사고의 손해비용 추산액은 16조~256조 원 정도로 잡고 있다. 윌슨(Wilson, R, 1989)과 마스모토 요시오 등, JAEA-Review 2008-029를 바탕으로 미국 대통령위원회가 정리한 체르노빌원전사고 손배비용 추산액은 203억 달러(약 22조 8000억 원)이다(内閣府 原子力政策担当室, 2011).

2011년 일본 후쿠시마원전사고[4]

일본 후쿠시마원전사고는 후쿠시마원전 제1원전1호기가 2011년 3월 11일 19시 30분에 냉각수 증발로 노심용융이 시작된 데서 비롯됐다. 2011년 3월 11일 오후 2시 46분 도호쿠 지방 태평양 연안 지진이 발생함에 따라 후쿠시마 제1원전에서는 원전의 안전을 위해서 자동으로 원자로 1~3호기가 긴급정지됐다. 당시 4호기는 분해점검으로, 5·6호기는 정기검사로 발전정지 중이었다. 원자로 주변의 송전선로와 변전시설 등이 지진으로 인해 쇼트되거나 무너져내리면서 외부전력이 차단됐다. 자동시스템에 의해서 비상용 디젤발전기가 가동되었으나, 지진발생 약 50분 후 높이 13~15m의 쓰나미가 발전소를 덮치면서 지하에 설치된 비상용 디젤발전기가 침수돼 정지했고, 발전소 내의 모든 전기시설 역시 손상됐다.

후쿠시마원전은 원자로 안전을 위한 최소 전력마저도 없는 블랙아웃 상태에 빠졌고, 이로 인해 원자로 냉각을 위한 냉각수 펌프 가동을 할 수 없게 되었으며 이에 따라 냉각수가 급속히 증발해 원자로 내부 온도 및 압력이 상승하게 되었다. 원자로 1~3호기는 모든 냉각수가 증발하면서 3월 12일 노심 온도가 1200℃까지 상승했다. 제1방호벽인 펠릿과 제2방호벽인 피복관이 고온으로 인해 녹아내렸고, 제3방호벽인 20㎝ 두께의 철제 원자로 압력용기도 녹아내리면서 구멍이 뚫리게 됐다. 이로 인해 핵연료가 공기 중에 확산되기 시작했다. 핵연료에 있는 지르코늄이 1200℃를 넘으면 반응해 수소를

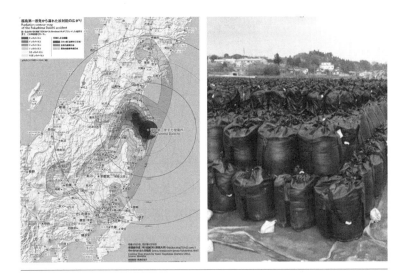

그림 1-2 후쿠시마원전사고의 방사선 확산지도(왼쪽)와 오염된 흙을 담은 플라스콘을 쌓아둔 모습(오른쪽)

출처: 왼쪽 사진 후쿠시마원전사고의 방사선 확산지도 등가선 작성(하야카와 유키오, 早川由紀夫), 오른쪽 사진은 NPO법인 후쿠시마지원·사람과 문화 네트워크 사무국장 군지 마유미(郡司真弓) 제공

내놓는데, 이 수소가 격납용기 내 수증기와 함께 고온고압을 유지하게 되었고, 12일 1호기, 14일 3호기에서 수소폭발을 일으켜 격납용기를 손상시켜서 방사능의 대기 유출이 시작됐다.

12일 오전 6시경 모든 연료가 붕괴에 이르렀고, 이날 오후 3시 36분에 1호기에 수소폭발이 발생했다. 2호기도 연료 노출 및 격납용기 파손, 노심용융이 발생했고, 3호기에서도 증기 누출이 발견됐으며, 노심용융이 발생했다. 14일에는 3호기에서 수소폭발이 발생했다. 도쿄전력은 14일 원자로 냉각을 위한 해수주입을 시작했다. 2호기는 14일 오후 8시, 3호기는 13일 오후 9시에 노심 온도가 2800℃까지 급상승하여 노심용융이 시작됐다. 이후 냉각수 유출 및 지하수 오염으로 인한 방사능 누출이 시작됐다. 4호기의 경우 15일에 수소폭발이 발생했으나, 이후 냉온정지 상태로 들어감에 따라 최악의 상황은 피하게 됐다.

이 사고로 인해 대기, 토양, 고인 물, 바다, 지하수에 방사성물질이 누출됐다. 후쿠시마원전사고 이후 지금도 후쿠시마원전의 원자로에서는 방사성물질이 공기 중으로 계속 누출되고 있으며, 빗물과 원자로 밑을 흐르는 지하수에 의한 방사능 오염수가 태평양 바다로 계속 누출되고 있다. 이로 인해 후쿠시마원전 일대뿐만 아니라 일본 동북부 전체의 방사능오염이 심각한 상황이다.

경향신문(2018.8.31)은 후쿠시마원전에서 나온 방사성물질 오염수를 바다에 방출하는 문제*를 둘러싼 공청회가 2018년 8월 30일

---

* 2018년 10월 6일 일본 마이니치신문은 일본 원자력규제위원회가 방사능 오염수를 바다로 방출하기로 결정했다고 보도했다. 이에 대해 우리나라에서는 이낙연 총리와 김영춘 해양수산부 장관이 유감을 표시하고, 환경운동연합, YWCA 등 시민환경단체가 잇달아 규탄성명

일본 후쿠시마현 도미오카정에서 처음 열렸다고 보도했다. 일본 언론에 따르면 후쿠시마 제1원전의 오염수를 처리한 물에는 제거하기 어려운 방사성물질 트리튬이 포함돼 있는데 현재 이런 처리수 약 92만t이 원전 안 탱크에 보관돼 있고, 향후에도 연 5만~8만t씩 증가할 것으로 예상된다는 것이다.

　　일본 정부는 사고 직후 후쿠시마 제1원전1~3호기에서 유출된 세슘137이 1만 5000TBq(테라베크렐)로, 89TBq이었던 히로시마 원폭 리틀보이의 168.5배라고 밝혔다. 반면에 노르웨이 대기연구소는 세슘137이 3만 6000TBq 유출된 것으로 추산했다. 이 사고로 원전 반경 20km 이내 지역이 출입금지 상태이며 약 8만 명 주민이 고향으로 돌아오지 못한 채 외지를 떠돌고 있고 일본 전역에 방사능공포가 확산되고 있다. 2015년 4월 현재 원자로 내 연료의 거의 전량이 용해되고 있는 것으로 밝혀졌다.

　　일본의 언론보도를 종합하면 후쿠시마원전사고 이후 후쿠시마지역의 피해상황은 이러하다. 피난지시를 받은 반경 20㎞권 내에는 약 2700개의 사업소에 3만 3000여 명이 있었으나 지금은 아무도 살지 않는다. 수도권에 식량공급기지 역할을 해온 후쿠시마현은 낙농업이 가장 큰 피해를 보았는데 사고 직후 지역산 원유, 야채, 원목 등의 출하제한조치가 시행됐다. 원전에서 40~50㎞ 떨어진 바다의 해저토에서도 높은 방사선량이 검출됐다는 보도도 있고, 공업제품조차 거래처로부터 방사선 조사를 받고 있는 처지이다. 원전사고 발생지로부터 100㎞나 떨어진 센다이시조차도 관광객이 찾지 않는

을 냈으며, 이와 함께 시민 차원에서 일본의 방사능 오염수 바다 방출에 대한 국제소송을 제기할 움직임이 일고 있다.

다는 것이다.

후쿠시마원전사고를 직접원인으로 하는 사상자는 4호기 터빈 건물 내에서 지진 쓰나미로 인한 사망자가 2명, 지진에 의한 부상자 6명, 1·3호기 폭발로 인한 부상자 15명이며, 피폭가능성은 100mSv를 초과한 종업원 30명, 제염을 실시한 주민이 88명 등 약 200명이라고 한다. 원전 관련사는 공식적으로는 789명이다. 한편 오쿠마정의 후타바병원에 입원 중이던 인지증환자 21명이 운송 중 또는 운송 후에 사망했으며, 지진 직후 피난과 겹쳐 50명이 사망했다. 후쿠시마원전사고에 앞선 동일본대지진의 여파로 인한 쓰나미 피해로 약 2만 4000명이 사망·실종됐고, 피난자는 약 8만 4000명이라고 공식 집계되고 있다.

후쿠시마 제1원전사고에 따른 손해액에 대해서는 2011년 12월 일본 정부 위원회가 원전 주변 주민들에 대한 배상금과 원자로 냉각비용 등을 바탕으로 5조 8000억 엔(약 58조 원)이라고 발표했다. 그러나 2014년 3월에는 제염과 배상, 폐로 등 손해액의 최신 전망치를 합하면 11조 엔 이상이 될 것으로 밝혔고 2016년 12월에는 경제산업성이 배상 및 제염을 포함한 원전사고 관련 비용의 총액이 21조 엔 이상 늘어날 것이라고 전망했다. 2017년 4월 민간 싱크탱크인 일본경제연구센터는 원전사고 관련 피해 총액이 50조~70조 엔(약 500조~700조 원)에 이를 것으로 추산하는 등 날이 갈수록 피해액이 늘어나고 있다.

1979년 미국 스리마일섬원전사고 및 기타 원전 관련 사고

1979년 미국 스리마일섬원전사고가 발생했다. 1979년 3월 28

일 발생한 이 사고는 원자로냉각재상실사고(Loss of Coolant Accident)로 분류돼, 예상했던 사고의 규모를 웃도는 중대사고(Severe Accident)로 IAEA 사고등급 6에 해당한다. 스리마일섬원전은 2기의 원자로를 갖고 있었는데 그중 2호로는 가압수형원자로(PWR)로 전기출력은 96만kW, 사고를 일으킨 2호로는 당일 영업운전을 개시한 지 3개월을 지나 정격출력의 97%로 영업운전 중이었다.

안전밸브에서 500t의 냉각수가 유출되고, 노심 상부 3분의 2가 증기에 노출돼 붕괴열로 연료봉이 파손됐다. 이 때문에 인근 주민이 대규모 피난을 했다. 다행히 운전원에 의한 급수회복조치가 취해져 사고는 수습됐다. 결국 노심용융으로 연료의 45%, 62t이 용융되고, 그중 20t이 원자로압력용기 바닥에 남아 있었으며, 방출된 방사성물질은 헬륨, 아르곤, 제논 등 희귀가스가 대부분으로 약 92.5TBq이며, 요소는 555GBq(기가베크렐)에 이르렀다.

인근 주민의 피폭은 0.01~1mSv 정도였다. 미국의 조셉 망가노 박사의 산정을 바탕으로 사고 2년 뒤 풍하지역에 있는 젖먹이 유아 사망률에 급격한 증가가 보인다는 보고가 있었고, 반핵운동가인 하비 와스먼은 방사성 강하물로 말이나 소의 번식률이 현저히 낮아진 사실이 펜실베이니아 농업국이 낸 통계에서 보인다고 말했으나 농업국은 사고와의 관련을 부인했다. 한편 원전에서 40km권 내에 100개체 이상의 동식물의 기형이 발견됐다는 보도도 있다.

일본 원자력자료정보실 니시오 바쿠(西尾漠) 공동대표의 《원자력·핵·방사선사고의 세계사(原子力·核·放射線事故の世界史)》(2015)에는 수많은 각종 원전 관련 사고 사례가 나온다. 그중 대표적인 것 몇 가지를 더 들면 1950, 51년 영국 윈스케일 원자로 화재사고를 들

수 있다. 흑연감속·공기냉각로로 윈스케일(Windscale)* 1호기는 1950년 10월, 2호기는 51년 6월 상업운전 개시 6~7년 만에 사고가 일어나 운전을 종료했다. 2기의 원자로는 영국의 원폭제조계획의 일부로 강행공사를 해 건설한 것이었다. 원자로1호기의 노심에서 화재가 발생했기에 엄청난 방사능오염을 주위에 일으켰는데 사고로 직접적인 사망자는 없지만 사고가 원인인 암으로 12명이 사망했다고 하는 보고와 100명 사망 또는 그 이상이라는 추산도 있어 조사마다 숫자가 다르다.

시스케일지역에서 태어난 아이들은 백혈병으로 사망하는 비율이 평균 9배에 이르고 있다는 조사가 1987년에 있었고, 주민들은 암이 많이 발생하고 있다고 호소하고 있다고 한다. 당시 방사성물질은 영국을 넘어 유럽대륙으로 확산됐는데 이때 방사성물질은 740TBq의 요소131을 방출, 22TBq의 세슘137과 12만TBq의 제논133, 기타 방사성핵종을 방출한 것으로 추정된다는 것이다.**

원전 말고도 방사성폐기물관리시설에서 발생한 사고도 제법 있다. 그중 대표적인 것이 1957년 옛 소련 키슈템 재처리시설 고준위폐액저장조 폭발사고로 흔히 '우랄핵참사'라고 부른다.

옛 소련 키슈템 재처리시설에서 1957년 9월 29일 저녁 고준위 방사성폐액의 폭발사고가 발생했다. 고준위폐액저장소에는 스트론

---

* 지금은 세라필드(Sellafield)로 이름이 바뀌었다.
** 이는 1986년 체르노빌사고 때 176만TBq의 요소131, 650만TBq의 제논133, 8만TBq의 스트론튬90 및 6100TBq의 플루토늄, 게다가 12종의 다른 방사성핵종이 동시에 방출된 것과 비교된다. 1979년 스리마일사고에서는 윈스케일보다 25배나 많은 제논135가 방출됐지만 요소·세슘·스트론튬은 적었다. 후쿠시마사고 예비조사에서 대기로 방출된 추정치는 체르노빌과 거의 비슷한 수준을 보이고 있으며 윈스케일 화재사고의 방출을 상당히 웃돌고 있는 것으로 추정되고 있다.

튬90 등 7만 4000조Bq의 방사성물질이 들어 있었고, 그중 7400조 Bq이 1000m 상공까지 분출해 바람을 따라 광범위한 지역까지 비산됐고, 나머지는 시설 인근에 떨어졌다. 체랴빈스크 등 하천 하류 마을을 약 30~50km, 연장 300km에 걸쳐 오염시키고, 3만 4000명이 피폭했으며, 23개 마을 약 1만 명이 피난을 갔다.

사고원인은 저장조 용액과 냉각수 온도센터의 고장과 맞물려 냉각계가 고장을 일으킨 것이었다. 이 때문에 붕괴열로 인해 자연발열이 일어나 100℃로 관리되던 폐액의 온도가 320~350℃까지 올라갔던 것이다. 이로 인해 용액이 증발해 폐액에 포함됐던 초산소다와 초산소다의 건조염이 나와 폭발을 일으킨 것으로 분석된다. 옛 소련정부가 공식적으로 이 사고를 인정한 것은 1989년 6월 16일로 서방 측으로 망명한 분자방사선생물학자 조레스 A. 메드베제프 박사가 1976년 영국 과학지 〈뉴사이언티스트〉에 우랄핵참사와 관련된 논문을 게재하고 1979년 《우랄핵참사》라는 책을 낸 이래 줄곧 은폐돼 오다 국영 타스통신의 보도로 사고가 난 지 32년 만에 밝혀진 것이다.

또한 방사성물질 수송사고도 적지 않다. 1954년 미국 초산우라닐용액수송차 전복사고가 대표적 사례이다. 1954년 12월 미국 워싱턴주 핸포드핵시설 구내에서 초산우라닐육수화물(UNH)용액을 수송하던 탱크로리가 전복해 5700ℓ 이상의 용액이 비산했다. 소방대가 도로를 물로 씻고 오염된 지면을 파냈고 우라늄은 대부분 회수됐다고 한다. 탱크로리 운전자가 브레이크가 잘 듣지 않는다는 사실을 알고서도 운전을 했고, 탱크로리의 설계가 잘못된 것도 간접적 원인이었다. 또한 배달을 독촉한 것도 사고의 한 요인이 됐다고 한다.

1980년 호주 아메리슘241 등 수송트럭 전복사고가 있다. 1980년 12월 4일 오전 6시경 호주 포트매커리 인근 고속도로에서 60ℓ 드럼통에 담은 아메리슘241과 소형 실린더에 든 세슘137을 적재한 세미트레일러가 밴 차량과 충돌한 뒤 전복됐다. 드럼통과 실린더는 노상에 뒹굴었다. 드럼통에는 아메리슘의 납용기가 다행히 파손되지 않아 누출이 없었다. 많은 사람들이 토하거나 어지럼증을 호소하고 1명은 중상이었는데 그것은 방사능이 아니라 함께 적재했던 살충제 DDT 때문이었다. 그런데 그 뒤 30년이 더 지난 2012년 4월 18일 도로공사를 하던 인부 5명이 이 고속도로에서 기묘한 점토상 물질을 파낸 뒤 토하는 증세를 보여 병원에 이송됐는데 이에 대해 과거 사고 당시 현장 인근에 묻은 세슘137이 원인이라는 지적이 있으나 호주 정부는 부인하고 있다고 한다.

후쿠시마원전사고의 교훈

'후쿠시마원전사고 정부조사위 보고서 핵심해설서'인 《안전신화의 붕괴》(하타무라 요타로 외, 김해창 외 역, 2015)라는 책 말미에는 정부조사위원장을 맡았던 하타무라 요타로 도쿄대 명예교수가 후쿠시마원전사고에서 배워야 할 사고대처의 7가지 마인드를 개인의 견서로 첨부해놓았다. 그것은 향후 원전사고나 각종 안전사고에 우리가 명심해야 할 지혜가 들어 있다. 2014년 4월 16일 비극적인 세월호 사고를 되돌아봐도 같은 교훈을 얻을 수 있다.

첫째, 있을 법한 일은 일어나고, 있을 수 없는 일도 일어난다는 사실을 잊어선 안 된다. 후쿠시마원전사고는 도쿄전력의 안전신화가 붕괴한 것이다. 이는 원자력안전위원회가 일본의 전기품질을 과신한 나머지 1993년 원전안전설계심사지침을 바꿔 장기간 교류동력 전원상실은 고려하지 않아도 된다는 지침을 내렸기 때문에 도쿄원전이 장기간 전원상실을 예상한 준비, 훈련 등의 필요성을 느끼지 않다가 대참사를 맞게 된 것이다.

둘째, 보고 싶지 않은 것은 보이지 않는다. 보고 싶어 하는 것이 보인다. 후쿠시마 제1원전 설치허가 신청 당시 쓰나미의 예정 높이는 당시 최고치인 칠레지진쓰나미에 준한 3.1m였고, 그후 6.1m로 높였다. 일본 역사에서 869년의 조간(貞觀)쓰나미의 경우 10m가 넘는 거대 쓰나미일 가능성이 큰 것으로 지적되었지만, 지진학자들조차도 '후쿠시마 앞바다에서는 거대 지진은 발생하지 않는다'는 잘못된 견해가 지배적이었다는 것이다. 도쿄전력도 13m 이상의 거대 쓰나미가 올 확률이 0.1%라고 예측했으면서도 이를 무시하고 제대로 대비하지 않다가 대참사를 당한 것이다.

셋째, 모든 것은 변하므로 변화에 유연성 있게 대응해야 한다. 도쿄전력은 그후 지진학의 발전으로 후쿠시마현의 태평양 연안 쓰나미 습격가능성에 관한 지식이나 정보가 늘었음에도 거기에 주목하지 않았고, 스리마일섬원전사고나 체르노빌원전사고, 프랑스 브라이에원전의 홍수로 인한 전원상실사고 등에 대해서도 그것을 충분히 받아들이지 않고 과거 매뉴얼에 집착해 일상적인 사고예방만 해왔던 것이다.

넷째, 가능한 한 모든 예상과 충분한 준비를 해야 한다는 것이다. 후쿠시마원전의 경우 사고 전 지진에 대한 예상과 준비는 상당히 잘 돼 있었기에 이번 사고에서 지진으로 인한 원자로 등 주요 설비 손상은 없었다. 그런데 대쓰나미대책을 세우지 못했다. 수밀문

(水密門)을 설치하고, 비상발전기만 있었어도 대참사는 막을 수 있었던 것인데 '원전 안전신화'에 도취해 원전사고의 발생을 전제로 한 피해 줄이기 대책을 제대로 세우지 않았던 것이다. 이러한 것과 관련된 사전의 사회적 합의도 매우 중요하다는 것이다.

다섯째, 형식을 만들어놓은 것만으로는 기능하지 않는다. 만들어놓은 구조의 목적을 공유해야 한다. 후쿠시마원전사고 당시 SPEEDI(신속 방사능영향예측네트워크시스템)라는 방사능측정예측장비가 있어 어떤 방향으로 방사성물질이 날아가는지 예측가능했음에도 불구하고, 그 정보가 공표되지 않아 피난에 활용되지 못했다. 이는 SPEEDI 운용자들이 이 시스템 구축의 목적을 충분히 이해하고 있지 않았기 때문이라는 것이다. 마치 세월호 사고에서 해경 VTS의 존재처럼 아무리 조직이 잘 만들어져 있다고 해도 실제 그 기능을 발휘하지 못한 근본적인 원인은 조직구조와 사람의 문제이다.

여섯째, 위험의 존재를 인정하고, 위험에 바로 맞서서 논의가 능한 문화를 만들어야 한다. 원자력은 원래 극히 위험한 것인데도 어느새 '원자력은 안전하다'는 절대안전의 신화에 너무 빠져 있었다는 것이다. 위험을 '나쁜 것'으로만 보고 외면할 것이 아니라 위험을 인정하고 직시하는 태도를 길러야 한다. 이런 면에서 어느 조직이든 내부고발자가 보호받는 시스템을 마련해야 한다.

일곱째, 자신의 눈으로 보고 자신의 머리로 생각하고 판단해 행동하는 능력을 기르는 것이 중요하다. 하타무라 정부조사위원장의 개인 경험으로 1999년 일본의 JCO 임계사고 조사차 일본에 와서 일본 기술자들을 인터뷰한 미국정부 조사단원에게 들은 얘기로 일본 원전기술자 가운데 한 사람도 자신의 생각이나 의견을 제대로 말하는 사람이 없었다는 것이다. 기술자 한 사람 한 사람이 자신의 생각을 외부를 향해서 발언가능한 정부가 아니면, 원자력을 다룰 자격이 없다고 미국 기술자가 말하더라는 것이다. 이는 비단 원전기술자에게 국한된 이야기가 아니다. 우리들 한 사람 한 사람이 매사에 주체적이고 능동적으로 판단하고 행동가능한 개인을 길러내고 그러한 문화를 만들어가는 것이 중요하다.

하타무라 교수의 소감 가운데 첫째, 둘째, 셋째이야기는 사물을 보는 관점이나 사고방식에 관한 것이고, 넷째, 다섯째는 조직 본연의 자세에 관한 것이고, 여섯째는 문화 본연에 관한 것, 일곱째는 개인 본연에 관한 것이라고 한다.

INES(국제원자력 사상평가척도)는 원자력시설에서 발생한 트러블(trouble)이 안전상 어떠한 의미를 가지는가를 레벨0에서 7까지의 8단계로 간결하게 표시하고 있다. 8단계 중 안전상 중요하지 않은 사태를 레벨0으로 하고, 레벨1부터 3까지는 인시던트(incident), 레벨4부터 7까지를 사고(액시던트, accident)로 분류하고 있다. 인시던트는 안전에 영향을 주지 않는, 또는 줄 우려가 있는 사태를 말한다. 인시던트와 사고를 구별하는 기준은 인간과 환경에 끼칠 영향의 크기에 있다. 발생한 트러블로 인해 시설 외부로 영향이 미치고, 피폭에 의해서 적어도 1명 이상의 사망자가 나온 사태부터 공식적으로 '사고'가 된다.

후쿠시마 제1원전사고가 일어나기까지 일본 국내에서 발생한 원자력 트러블 중 가장 심각한 것은 1999년 도카이촌에서 발생한 JCO핵연료 가공시설의 임계사고(즉사량 피폭으로 종업원 2명 사망)이며, 다음으로 1997년의 옛 도넨(動燃)의 도카이사업소 아스팔트 고

화처리시설의 화재폭발사고(종업원 37명 피폭)였다. 이들은 전자가 레벨4, 후자가 레벨3으로 평가되었던 트러블이었지만 모두 원자력 관련시설에서 발생한 것으로 원전 자체에서 일어난 것은 아니었다. 일본의 원전은 그때까지만 해도 레벨2 이하의 트러블밖에 발생하지 않았고, 대량의 방사성물질 방출사고는 전무했다. 스리마일섬사고와 체르노빌사고는 원전에서 설계기준을 넘는 중대사고가 발생할 수 있다는 것을 명료하게 보여줬지만 일본에서는 레벨3 이상의 원전사고는 일어나지 않았다는 데 안주해 중대사고에 대한 현실감을 상실하고 말았던 것이다. 체르노빌원전사고를 보고도 일본 원전 당국은 남의 일로 봤다. 후쿠시마원전사고가 발생하자 우리나라 원전 당국과 기술자들은 한결같이 "우리나라와 일본은 다르다"고 강조한다. 후쿠시마원전사고에서 배워야 할 것은 '원전 안전신화'에서 깨어나 실질적인 사고가능성을 예상하고 철저한 대비를 해야 한다는 사실이다.

방사능이 건강에 미치는 영향

원전 주변 지역 주민의 갑상선암소송

원전 주변 지역에 거주하는 갑상선암 발병 주민들과 그 가족들이 2014년 12월 16일 한수원을 대상으로 대규모 손해배상소송을 제기했다. 이 소송에 참여한 갑상선암 피해 주민은 모두 301명으로 모두 원전 인근 10㎞에서 5년 이상 거주하거나 근무한 사람들이다. 여기에 배우자와 직계가족 등도 정신적, 경제적인 피해를 주장하며 소송에 참가했다. 이에 따라 총 원고인단 수는 1336명에 이른다. 지역별로 보면 고리원전이 191명으로 가장 많다. 이어 월성원전 46명, 영광원전 34명, 울진원전 30명 등이다. 이들 중 95.5%가 최근 10년 안에 갑상선암 판정을 받았다.

고리원전 인근 주민 참여가 높은 것은 이른바 '균도 소송(2012년 7월 제기)' 1심 판결 이후 부산지역에 집중된 언론보도와 시민들의 관심 증가 때문인 것으로 보인다. '균도 소송'은 한국 최초로 원전 인근 주민에게 발병한 암에 대해 원전의 책임을 인정한 판결이다. 균도네는 균도 씨의 발달장애에다 어머니의 갑상선암, 아버지의 직장암, 외할머니의 위암 등 가족 모두가 암질환을 호소했다. 부산동부지원 민사2부(최호식 부장판사)는 2014년 10월 17일 이균도 씨어머니 박금선 씨(49)가 한국수력원자력을 상대로 낸 손해배상 청구소송에서 "피고는 원고에게 1500만 원을 지급하라"며 박 씨의 손을 들어주었다. 박 씨는 고리원전 인근에서 20여 년을 살았고 2012년 갑상선암에 걸렸다.

당시 재판부는 "갑상선암 같은 경우 원전 주변의 발병률이 높고 갑상선과 방사능 노출과의 인과관계가 인정되는 논문 등이 발표됐다"며 2011년 서울대 의학연구원의 역학조사를 인용했다. 해당 역학조사에 따르면 원전 주변지역(5㎞) 이내에 거주하는 여성의 경우 갑상선암 발병률이 원거리(30㎞) 거주 여성보다 2.5배 높다.

한수원은 2014년 10월 22일 이 판결에 불복해 대형 로펌을 통해 항소했고, 환경단체는 2014년 12월 16일 공동소송을 제기했는데 이때도 원고인 중 여성의 비율이 83.8%로 남성에 비해 월등히 높다. 연령대는 40~50대가 65.3%로 다수를 차지한다. 또 특정 지역에서 갑상선암이 집중되는 현상도 나타났는데 이들 지역은 원전 인근 해안가 낮은 지역에 자리하고 있다는 공통점을 가진다고 환경단체들은 설명했다. 가령 울산시 울주군의 한 마을에서는 주민 711명 중 15명이 원고로 참여했고 부산시 기장군 일광면 한 마을에서는 577명 중 10명이 원고로 참여했다. 인구 10만 명당 68.7명 수준인 국내 갑상선암 발병률과 비교할 때 6배가 넘는 발병률을 보이고 있는 셈이다. 하지만 이조차 모든 피해자가 참여한 수치는 아니다. 특히 원고 중에는 가족 중 2명 이상이 갑상선암 진단을 받은 사례도 있고 가구 수가 적은 마을에서 갑상선암 피해가 집중되는 현상도 확인됐다. 환경단체들은 원고모집 사실을 모르거나 암 발병 사실을 숨기는 숨은 피해자를 감안하면 전국 원전지역 갑상선암 발병자는 훨씬 많을 것이라고 예측하고 있다.

이에 따라 원전 인근 지역 주민의 건강역학조사가 필요하다는 지적도 나오고 있다. 환경단체들은 이 대규모 공동소송의 진행은 원전의 방사성물질과 갑상선암의 상관관계를 실체적으로 입증하는 사례라며 한수원이 소송대응에 열을 올릴 것이 아니라 이제라도 실태 파악과 근본적인 대책 수립에 나서야 할 것이라고 강조했다. 한편 환경운동연합 등 8개 단체는 2014년 10월 23일부터 11월 30일까지 39일간 1차 공동소송 원고인단 298명을 모집해 12월 16일 부산지방법원 동부지원에 소장을 제출했다. 2차 소송인단도 2015년 1월 말까지 247명을 모집했다. 현재 갑상선암 발병자 총 545명이 부산지방법원 동부지원에서 1심 소송*을 계속하고 있다. 공동소송 원고인단

* '균도아빠'로 알려진 이진섭 씨 가족이 제기한 '균도 소송'은 지금까지 11차에 걸쳐 공판이 속개돼 2018년 12월 12일 고등법원 판결이 열릴 예정이다. 균도 소송으로 촉발된 원전

은 '내부 피폭'에 관한 유럽방사선위기위원회(ECRR)의 2011년 보고서를 번역했고, ECRR 과학위원장 크리스 버스비 박사에게 법정 증언을 부탁하기도 했다(국제신문, 2015.4.20).

　　일본의 〈원자력자료정보실통신〉 No.405(2008.3.1)는 독일 연방방사선방호청의 역학조사보고에서 원자력발전소 주변에서 소아백혈병이 높은 비율로 발병했다고 밝혔다. 2007년 12월 독일의 환경부와 연방방사선방호청은 '통상 가동되고 있는 원자력발전소 주변 5km권 내에 소아백혈병이 높은 비율로 발병하고 있다'는 내용의 조사연구(이하 'KiKK연구')*의 결과를 공표했다. 첫 번째 연구는 독일 소아암등록기구가 1980년부터 1990년까지의 자료를 바탕으로 원전에서 5km, 10km, 15km권의 15세 이하 어린이의 암발병빈도를 관찰하는 생태학적 연구를 실시하여 1992년 공표된 보고에서 원전으로부터 5km 이내의 5세 미만 어린이의 소아백혈병의 발병률이 통계적으로 유의했다(상대위험도: 3.01)고 밝혔다. 이 연구 결과가 사회적으로 큰 논의를 불러일으켜 같은 시기에 크륀메르원전 주변에 유의한 소아백혈병 발병이 인정됐기에 1997년에는 첫 번째 조사자료를 갱신해 1991년부터 95년의 자료를 추가한 두 번째 생태학적 조사연구 결과를 공표했다(상대위험도: 1.49). 결론은 '원전에서 5km 이내의 5세 미만 어린이의 백혈병발병률은 통계적으로 유의하지는 않지만 높다. 그러

주변지역의 갑상선암 공동소송 원고인단은 2018년 10월 현재 총 618명(고리 251명+월성 94명+울진 147명+영광·고창 126명)으로 늘어났으며, 공동소송 공판은 잠정중단된 상태로 '균도 소송'의 판결 이후에 속개될 것으로 보인다.

* 　조사연구의 정식 명칭은 'Epidemiologische Studie zu Kinderkrebs Umgebung von Kernkraftwerken', 약칭이 'KiKK–Studie'이다. 보고서 전체는 방사선방호청 사이트(http://www.bfs.de/de/bfs/druck/Ufoplan/4334_KIKK.html)에 올려져 있다.

나 15㎞ 이내에서는 암발병률이 높다는 증거는 없고 더 이상 조사는 필요 없다'는 것이었다.

이에 대한 사회적 비판이 높아져 실시된 세 번째 조사연구는 1980년부터 2003년 사이에 소아암등록기구에 등록된 5세 이전 소아암 발병 아동에 대한 전수조사였다. 진단 시 독일의 16개 원전 입지 주변지역에서 살고 있는 5세 이하의 암발병 사례는 1592건이었다. 결과는 원전에서 5㎞ 이내에서 전소아암, 소아백혈병 모두 다른 지역과 비교해 높은 발병률을 보였다. 전소아암 발병수는 77사례, 소아백혈병은 발병수 37사례로 각각의 발병률로 치면 1.61배, 2.19배에 해당한다는 것이다.

결론적으로 독일정부가 실시한 'KiKK연구'는 5세 이하 어린이가 소아백혈병이 발병하는 위험성에 대해 거주지와 원자력발전소 입지지점의 거리가 가까울수록 증가한다는 사실을 처음으로 과학적으로 입증했다. 보고서를 검토한 외부 검토위원회는 "연구는 과학적 검증에 견딜 수 있는 현시점에서 세계적으로 통용되는 수법으로 행해진 포괄적인 조사였다"고 평가했고, 'KiKK연구'가 제기한 원전의 방출방사능과 암 발병의 연관성에 대해서는 독일정부가 계속 조사를 통해 확인하고 있다고 한다.

방사성물질과 건강기준

방사선은 방사성물질 또는 방사능으로 방출된다. 이것은 빛(방사선)과 전구(방사성물질)의 관계로 비유할 수 있다. 단 방사선은 빛과 달리 큰 에너지를 갖고 있기에 몸을 관통한다. 인공적으로 처음으로 방사선을 만들어낸 사람이 뢴트겐인데 그는 이것을 엑스선

(X-ray)이라고 이름 붙였다.

　　방사선에는 여러 가지 종류가 있다. 핵분열 시에는 감마선이나 중성자선이 나온다. 감마선은 엑스선처럼 전자파이지만 중성자선, 베타선, 알파선은 각각 중성자, 전자, 헬륨 원자핵의 입자이다. 방사선을 체외에서 받는 것을 '외부피폭', 방사성물질이 호흡이나 음식물과 함께 몸으로 들어가 체내에서 피폭하는 것을 '내부피폭'이라고 한다. 외부피폭은 방사성물질과 몸 사이에 콘크리트, 납 등의 차폐물이 있는지 여부, 멀리 떨어져 있는지 여부에 따라 피폭을 피할 수 있다. 또한 알파선처럼 나는 거리가 1㎜에도 미치지 못하는 것은 상해를 주지는 않지만 일단 체내에 들어가면 나는 거리가 짧아도 주위가 세포이기 때문에 반드시 상처가 난다. 알파선의 독성은 같은 선량이라도 감마선이나 엑스선의 약 20배나 된다. 플루토늄은 알파선을 방출하여 반감기(붕괴되어 반이 되는 시간)가 2만 4000년이나 걸리는 동시에 배출하기 어려우므로 체내에 들어가면 평생 계속해서 피폭하게 된다. 베타선을 방출하는 방사성요오드, 스트론튬은 각각 갑상선, 뼈에 영향을 주어 갑상선암, 골수암 등의 원인이 된다. 세슘 137은 베타선과 감마선을 방출하고 성질이 칼륨을 닮아 근육을 비롯한 체내에 분포하여 상해를 준다.

　　방사선이 몸에 미치는 영향은 그 선량에 의존한다. 선량을 재는 단위로는 물질이 흡수한 에너지에 의한 그레이(Gy)와, 생물에 주는 영향을 가미한 단위 시버트(Sv)가 있다. 엑스선, 감마선, 베타선의 1Gy는 1Sv에 해당한다. 의학적으로 2Gy이면 피폭되면 죽는 사람이 나오기 시작한다. 4Gy이면 두 사람 중 한 사람이 죽고, 8Gy이면 모두 죽는다. Gy는 물리화학적인 방사선량을 재는 단위인데, 생물학적인 피폭량을 재는 Sv와 바꿔도 괜찮다. 국제방사선방호위원회(ICRP)는 공기 중의 1년 한도선량을 1mSv(밀리시버트)로 정하고, 많은 나라가 그 수치를 채용하고 있다.

연간 1mSv 피폭이란 어떤 것이냐 하면 성인의 몸은 약 60조 개의 세포로 이뤄져 있는데 연간 전신 세포 중심으로 평균하여 방사선이 1개 지나는 것과 같은 것이라고 한다. 방사선은 에너지가 거대하므로 1개가 통과해도 세포 가운데 여러 가지 분자에 상처를 낸다. 특히 DNA의 상처는 심각하다. 우리 몸은 약 60조 개의 DNA가 몇 전자볼트(eV)라는 아주 작은 에너지로 연결되고 있는데 방사선이 지닌 에너지는 세슘137의 경우 66만 1000eV, 플루토늄239는 510만eV로 생명체를 구성하는 에너지보다 수십만 배나 크다. 따라서 아주 작은 양의 방사선이라도 인체에 해를 미치게 되는데 방사선을 맞으면 그 커다란 에너지가 DNA를 포함해 다수의 분자결합을 끊어서 재생불가능하게 만들어버린다. 피폭량이 커지면 화상, 구토, 탈모 그리고 사망 등의 급성장애가 나타난다.

7000mSv 가량의 방사선에 한꺼번에 노출되면 DNA가 조각조각 끊어져 모든 사람이 사망하고 약 4000mSv의 방사선에 노출되면 50%는 사망하게 된다고 한다. 이처럼 피폭 후 단시간에 나타나는 것을 급성장애라고 한다. 반면에 100mSv에서는 림프구나 정자가 일시적으로 감소하나 이것 이하의 선량에서는 급성증상은 나타나지 않는다고 한다. 그래서 이 선량을 급성장애의 '문턱수치'라고 하고 100mSv 이하를 저선량이라고 한다. 1만 명이 1mSv 피폭하면 그중 1명이 암에 걸리고 10mSv일 경우 10명이 암에 걸린다는 계산이다.

실제로 1999년 9월 30일 이바라키현 도카이무라에 있는 핵연료가공공장(주식회사 JCO)에서 '임계사고'가 발생했다. 공장 내 한 용기에서 핵분열 연쇄반응이 갑자기 시작돼 중성자선, 감마선 등의 방사선이 대량으로 방출됐다. 이 사고로 700명 가까이 피폭됐고, 특히 현장에서 작업하던 세 사람이 대량으로 피폭됐는데 그중 30대, 40대 작업원이 고통 속에 병원치료를 받다 수개월 뒤에 숨졌다. 당시 30대 작업원은 18mSv, 40대 작업원은 10mSv 피폭됐다. 처음 병원에 실려왔을 때 이들은 오른손 살갗이 조금 빨개져 마치 바닷가에서 태운 것 같이 보였지만 한 달 뒤에는 손만이 아니라 온몸의 살이 타서 문드러진 것처럼 돼버렸다. 세포는 재생되지 않고 하혈은 계속됐다. 온몸에 붕대를 휘감은 이들에게 날마다 10ℓ 넘게 수액과 혈액을 공급하고 엄청난 진통제를 투여했지만 결국 참혹한 고통 속에 숨졌다.

후쿠시마소책자간행위원회가 발간한 〈후쿠시마의 10가지 교훈〉에 따르면 방사선에 대한 감수성은 DNA합성이 왕성한 태아, 유아가 높으며 나이가 많을수록 낮아진다는 것이다. 게다가 어린이는 나중에 피폭이나 화학물질에 노출될 기회가 있기 때문에 특히 주의해야 한다는 것이다. 방사선 감수성은 성별에 따라 다르고, 여성은 남성보다도 감수성이 높다고 한다.

공기 중의 연간 피폭선량한도는 1mSv이지만 이것은 안전수치가 아니나 리스크와 사회적 비용을 감안한 타협의 산물이라는 것이다. 원전작업자의 피폭선량은 5년간 100mSv를 넘지 않아야 하며, 연간 50mSv를 넘지 않아야 한다는 한도가 정해져 있다.

그런데 후쿠시마원전사고 후 학교재개 판단기준을 둘러싸고 문제가 생겼다. 2011년 4월 일본 문부과학성은 보통 때의 일반 공기

중의 연간 피폭선량한도 1mSv의 20배에 달하는 연간 20mSv(매시 3.8μSv:마이크로시버트)를 학교 운동장 등의 이용 판단 기준으로 결정 했다. 그런데 이 기준은 아이들의 안전을 도모할 목표수치로는 지나 치게 높다는 여론의 반발을 샀고 학부모들의 끈질긴 반대운동 결과 학교생활에서는 연간 최대 1mSv를 목표로 한다고 변경했지만 연간 20mSv는 일반인들의 귀환 기준치로 남아 있다.

아래의 〈그림 1-3〉 오른쪽 그림은 방사선에는 안전량이 없다 는 것으로 ICRP가 인정하는 문턱수치 없는 직선모델을 나타낸다. 이것은 1만 명이 1mSv 피폭하면 그중 1명이 암에 걸리고, 10mSv일 경우 10명이 암에 걸린다는 것을 보여준다. 이것은 히로시마, 나가 사키의 피폭자에게서 집계된 리스크를 반으로 어림잡아 계산한 것 이어서 과소평가라는 비판도 있다. 한편 물리학자인 고프만(J. W. Gofman) 박사는 나이·성별 방사선 감수성에 대한 연구를 통해 인 구 10만 명 중 발암수를 추정했다. 이에 따르면, 평균적인 방사선

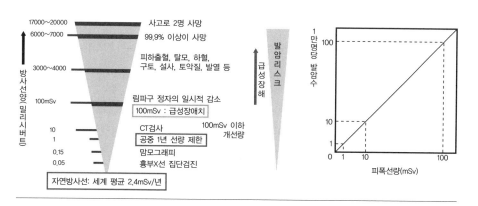

그림 1-3 피폭선량과 건강장애와의 관계(왼쪽), 선량과 발암과의 관계(오른쪽)

자료: 후쿠시마소책자간행위원회, 후쿠시마의 10가지 교훈, 2015.

민감성을 가진 것은 30세 정도인데 이후 서서히 둔감해지다가 50세가 되면 방사선에 의해 암으로 죽을 가능성이 극히 낮아진다. 한편 20~30대 성인에 비해 만 0세 아기의 방사선 민감성은 4~5배나 높다. 특히 30세 이하의 여성은 피폭되면 안 된다고 한다. 의학용 방사선이라 할지라도 특히 CT 촬영의 경우 10mSv에 해당해 매우 신중히 판단해야 한다는 것이다.

그러나 방사선이 우리 몸에 미치는 영향에 대해 친원전학자들은 이렇게 보기도 한다.

신부용 박사는 《대안 없는 대안 원자력발전》(2005)에서 "결론적으로 방사선 이용의 확대에 따르는 방사성물질에 의한 환경오염, 이로 인해 유발되는 방사선 장애 및 장기간에 걸쳐 축적된 방사선의 생체효과에 의한 유기적인 변이의 발생 등과 같은 문제를 정밀히 살펴 피해를 입지 말도록 해야 할 것이다. 그러나 사고가 나지 않는 한 우리 몸에 영향을 줄 정도로 방사능을 쐬는 일은 없을 것이며, 또 약간의 방사능을 쐬게 돼도 우리 몸의 대처능력을 기대할 수 있다. 우리 몸은 움직이는 종합병원이기 때문이다"라고 말했다.

또한 《탈핵비판》(2017)에서 조규성 KAIST 교수는 '우리는 방사선의 바다 속에 살고 있다'는 제하의 글을 통해 "건강한 사람은 500mSv를 쪼여도 별 문제가 없다. 100mSv 이상에서는 방사선 피폭에 의한 암 사망률이 10mSv마다 0.5%씩 증가한다. 그러나 100mSv 이하로 피폭된 사례에서 암 발병률이나 암 사망률을 관측해내는 것은 불가능하다. 그 이유는 확률이 낮고 사람에게는 예상 외로 높은 자연적인 암 발병률이 존재하기 때문이다. 방사선 자체보다 방사선에 대한 공포, 즉 과도한 방사선에 대한 공포, 라디오포비아가 문제이다"라고 강조하고 있다.

　과연 방사선이 우리 몸에 미치는 영향에 대해 어느 정도 연구가 돼 있으며, 우리는 어느 정도 방사선 지식을 갖고 있는가. '약간의 방사능'이란 과연 무엇을 의미할까? 방사성물질에 대한 과학적 지식이 그 어느 때보다 절실히 필요한 시기이다.

2

원자력에너지를 보는 판단기준

에너지를 이야기할 때 특히 원자력발전 찬반논란에서는 핵심쟁점과 그것을 판단하는 기준을 찾는 것이 중요하다. 우선 원자력발전에 대한 찬반논란의 핵심쟁점은 크게 안전성, 경제성, 대체가능성, 절차의 민주성을 들 수 있다. 이러한 것을 판단하는 기준은 원자력에 대한 지식, 원전사고의 역사적 사실에 대한 이해, 원전당국의 전문성, 독립성, 투명성, 전력소비의 추이, 발전원가의 변동, 그리고 선진국의 원전관리 및 정책의 흐름 등이라 할 수 있다.

원전은 안전한가?

확률론적 안전성과 사고의 전조

과연 원자력발전이 안전한가? 이를 판단하기 위해서는 원전사고의 역사를 제대로 알 필요가 있다. 마치 우리가 역사 속의 임진왜란이나 한국전쟁을 이해하는 것처럼 말이다. 인류문명사의 오점으로도 기록된 1986년 4월 26일 옛 소련의 체르노빌원전사고, 2011년 3월 11일 일본의 후쿠시마원전사고는 최악의 핵발전소사고이다. 이러한 중대사고로 원전의 안전성에 대한 불신은 현실화됐다. 천년 만년에 한 번 일어날까 하는 사고가 불과 몇 십 년 사이에 몇 차례나 일어난 현실을 어떻게 설명할 것인가? 아직도 논란이 되고 있는 원전사고와 관련된 확률론적 안전성에 대해 알아보기로 하자.

2004년 일본원자력보안원(우리나라의 원자력안전기술원에 해당)이 일본 원전에 대한 확률론적 안전성평가에서 1억 년·원자로에 1회 격납용기 파손사고 확률로 안전하다고 발표했다. 더욱이 일본 도쿄전력은 후쿠시마원전사고가 나기 전까지도 홈페이지에 원전에서 방사능누출사고가 일어날 확률은 1천만분의 1이라고 했고 설령 이러한 사고가 일어나더라도 연료펠릿 고형화, 연료피복관으로 봉쇄, 원자로압력용기, 원자로격납용기, 원자로 철제콘크리트 건조물이라는 '5중벽'이 있어 방사능누출사고는 있을 수 없다고 했다. 그러나 이러한 '원전 안전신화'는 한꺼번에 무너졌다. 2011년 3월 11일 1억 년에 한 번 발생할 확률의 사고가 후쿠시마원전에서 발생했다. 우리나라 원자력안전기술원의 월성1호기 계속운전 심사보고서에 따르면 월성1호기의 확률론적 안전성평가는 4000만 년·원자로에 1회 격납용기

파손 발생확률이라고 한다.

　　원전사고의 확률에 대해 동국대 김익중 교수는 《한국탈핵》 (2013)에서 이렇게 설명한다. 과거 핵사고를 일으킨 국가의 공통점은 첫째, 핵발전소 개수가 많은 대표적인 나라이다. 미국, 옛 소련, 일본 이 세 나라의 공통점은 원천기술보유국, 원자로 수출국, 원자력 선진국이다. 세계에서 가장 핵발전소 숫자가 많은 나라에서만 대형사고가 일어났다는 것은 발전소의 개수가 가장 중요한 핵사고의 원인이라는 사실을 웅변한다. 2013년 전 세계 핵발전소 444개 중 스리마일섬(1개), 체르노빌(1개), 후쿠시마(4개)를 합해 모두 6개의 대형핵발전소사고가 발생했다. 이 확률은 1.35%에 해당한다. 이는 정부와 한수원이 이야기하는 '백만분의 1' 확률이 아니다. 1개의 핵발전소가 있을 때 그곳에서 대형사고가 발생할 확률이 그렇다는 것이다. 23개의 핵발전소가 있는 우리나라에서 대형사고가 발생할 확률은 약 27%나 된다고 주장한다. 단 과거와 같은 확률로 핵사고가 일어난다는 전제하에서 말이다.

　　또한 세계적으로 유명한 물리학 연구소인 독일의 막스플랑크 연구소가 내놓은 핵발전소의 사고확률 계산은 전 세계 440개의 민간 원자로를 기준으로 사고등급 7에 해당하는 중대 핵발전소사고가 지난 60년의 핵발전 역사에서 6개의 원전이 폭발한 것을 토대로 앞으로 지구상에서 원전이 중대사고를 일으킬 확률을 수십 년에 1회 정도로 전망하고 있다(김기진 외, 2014).

　　국제신문 조송현 논설위원은 국제칼럼 '무모한 도박(2015.1.22)' 에서 원전의 사고확률에 대한 맹점을 다음과 같이 설명하고 있다. 먼저 고리원전1호기의 사고확률을 보면 일본 원자력위원회가 후쿠시마원전사고 이후인 2011년 10월 '원자력발전소의 사고 리스크 코스트의 계산'을 발표한 데 따르면 일본의 원전 50기에서 사고가 날 확률은 10년에 1회라고 한다. 계산법을 간단히 소개하면 다음과 같다. 원자로 1기가 1년 가동하면 1노년(爐年), 10년 가동하면 10노년이다. 일본의 원전은 50기에 1494노년. 그동안 3회의 사고(등급 5 이상)가 났으므로 약 500노년당 1회(3/1494) 사고가 발생했다. 일본 원전 50기 중 어느 한 곳에서 사고가 날 확률은 10노년당 1회(50/500), 즉 10년에 1회라는 것이다. 전 세계 원전은 437기에 총 1만 4353노년이다. 사고 횟수는 후쿠시마 3회에 스리마일, 체르노빌 각 1회 등 총 5회이므로 2870노년당 1회꼴이다. 세계 원전 437기 중 한 곳에서 사고가 발생할 확률은 6.56년 만에 1회(1/2870×437)이다. 이는 10년에 1.5곳에서 발생가능한 수치다. 우리나라 원전은 23기로 이는 세계 전체 원전 437기의 5%에 해당한다. 따라서 10년 동안 우리나라 원전 중 어느 한 곳에서 등급 5 이상의 사고가 날 확률은 7.5%라는 계산이 나온다는 것이다.

히로세 다카시(広瀬隆)는 체르노빌원전사고가 발생한 1년 뒤인 1987년 4월 《위험한 이야기-체르노빌과 일본의 운명(危険な話 チェルノブイリと日本の運命)》(한국어판 《원전을 멈춰라》, 1990)이라는 책을 통해 후쿠시마원전사고의 발생가능성을 다음과 같이 정확히 언급하고 있다. "지금 미야기현 오나가와원전 바로 이웃인 후쿠시마현에는 자그마치 10기가 있죠. 여기서 해일이 일어나 해수가 멀리 빠져나가면 11기가 함께 멜트다운(노심용융)될지도 모릅니다. 그렇게 되면 일본 사람뿐만 아니라 전 세계를 말기적인 사태로 몰아넣는 엄청난 재해가 일어날 것입니다. 전 세계에서 가장 위험한 데는 일본입니다.

… 아마도 여러분은 일본에서는 사고가 없기를 기도하는 사람 또는 대사고는 절대로 일어나지 않는다고 믿는 사람이 대부분이라고 생각하지만 그것이 한낱 환상이라는 것은 이미 말씀드린 대로입니다. 1년 전까지 소련사람들도 똑같은 상황이었던 체르노빌의 체험으로 보아 명백합니다. 이 사고는 우리 일본인이 자신을 향해서 보내는 최후통첩이 될 것입니다."

후쿠시마원전사고 발생 2년 전인 2009년에는 일본 지진학의 대가인 이시하시 가쓰히코(石橋克彦) 고베대 명예교수가 "원전이 지진으로 대형사고를 일으켜, 지진재해와 방사능재해가 복합 증폭해 발생할 파국적 재해의 현실적 가능성을 직시해야 할 것"이라고 수차례 경고했음에도 원전당국은 이를 애써 무시했고, 2010년 6월 후쿠시마2호기에서 오작동으로 전원차단 및 수위저하 사고가 발생했는데도 당시 일본 원자력안전위원회는 이 건을 논의조차 하지 않았다.

도쿄전력 원전전문가팀도 2007년 미국 마이애미에서 열린 국제회의에서 후쿠시마원전을 모델로 쓰나미 발생이 원전에 미치는 영향을 분석해 발표를 한 사실이 있다. 당시 '후쿠시마원전에 9m 이상의 쓰나미가 올 확률은 약 1%, 13m 이상의 대쓰나미가 올 확률이 0.1%'라고 발표했는데 실제 쓰나미의 높이는 14m 정도였다. 후쿠시마원전은 제대로 대비를 하지 않아 대참사를 당한 반면, 인근 미야기현의 도호쿠전력 오나가와원전의 경우 해수면에서 약 15m 높이의 방벽을 확보했기에 같은 쓰나미에도 원자로 3기 모두 자동정지 냉각 상태로 무사했다(金子勝, 2011).

원전의 안전성에 관해서는 소위 '베크(Beck)의 법칙'이란 것이 있다. 베크의 법칙이란 1965년 미국의 베크 박사가 1964년까지 과거 21년간 미국 원전 246기의 원자로 및 원전 사고기록을 분석해 발표한 논문의 결론을 말한다.

"첫째, 원전사고의 경우 상상가능한 사고는 일어날 수 있다고 생각해야 한다. 둘째, 사고 시에는 안전장치가 작동하지 않을 수 있다. 셋째, 사고는 예상치 못한 때, 예상치 못한 원인으로 일어나며, 예상치 못한 결과를 낳는 경우가 많다. 여기서 '상상가능한 사고'란 원전에서 생각할 수 있는 최대의 사고를 말한다." 이처럼 안전은 안전을 어떻게 볼 것인가 하는 마인드가 중요하다. 특히 원전의 경우 예상할 수 없는 사고발생 가능성이 상존하기에 이에 대한 대비가 절대적으로 필요한 것이다.

그런데 반원전학자인 오쿠노 고야(荻野晃也) 전 교토대 공학부 교수는 "원전 추진파의 생각이야말로 오히려 희망적 관측으로 시종일관하고 있으며 비과학적"이라고 비판했다. 그는 2011년 9월 도쿄에서 행한 한 강연에서 원전 추진파들이 철저히 베크의 법칙을 무시하고 있다고 밝혔다. '첫째, 그러한 사고가 일어날 리가 없다. 둘째, 안전장치가 작동하지 않을 리가 없다. 어느 하나는 작동할 것이다. 셋째, 있을 수 있는 일은 모두 고려하고 있기에 문제가 없다'는 것이다. 그러나 오쿠노 전 교수는 "핵분열형 원자로는 제어가 곤란하며 사고가 일어나면 그 영향의 심각성과 지리적 광범위성은 매우 크고 사고는 예상치 못한 때, 예상치 못한 원인으로 일어나며, 예상치 못한 결과를 낳는 경우가 많기에 지난번 후쿠시마원전사고 때 다행히 안전대책을 취해 사고가 일어나지 않았다 하더라도 그 뒤 예상치 못한 원인으로 또 다른 사고가 일어날지도 모를 일"이라고 경고했다.

정용훈 KAIST 원자력 및 양자공학과 교수는 2017년 9월 18일 신고리5·6호기 공론화위원회 지역순회 공개토론회(부산) 발제문에서 "우리나라 원전은 절대 안전하다"고 강조했다. 기존 원전도 충분히 안전하지만 신고리5·6호기는 기존원전 대비 10배 수준으로 안전성이 더욱 뛰어난 최신형 원전이다. 만약에 사고가 발생하더라도 최악의 결과는 노심이 녹는 것이다. 노심이 녹더라도 신고리5·6호기의 튼튼한 격납건물이 방사능의 외부 누출을 막을 수 있다. 설령 외부로 누출이 되는 경우라도 그 양은 미미할 것이고, 대응할 시간은 충분하고, 건강에 영향은 없을 것이다. 누출을 가정하더라도 영향은 5km 이내로 평가된다고 했다. 반원전학자인 오쿠노 고야 교수가 지적한 '희망적 관측'을 우리나라 원전학자에게서 그대로 읽을 수 있다.

원전과 지진·재해

원전이 자연재해의 위험성에 안전한지는 장담할 수 없는 일이다. 실제로 원전은 자연재해에 취약한 모습을 보여왔다. 후쿠시마 원전의 경우는 지진과 쓰나미가 겹친 사례이다. 지진의 경우 우리나라는 거의 대비가 돼 있지 않다. 2016년 규모 5.8의 경주지진, 2017년 규모 5.4의 포항지진이 발생해 우리나라도 결코 지진안전지대라고 볼 수 없게 됐다. 지금까지 우리나라에서 관측된 최대지진은 2004년에 진도 5.2의 울진지진 정도였다. 최근 관련 학계 전문가들은 환태평양 지진대가 활성화되고 있어 우리나라도 결코 안전하다고 볼 수 없다고 말한다.

2014년 9월 23일 경주에서 진도 3.5의 지진이 발생한 가운데,

기상청의 지진계측이 시작된 이후 경주 방폐장 반경 30㎞ 내에서 총 38번의 지진이 발생한 것으로 집계됐다. 유승희 국회의원(더불어민주당)이 기상청으로부터 제출받은 자료에 따르면 방폐장 부근의 지진 발생 횟수가 1981년부터 10년간은 총 3회이던 것이 1991년부터 10년간은 9회, 2001년부터 10년간은 총 12회였으며 2011년부터 2014년 7월까지는 4년간에 무려 14차례의 지진이 발생했다. 이와 함께 기상청의 지진계측이 시작된 이후 2014년 8월까지 우리나라 원전별 반경 30㎞ 이내의 지진 발생은 월성원전이 35건으로 가장 많았고 울진원전이 15건, 영광원전 10건, 고리원전이 5건인 것으로 나타났다(글로벌뉴스통신GNA, 2016.9.13).

방폐장은 최소 300년 이상 관리되어야 할 시설인데 문제는 계기지진관측의 역사가 1세기도 되지 않는다는 사실이다. 우리나라에서 지진관측이 시작된 것은 1905년부터이지만 전국적인 관측망이 구축된 것은 1980년대로 본격적인 관측기간은 30~40년에 불과하다는 사실에서 30여 년의 짧은 기간의 관측기록만으로 추세를 판단하기 어렵다는 것이 전문가들의 이야기이다. 특히 지리학자인 경북대 황상일 교수와 경희대 윤순옥 교수가 2001년 〈대한지리학회지〉에 공동발표한 '조선시대 이래 한반도 지진발생의 시·공간적 특성'이라는 논문에 따르면 우리나라 지진의 발생 주기는 대략 100~150년으로 현재는 활성기인 다섯 번째 주기의 후반기에 속하고 있는 것으로 나타났다. 이들은 1392년부터 1910년까지 조선왕조실록에 나타난 지진 관련 문헌 441건을 분석한 결과 한반도의 지진이 활성기와 휴지기를 반복하며 일정한 주기를 보인다는 사실을 발견했다. 조선시대의 지진발생지를 지역별로 보면 경북(21%), 충남(13%), 경남

(11%), 전북(10%) 등으로 영남지역이 전체 지진발생의 32%를 차지해 요즘 활성단층 논란이 일고 있는 경상분지에 지진활동이 활발했음을 보여주고 있다.

지진계가 도입된 1978년 이전의 한반도에서 대규모 지진이 발생한 사실은 역사 기록에서 확인할 수 있다. 기상청이 2012년 발간한 자료집 〈한반도 역사지진 기록〉에 따르면 기원후 2년부터 1904년까지 《삼국사기》를 비롯한 역사문헌에 기록된 지진은 총 2161회로 그중 인명피해가 발생하거나 건물을 파괴할 수 있는 진도 8~9(규모 6.5~6.9 정도)의 지진이 15회 일어났다고 기록돼 있다. 총 15회 중 10회가 경주 일대에서 일어났으며 1643년에는 진도 10의 지진이 발생한 기록도 있는데 이는 규모 7.3 정도로 추정되는 것으로 22만 명의 사망자가 발생한 2010년 아이티지진(규모 7.0)보다 크다는 것이다. 지진의 크기는 지진을 느끼는 정도에 따라 메르칼리 진도로 표현하거나 지진계로 측정하는 값인 리히터 규모로 나타낸다. 메르칼리 진도는 지진의 영향을 받은 지역의 피해 정도를 등급으로 환산해 그 강도를 매기는 것이고, 리히터 규모는 진앙지에서 발생한 지진의 규모를 기계로 측정해 숫자로 표기하는 것이다. 과거 지진계가 없었던 시기에 일어난 지진은 피해 정도에 따라 메르칼리 진도로 표시하는데, 이를 지진 규모로 환산해서 지진의 크기를 추정할 수 있다. 큰 지진이라고 느껴지는 정도는 리히터 규모 4.8, 메르칼리 진도 5 수준이다(탈바꿈프로젝트, 2014).

과거 일본의 지진역사를 보면 2011년 동일본대지진은 헤이안 시대인 869년 지금의 도호쿠 지역인 산리쿠 앞바다를 진원으로 하는 대지진이었던 '조간(貞觀)지진'과 비슷하다는 것이다. 당시 조간지진은 규모 8.3에 쓰나미 피해가 컸다고 한다. 이런 사실이 후쿠시마 원전사고 이전에 '조간지진'에 대한 연구 결과가 발표돼 원전의 방재대책을 재검토해야 한다는 제언이 나왔지만 원전당국에 의해 무시됐다(藤田祐行, 2011).

과연 우리나라는 규모 7.0 이상의 지진은 오지 않을까? 오창환 전북대 지구환경과학과 교수는 〈핵발전소 위험과 대책〉(2016.7.1)이란 자료집 중 '한반도의 지진 위험과 핵발전소'라는 제목의 글에서 계기지진과 역사지진을 바탕으로 확률론적 추정을 한 결과 한반도에서 발생할 수 있는 최대 지진 규모를 7.4까지 보고 있다. 손문 부산대학교 지질환경과학과 교수는 우리나라 최대 잠재 지진 규모를 7.0으로 추정한다.

강진이 오면 과연 우리 원전은 문제가 없을까? 고리1호기를 건설할 당시인 1970년대 초반엔 양산단층대가 발견되지 않았다. 그런데 지난해 경주지진으로 인해 고리와 월성원전 일대에 활성단층도 다수 분포하며, 포항지진 단층은 그간 거론되지 않은 것이어서 더 이상 대규모 지진 발생위험에서 자유롭지 않다. 1970~80년대 지어진 고리1~4호기 등 노후원전은 규모 6.5를 견딜 수 있는 최대 지반가속도 0.2g 수준의 내진설계밖에 돼 있지 않다. 신고리3·4호기부터는 규모 7.0을 견딜 수 있는 0.3g로 설계돼 있다. 한수원은 지진 재현주기를 1만 년 기준으로 지반가속도 0.28g로 보고 있다. 참고로 지반가속도는 지진이 발생했을 때 중력가속도 g의 몇 배의 힘이 있는지를 나타내는 개념이다. 2017년 11월 한수원이 내진 성능을 신고리5·6호기의 경우 규모 7.4까지, 가동 중인 원전 24기를 규모 7.0에 대응하도록 강화하겠다고 밝혔으나 실효성에는 의문이 있다(그린포

스트코리아, 2017.11.8).

　　이웃 일본 원전의 지진 대응 역사를 복기해보자. 1960년대 말 ~70년대 초 건설된 후쿠시마원전은 지진학에서 '판이론(plate tectonics)'이 나오기 전으로 지진이 일어나지 않은 '지진공백지대'면 된다고 원전 입지를 정했는데 그 뒤 일본지진예지연락회가 대규모 지진 발생가능성이 있는 지역을 골라내 1978년에 '특정관측지역' '관측강화지역'을 설정했지만 그 위에 이미 대부분의 원전이 들어서 있었다는 것이다. 일본은 1995년 고베대지진 이후 원전 설계기준 재검토에 나서 규모 7.75에 견딜 수 있도록 기준을 변경했다. 2000년 규모 7.3의 돗토리현 서부지진 때는 당시까지 알려지지 않았던 단층에서 발생한 사실을 발견하고 2006년까지 지진 안전관리규정을 재검토해 개정안을 발표했다. 2007년 니가타현 주에쓰지진 때 가시와자키가리와원전에서 화재가 발생해, 주민소송으로 가동중지 상태를 겪고 나서 2008년 이후 일본 원전은 600~1000Gal(0.6g~1.0g) 정도의 지진동에 견디도록 내진설계기준을 대폭 강화했다. 그럼에도 불구하고 규모 9.0의 지진 발생가능성을 간과한 결과 2011년 3월 후쿠시마 대참사를 맞았다.

　　독일의 지진학자 에카르트 그림멜(Eckhard Grimmel)은 '동·남아시아의 원전에 대한 지진의 위협(2002.10)'이란 논문에서 구텐베르크와 리히터의 연구(1954)를 바탕으로 이 지역의 종합적인 지진 규모를 4개 등급으로 분류하고 있다. a) 규모 7.75-8.2, b) 7.0-7.7, c) 6.0-6.9, d) 6.5-7.5, 이 가운데 우리나라는 어디에 속할까? 정답은 b)이다. 물론 일본은 a)이다. 그런데 그림멜 박사는 "원전이 있는 나라는 여기에다 규모 0.5를 더 더해야 한다"며 "한국의 경우 규모

7.5–8.2에 대응해 내진설계를 수립해야 할 것"이라고 밝혔다(アソシ
エ編集委員會, 2002). 그런데도 우리나라는 규모 7.0 이상을 상정하기
는커녕, 신고리5·6호기 건설허가 신청 때 한수원이 활성단층지도
보고서를 묵살하거나 왜곡된 자료를 제출했다는 지적이 2017년 국
감에서 제기됐다.

　　원전은 지진뿐만 아니라 수해에도 취약했다. 2014년 8월 폭우
로 고리2호기가 가동중단 상태가 발생해 한 달간이나 지속됐다. 당
시 고리원자력본부는 냉각펌프의 문제이지 원전 본체는 전혀 문제
가 없고, 이런 사고가 나는 경우 알아서 가동 중단이 되는 게 더 안
전하다고 주장했다. 그런데 고리2호기 침수사고는 명백한 부실시공
탓이라는 게 국감장에서도 밝혀졌다.

　　배덕광 국회의원(새누리당)이 한수원에서 제출받은 '고리2호기
순환수 건물 인입 케이블 덕트 상세도'에 따르면 취수 건물의 케이
블은 설치 후 밀봉 내구성을 높이도록 복합재를 써야 하지만 침수피
해가 난 고리2호기 '순환수 건물'의 경우 연결 케이블 관로가 밀봉
이 안 된 상태였다는 것이다. 이 때문에 사고 당일 부산 기장군 장
안읍에 내린 기록적인 폭우(시간당 134㎜)로 빗물이 케이블 관로를
따라 지하에 있는 순환수 건물로 쏟아졌고 순환수 펌프 4대 가운데
3대가 자동 정지했다. 결국 고리원자력본부는 고리2호기의 발전을
수동정지했다. 고리2호기의 상업운전은 1983년 7월 시작됐는데 고
리원자력본부는 케이블 관로 연결 부분의 상태를 확인한 결과 시공
당시 밀봉이 안 된 것으로 추정된다고 밝혔다. 고리원전 측은 그 동
안 케이블 교체 작업 등이 한 차례도 없었기 때문에 이 같은 사실을
확인하지 못했다면서 지난 30여 년간은 비가 내려도 케이블 관로로

유입된 물이 배수관로로 빠져나가 문제가 없었지만 이번 폭우에는 배수관로가 가득 차는 바람에 물이 역류해 침수피해가 발생했다고 밝혔다(파이낸셜뉴스, 2014.8.25).

우리나라 원전의 자연재해에 대한 취약함은 2018년 6월 감사원이 공개한 〈원전 안전관리실태 감사보고서〉에서도 잘 나타났다. 2011년 후쿠시마원전사고와 2015년 경주지진 이후 국내에서 상업운전 중인 24기를 대상으로 벌인 첫 안전성 조사 결과 고리원전(고리 2·3·4호기, 신고리 1·2·3호기)의 핵심 안전시설인 해안 방벽과 냉각수 취수펌프시설이 제대로 갖춰지지 않은 사실이 확인됐다. 한수원은 원자로시설 부지의 기상영향평가에 100년 발생 빈도의 기상상태를 적용하도록 돼 있다. 현재 고리원전의 가능최고해수위는 9.5m에서 최고 17.3m에 이름에도 고리2호기의 해안방벽 높이가 현재 설정된 가능최고해수위보다 7m 이상 낮아 100년 발생 빈도 대비가 무색한 실정이라는 것이다. 감사원은 또 냉각수 취수펌프시설 역시 해안 방벽 밖에 설치돼 아무런 보호장치 없이 관리된 것은 원전의 냉각수 공급이 적정하게 이뤄지지 않을 수 있다고 대책 마련을 통보하기도 했다(부산일보, 2018.6.28).

원전과 테러·전쟁

원전은 지진을 비롯한 자연재해는 물론이고 외부공격에 취약하다는 사실이 지적되고 있다. 원전은 미국·옛 소련에서 만들 때 전쟁상황을 고려한 게 아니기 때문이다. 한반도의 경우 김영삼 대통령 시절인 1994년 미국이 북한의 영변핵시설을 폭격할 뻔한 적이 있지 않은가. 이런 점에서 볼 때 우리나라와 같이 안보가 불안한 나라에서 원전은 자칫 잘못하면 테러나 전시에 큰 화약고가 될 수 있다는 우려도 있다.

야마자키 히사타카(山崎久隆) 박사는 '원자력시설에 대한 파괴적 행동의 의미'라는 논문에서 항공기추락이나 대테러, 핵시설 공격 등으로 인한 원전시설의 피해가능성을 소개하고 있다(アソシエ編集委員會, 2002). 현재 원전은 항공기 추락을 예상해 설계돼 있지는 않은 채 원전에 항공기가 추락할 확률이 1백만분의 1이라고 무시할 뿐 정작 의도적인 공격에 대해서는 아무런 언급이 없는 게 문제라는 것이다. 야마자키 박사는 당시 후쿠시마원전1호기의 경우 내진설계면에서 일본의 비등수형경수로 가운데는 가장 취약한 부류의 원전이라고 지적한 바 있다.

또한 원전은 항공기 이외 주로 트럭폭탄이나 자폭하는 경우 원자로의 내부를 알면 주배관의 파괴나 ECCS(비상노심냉각장치)계통의 기능마비가 그다지 어렵지 않다는 것이며, 내부 협조가 있을 경우엔 노심파괴도 가능하다고 보고 있다. 미국 원자력규제위원회(NRC)도 이러한 공격에 원전이 극히 취약하다는 점을 인정하고 있다. 실제로 9·11테러 이후 미국이 가장 우려한 것이 원전에 대한 테러였다. 그래서 미 해군 특수부대 대원이 모의테러훈련을 실시했는데 원전 침입을 시도한 결과 11개 원전 가운데 7개 원전에서 노심파괴에 이르는 피해를 입었다는 결과를 2001년 12월 미국 핵관리연구소가 발표한 바 있다.

원자력시설에 대한 군사공격은 지금까지 핵무기 개발과 관련돼 계속돼 왔다. IAEA가 반복해서 원자력시설에 대한 군사공격을 하지 않도록 보고서나 결의문을 채택하고 있는 것과는 달리 미국과 같은 '특정 국가'는 원자력시설을 군사공격의 제1목표로 삼아 왔다는 것이다. 1991년 걸프전에서 미 공군은 제1목표를 원자력시설에 두고, 반복해 폭격을 가함으로써 이라크의 모든 원자력시설의 20%가 전쟁 중에 파괴됐다고 보고되고 있다. 역사상 최초로 원자력시설을 겨눈 공격은 실제 이스라엘이 감행한 이라크 원전 폭격이었다. 1981년 6월 7일 이스라엘공군 소속 F16 전투폭격기 6대가 이라크를 공습해 탐무즈1호 원자로를 폭격해 건설 중이던 40만kW급의 원전을 완전히 파괴한 사실이 있다. 그런데 탐무즈원전과 같은 경수로에서는 핵무기급의 플루토늄을 제조하는 것이 불가능하다는 것은 익히 국제사회에 알려진 사실이었다. 이처럼 원전이 군사공격의 대상이 될 가능성은 상존한다고 봐야 한다. 전시 때 극단적으로는 원전이 '핵지뢰밭'이 될 수 있다는 것이다. 이러한 것은 원자력 안전 전문가가 쉽게 답할 수 없는 문제로 국가안보와 직결돼 있는 심각한 문제이다.

(재)한국원자력문화재단* 심기보 차장은 《원자력의 유혹》(2008)에서 "원자력발전에 대한 기대도 저버릴 수 없지만 원자력발전소 건설만이 정답은 아니다"라며 다음과 같이 강조한다.

"원자력발전이 현재 당면한 고유가, 지구온난화문제를 헤쳐나갈 수 있는 손쉬운 대안이지만 결코 완벽하지는 못하다. 우라늄은 원자력발전소의 연료이기도 하지만 핵무기의 재료도 된다. 사용후핵

---

* 2017년 11월 기관명칭이 한국에너지정보문화재단(KEIA)으로 변경됐으며, 윤순진 서울대 환경대학원 교수가 비상임 이사장을 맡고 있다. 이 재단은 다양한 에너지에 관한 올바른 정보제공 및 에너지문화 증진을 미션으로 삼고, 원자력을 포함한 에너지 전반의 공정하고 객관적인 정보 제공 및 국민 중심의 에너지 정보 소통 활성화를 표방하고 있다.

연료를 재처리하면 핵무기용 플루토늄을 얻을 수 있다는 핵비확산에 위배되는 문제가 있으며, 폐기 자체도 정치적으로나 기술적으로 아직 어떤 나라에서도 완전히 해결하지 못하고 있다. 방사성폐기물 처리기술 개발은 물론이고 이를 안전하게 묻어 둘 장소를 찾는 것도 쉬운 문제가 아니다. 또 하나는 지구온난화 덕분에 어느 나라든 에너지정책의 핵심으로 원자력발전을 검토하고 있지만 가장 큰 문제는 일반 국민이 기후변화에 대한 우려로 원자력안전에 대한 공포를 극복할 수 있을지 여부에 달려 있다. 그리고 이제는 원자력시설 파괴를 노리는 테러에 대한 대비도 새로운 문제로 등장하고 있다. 아무리 안전논리를 강조하더라도 테러에 대한 공포 자체를 없애기에는 역부족인 듯 한 생각도 든다."

그는 또한 "2011년 9·11테러사건 이후 전 세계적으로 원자력 발전 시설도 테러에서 완전히 예외일 수만은 없는 것이 기정 사실화돼 있다"며 핵물질과 테러리즘에 대해 강조했다. 실제로 2003년 캐나다에서 알 카에다 조직원이 체포됐는데 이 조직원은 미국 북동부 뉴햄프셔에 있는 시브록원전에 비행기를 충돌시키려는 계획을 모의하고 있었다. 시브록원전은 보스턴에서 불과 64.4km밖에 떨어져 있지 않다. 그리고 2001년 9·11테러 때에도 알 카에다는 주요 공격목표에 원전을 포함시키려다 포기한 것으로 알려져 있다. 보스턴 로건 공항에서 출발한 여객기를 납치한 테러범들은 뉴욕 맨해튼 북쪽 약 64km 떨어진 인디언포인트원전에 충돌하려고 했다는 것이다(데이비드 J. 디오니시, 2006 ; 심기보, 2008).

9·11테러 이후 미국의 국립과학위원회(The National Academies), 국립공학위원회(The National Academy of Engineering), 의학협회(The Institute of Medicine), 국립연구자문회(The National Research Council)는 테러방지활동을 위한 제언을 담은 보고서를 내놓았는데 대형 참사로 이어질 수 있는 테러리즘에 대응해야 할 분야 10가지 중 첫 번째로 '핵 및 방사능 위협(Nuclear and Radiological Threats)'을 들고 있다. 핵 위협은 핵무기가 도난당한 후 테러리스트의 손에 들어간 경우, 플루토늄이나 농축우라늄과 같은 핵물질이 도난당한 후 핵무기화하는 경우, 그리고 원자로나 방사성물질 관리시설이 공격당하는 경우 등 3가지를 상정하고 있다(이치근, 2003 ; 심기보, 2008).

　　　한편 후쿠시마사고 이후 일본에선 보수 논객들로부터도 탈원전론이 나오고 있다. 보수론자들의 탈원전론은 원전이 북한의 미사일이나 테러리스트의 공격목표가 되지 않도록 국토에 원전을 배치하는데 대한 국방 안전보장상의 리스크가 크다고 지적하는 경우가 대부분이다. 가령 극우 만화가인 고바야시 요시노리는 일본의 원전이 테러공격에 대해 매우 취약하다며 외국인 공작원이나 옴진리교 신자가 과거 원전 작업원으로 잠입한 사실이 있다는 것, 바다를 따라 들어선 원전이 외국의 공작선에 의해 해상공격을 당하지 않아야 한다는 것을 지적하고, 원전을 '잠재적 자폭핵무기'로 부르며 원전의 위험성을 지적하고 있다. 또 일본의 핵무장 가능성을 논의하는 등 일본의 대표적 우익인사인 자민당의 나카가와 쇼이치 전 자민당 정조회장은 "북한이 일본을 공격하려고만 하면 핵무기 등을 사용할 필요도 없다. 원전 어느 한곳을 미사일공격하기만 하면 된다"고 말해 중국 및 북한과 대치하고 있는 일본 동해쪽에 원전이 30여 기가 집중돼 있는 현실에 경종을 울린 적도 있다(山岡淳一郎, 2011).

원전의 노후화와 사고

우리가 또한 간과해선 안 될 것이 최근 노후화를 원인으로 한 사고가 빈발하고 있다는 사실이다. 원전업계는 노후화라는 말 대신 '경년열화(經年劣化)' 또는 '고경년화(高經年化)'라는 어려운 말을 쓴다. 부식이나 피로는 장기에 걸쳐 사용한 결과이며 노후화로 인한 부식이나 피로는 지금까지 주목받지 않았던 개소에서 냉각수 누설 등으로 나타나는 것이 특징이다. 일반적으로 냉각수 누설은 배관이나 용기가 두터운 보온재로 둘러싸여 있기 때문에 쉽게 발견하기 어렵다. 정기점검 중에도 발견되지 않고 운전재개 후 얼마 되지 않아 나타나는 경우도 적지 않다.

우선 일본의 경우 2001년 주부전력 하마오카(浜岡)원전에서 원자로 압력용기수 누수사고(운전 26년째, 비등수형)가 발생했다. 이는 장기운전에 의한 용접부 응력부식균열이 원인인 것으로 밝혀졌다. 또한 미국 데이비스-베시원전의 경우 압력용기 관통 직전 사고(운전 24년째, 가압수형)가 발생했다. 2002년 2월 정지 중 검사로 원자로 압력용기 윗덮개에 용접부에는 없는 용기본체 그 자체에 3개의 큰 구멍이 발견됐는데 관통 직전 상태였다. 원인으로는 냉각수에 녹는 제어용 붕산이 흘러나와 오랜 기간에 걸쳐 부식됐다고 추정된다는 것이다. 만일 관통됐다면 대규모 냉각수 누설로 공중폭발사고나 고온고압증기의 제트분출로 인한 윗덮개의 제어봉구동장치의 파괴와 제어봉 비출(飛出)로 인한 폭주사고를 초래할 위험이 있었다는 것이다.

원전의 노후화가 어떠한 원인에서 일어나느냐 하면 주로 ①피로(진동이나 온도변화의 반복 등), ②마모, ③부식, ④중성자누적조사량의 증가, ⑤2001년 주부(中部)전력 하마오카원전 1호기에서 발생한 수소폭발사고와 같이 종래 일어나리라고 생각지도 못한 사고, 또는 통상이라면 확률적으로 낮다고 생각해온 사고의 발생을 더할 수 있다고 한다. ①~④까지는 사용재료의 '경년열화'이기에 기기나 부품을 신품으로 교환하면 연장이 가능하다고 하더라도 가압수형경수로에서의 증기발생기나 비등수형경수로에서의 슈라우드(노심덮개)는 모두 당초 설계 및 건설 때에는 원자로의 수명 중에 교환하는 것을 예상하지 않았던 기기이다. 노후화문제는 언제, 어디에서, 무엇이 일어날지 알 수 없다는 것이 특징이다.

　　최근의 국내 원전의 잇단 사고·고장 사례는 알 수 없는 노후화문제를 사전에 찾아내는 것이 얼마나 어려운가를 보여주고 있다. 비교적 오래된 원자로압력용기에는 가압열충격(취성파괴를 야기한다)이나 응력부식에 비교적 약한 재료가 사용되고 있다. 그러나 그것을 불순물금속의 포함비율 제어를 통해 강한 현재의 재료로 교체할 수는 없다. 이 때문에 오래된 원전은 비교적 새로운 원전에 비해 위험성이 훨씬 큰 것이다. 참고로 일본원자력학회 자료에 따르면 원자로의 부품은 비등수형과 가압경수로형의 평균이 열교환기 140기, 펌프 360개, 밸브 3만 개, 모터 1300개, 배관 170㎞, 용접부위 6만 5000곳, 모니터 2만 곳, 전기배선 1700㎞라고 한다(www.aesj.or.jp).

　　백원필 한국원자력연구원 부원장은 《원자력논쟁》(2017)에서 '원전의 안전성'에 대한 긍정적 발제를 했는데 "2016년 9월 기준 전 세계 가동 원전들의 운전연수 분포를 보면 전체적으로 25년 이상이 많은데, 30년 이상 가동된 것이 60%, 40년 이상 가동된 것이 18%로 고리1호기와 월성1호기도 오래된 원전이기는 하지만, 세계적으로 보면 노인 취급받기는 어려운 수준"이며 "40년 된 후쿠시마원전을 제외하면 대형 원전사고들이 주로 노후원전에서 발생했다는 것은 오해"라고 말한다.

그는 가동 원전의 안전성 확보를 위한 수단에는 여러 가지가 있는데 매번 핵연료를 교체할 때마다 수행하는 정기검사, 10년마다 수행하는 주기적인 안전성 평가, 스트레스 테스트, 설계수명을 넘어서 계속 운전하기 위해 수행하는 계속운전 안전성 평가, 후쿠시마 사고나 경주지진 등 문제가 발생했을 경우에 이루어지는 특별안전점검 및 개선조치들이 포괄적으로 결합돼 가동원전의 안전성이 확보된다고 강조한다.

김연민 울산대 산업경영공학부 교수는 같은 《원자력논쟁》 (2017)에서 '원전의 안전성'에 대한 비판적 발제를 했는데 "세계 원전 통계를 보면 가동연수는 평균 27년이며, 폐기된 원전의 평균 수명이 25.8년 정도로 조기에 폐로 조치한 것도 많아 실제로는 25.8년 정도가 전 세계 원전의 평균 수명이라 할 수 있다"고 강조한다.

그는 원전에는 피동적 설계와 능동적 설계라는 개념이 있는데 능동적 설계는 작업자가 계속 관여해야만 사고를 예방할 수 있는 것을 말한다. 가스화력발전의 경우는 운전원이 전원을 끄고 떠나버려도 폭발하지 않지만 원전의 경우 전원을 끄고 운전원이 빠져나와 버리면 후쿠시마와 같은 사고로 이어질 수 있기에 이를 막기 위해서는 피동적 설계가 필요한데 아직까지 피동적 설계가 돼 있지 않다고 지적했다. 또한 새로운 원전은 안전하다고 하지만 미국 스리마일섬원전사고는 가동 3개월 만에 사고가 났고, 체르노빌은 가동 후 2년 뒤에 사고가 났다. 반드시 새로운 원전이라고 안전한 것은 아니라는 것이다.

원전과 비리·사고 은폐

한국 원전은 최근 몇 년 사이에 부정과 비리의 온상으로 국민에게 부끄러운 민낯을 드러냈다. 2012년 7월 원자력안전위원회는 긴급 브리핑을 통해 신월성1·2호기와 신고리1~4호기의 안전성에 영향을 미칠 수 있는 주요부품인 제어케이블의 시험성적 관련 자료들이 위조됐다고 발표했다.

이 사건은 원전 안전에 대한 신뢰체계가 완전히 무너진 것으로밖에 볼 수 없는 충격적인 사건이었다. 그동안의 부품 관련 비리 유형은 돈 받고 납품, 중고품 납품, 짝퉁부품 납품, 훔친 후 재납품, 품질보증서 위조납품 등이 있었는데 이제는 시험성적서를 발행하는 시험검증기관이 스스로 관련 자료를 위조한 사실이 드러난 것이다.

	1심 판결사건 89건	피고인 205명	징역 340년 4개월	집행유예 156년	벌금 76억5,800만원	추징금 60억2,396만원	사회봉사 3,520시간 146일

	피고인(명)	징역(월)	집유(월)	벌금(만원)	추징금(만원)	사회봉사(시간)
합계 (89)	205	4,084	1,872	765,800	602,396	3,520
시험성적서/품질보증서 위조/변조 (29)	62	642	624	3,600	0	1,800
뇌물공여/수수, 향응 제공 (51)	109	3,088	1,056	684,700	449,232	1,400
사기/횡령 (3)	5	98	24	500	117,200	
기타 (6)	29	160	168	77,000	35,964	320

* 2012년 5월부터 2014년 7월까지, 1심 판결문 기준 (무죄판결 제외), 총 89건

그림 2-1 2012~2014년 원전비리 1심 판결사건 내역.

출처: 그린피스 동아시아 서울사무소 제공

급기야 2013년 7월에는 한국수력원자력(주) 김종신 사장이 원전부품 납품업체 대표로부터 1억 원대의 뇌물을 받은 혐의로 구속됐다. 2007년부터 약 5년간 그의 재임기간 중에 위조된 시험성적서를 믿고 신고리1·2호기 등에 'JS전선(電線)'의 불량부품을 납품받는 등 대부분의 '한수원비리'가 일어났다. 2013년 9월 부산지검 동부지청 원전비리 수사단은 박영준 전 지식경제부 2차관, 김 전 한수원 사장 등 97명을 원전비리와 관련해 기소 조치했다.

2014년 9월에는 고리4호기와 한빛2호기의 원자로 용접점검 부위가 지난 30년간 엉터리로 관리돼 온 사실이 드러났다. 원안위는 고리4호기와 한빛2호기가 각각 앞서 만들어진 고리3호기와 한빛1호기의 설계도로 용접점검부위를 검사해 안전점검대상인 17개 부분 중 2개 부분을 30년간 점검하지 못했다고 발표했다. 핵심 원전기기의 안전점검이 30년 동안 엉터리로 진행해 왔다는 것을 이제야 확인한 것이다.

그린피스 동아시아 서울사무소가 정리한 자료에 따르면 2012년부터 2014년까지 2년 동안 원전비리로 관련자들이 받은 징역을 모두 합치면 340년이나 된다. 원전비리가 얼마나 만연한지 한눈에 보여주는 자료라 할 수 있다.

2018년 10월 국감에서 김성환 더불어민주당 의원은 2013년 1월부터 2018년 9월까지 5년 9개월 동안 국내 24기 원자력발전소가 통상적인 정비가 아닌 이유로 가동을 멈춘 까닭을 모두 조사했더니, 납품비리, 불량자재가 사용된 핵심설비 교체, 부실시공된 부분의 보수·정비 탓이 대부분인 것으로 나타났다고 밝혔다. 같은 이유로 원전이 서 있었던 날수는 5568일에 이르며, 원전가동을 못해 전력을 팔지 못한 손실과 원가가 비싼 LNG발전전력을 추가로 구매하는 데 쓴 비용을 합치면 16조 9029억 원에 이른다고 추산했다. 국민 한 사람당 33만 원을 부담한 꼴이자, 최신 모델(APR-1400)의 원전 2기를 새로 건설할 수 있는 금액이다. 2013년 납품비리 적발로 드러난 불량 케이블 등을 교체하느라 생긴 손실은 한수원 2조 193억 원, 한전 3조 2389억 원, 부품교체비용 106억 원 등 총 5조 3639억 원으로 추산됐다. 검증서가 위조된 부품을 찾고 총 1245㎞에 이르는 불량 케이블을 교체하느라 2013년 3월부터 이듬해 10월까지 원전 10기가 7~365일 동안 멈췄다. 대표적 불량자재 '인코넬 600' 때문에 든 비용은 5조 246억 원(한수원 1조 4680억 원, 한전 3조 1705억 원, 교체비용 3860억 원)에 이르렀다(한겨레신문, 2018.10.9).

2018년 국감기간 중 더불어민주당 이훈 의원실이 산업부 산하 기관들의 뇌물·향응 수수 적발 현황을 발표했는데 총 22개 기관의 적발액이 57억 2390만 원에 달했고 그중 뇌물과 향응 적발 액수가 가장 많은 곳은 한수원이다. 임직원 31명이 144회에 걸쳐 26억 7148만 원을 받았으며 뇌물·향응 액수는 전체 적발액의 47%이다. 한수원의 한 직원은 현대중공업으로부터 모두 8회에 걸쳐 17억 1800만 원의 뇌물을 받았다. 이 직원은 계약 청탁 등의 대가를 지급해 2013년 해임됐다(경향신문, 2018.10.11).

이러한 부정부패 사고은폐에는 소위 '핵마피아' 또는 '관(官)피아'의 존재가 있다는 지적도 높다. 동아일보(2014.5.12)에 따르면 정부 중앙 부처에서 고위 간부로 재직하다 산하 공공기관이나 관련 협회 등에 취업해 활동 중인 '관피아'는 모두 384명으로 집계된다고 보도했다. 이 중 2013년 9월 취임한 조석 한수원 사장은 원전의 감독기관인 지식경제부 2차관을 지낸 관료 출신의 '관피아'로 지목되고 있다. 앞서 일본의 경우도 2002년 후쿠시마원전 등의 사고은폐사건으로 도쿄전력 회장 등이 물러간 뒤 일본의 원전 감독기관인 산업통산성 차관이 도쿄전력 부회장으로 취임하는 등 낙하산 인사가 관행화돼 있었는데 이러한 '관피아'의 병폐가 2011년 후쿠시마원전사고 때 대응부실을 낳았다는 비판이 높다.

CBS 노컷뉴스(2017.10.16)는 한수원과 원안위에 대한 국회 산업통상자원중소벤처기업위원회 국정감사에서 국민의당 최명길 의원이 이관섭 한수원 사장과의 질의 답변에서 신고리5·6호기 허가 전에 1조 1576억 원이 투입된 데 대해 추궁한 내용을 소개했다. 이미 2016년 6월 1조 1576억이 투입됐는데 그중 원자로의 터빈과 발전기 설계에 약 7000억이 들어간 사실을 당시 조석 전 한수원 사장에게 문제제기를 하니까 진입로 공사하는 데 많이 들어갔다고 해명했는데 이것이 거짓말 아니냐고 이 사장에게 물은 것이다. 다음은 당시 조석 전 사장이 지식경제부 2차관 시절에 2012년 1월 원전수출산업협회 신년인사회에 가서 이런 이야기를 했다며 최 의원이 들려준 녹취내용이다. "월성1호기 수명연장 해야 할 것 아닙니까? 우리 원자력계에서 일하는 방식이 있지 않습니까? 허가 내는 걸 기정사실화하고 돈부터 집어넣지 않습니까? 지금 한 7000억 원 들어갔나요? 그래놓고 허가 안 내주면 7000억 날리니까 큰일 난다고 하는 거죠. 금년 연말에 안 내주면 실제 큰일 납니다. 관계되는 분들 이 중에서 연말에 집에 가서 아기 봐야 될 분 계실 겁니다."

후쿠시마원전사고 이후에 일본에선 원전기술자들이 원전에 대한 참회록을 내놓는 경우가 나오고 있다. 그중 대표적인 것이 원

전과 40년간 공생해온 GE기술자이자 도호쿠엔터프라이즈 회장인 나카 유키테루(名喜幸照, 당시 73세) 씨가 2014년 3월에 내놓은 《후쿠시마원전 어느 기술자의 증언-원전은 개도국의 기술이었다(福島原発"ある技術者の証言)》라는 책이다.

이 책에서 나카 씨는 "나는 아슬아슬한 사태를 수없이 겪었다. 그 뒤 원전의 기술적인 개량이 진전되고 시스템은 안정돼도 기계의 예상 밖의 열화와 조작실수 등으로 위험한 사태는 끝이 없었다. 현장에서는 후쿠시마원전의 쓰나미에 대한 약점은 이미 알고 있었다. 알고는 있었지만 대책은 차일피일 미루고 있었던 것이다"라고 고백하고 있다. 이 책에는 1974년, 후쿠시마1원전 1호기의 경우 스테인리스배관에 부력부식으로 균열이 발생했고 2호기 제어봉에 불량품

그림 2-2 《후쿠시마원전 어느 기술자의 증언-원전은 개도국의 기술이었다》(왼쪽), 《전 원전기술자가 알리고 싶은 진정한 두려움》(오른쪽) 책 표지.

이 발견됐으며 후쿠시마1원전 2호기에서 노심이상사고가 발생했고, 1989년 후쿠시마2원전 3호기서 재순환펌프사고가 발생했으나 뒤늦게 발각된 사실에 대해서도 자세히 적고 있다.

또 하나는 일본원자력사업(주)에 근무하면서 후쿠시마1원전 건설에 원자로계 펌프 열교환기 등 기구 구입기술을 맡아오다 2002년 퇴직한 원전기술자 오구라 시로(小倉志郎, 당시 74세) 씨가 2014년 6월에 내놓은 《전 원전기술자가 알리고 싶은 진정한 두려움(元原発技術者が伝えたいほんとうの怖さ)》이란 책이다.

이 책에서 오구라 씨는 "원전은 정말 기도 안 차는 괴물이다. 이처럼 복잡기묘한 원전의 구조를 이해하고 있는 엔지니어는 이 세상에 한 명도 없다는 사실이. 35년간 현장에서 원전개발을 계속해 왔던 이 책을 '유언'이라고 생각하고 '속죄하는 마음'에서 썼다"고 밝혔다.

원전의 안전성과 관련해 가장 중요한 것은 원전행정의 투명성과 신뢰성이다. 2012년 3월에 밝혀진 고리1호기 정전사고 은폐 사건은 원전 지역 주민들은 물론 온 국민을 분노케 했다. 2012년 2월 9일 고리1호기 발전기 보호계전기를 시험하는 과정에서 발전소에 직원의 부주의와 비상발전기의 결함 등으로 모든 전력공급이 12분간 중단되는 아찔한 사고로 원자로 냉각수의 온도가 36.9℃에서 58.3℃까지 상승하는 등 후쿠시마원전사고 초기단계와 흡사한 발전소 정전사태가 발생했다.

정전사고 자체도 문제이지만 귀 밝은 지역 시의원이 없었다면 이러한 사실이 감쪽같이 묻혔을 것이라는 점에서 원전당국에 대한 불신과 불안이 극에 달했다. 그것은 고리원전 제1발전소장의 조직적은폐기도, 한수원 사장의 상부 보고 지체, 원자력안전위원회 주재관의 감독부실 등 '원자력행정'의 무책임성이 적나라하게 드러난 사건이기 때문이다. 문제는 이러한 원전사고의 은폐가 대재앙의 전조였음을 2011년 3·11 후쿠시마원전참사가 여실히 보여주고 있다는 점이다. 그런 가운데 터진 고리원전의 부품 납품비리사건은 원전이 비리의 복마전으로 원전행정에 대한 불신을 가중시켰던 것이다.

이러한 상황에서 대해 2012년 원자력안전위원회 차원에서 2~3개월에 걸쳐 고리1호기에 대한 안전점검을 벌이고, IAEA(국제원자력기구) 특별점검반이 현지에 와서 조사를 벌여 '기술적인 면에서 안전하다'고 아무리 이야기를 했지만 고리지역 주민들은 물론 국민 대다수를 설득하지는 못했다.

이러한 국민의 원자력행정에 대한 불안과 불신은 지난 1986년 옛 소련의 체르노빌원전참사에 이어 2011년 3월 11일 일본 후쿠시마원전참사라는 초대형 원전사고가 '발생했기' 때문에 우려가 현실로 확인된 것이다. 그런데 고리1호기 정전사고은폐사건의 당사자인 당시 고리원자력본부 제1발전소장을 비롯한 5명의 간부들은 2013년 2월 과태료 300만 원을 부과받는 선에서 정리됐다. 원전사고에서 가장 무서운 정보은폐사건에 대한 처벌이 제대로 이뤄지지 않고 있는 것이다.

우리나라의 대표적인 원전 은폐 및 비공개 사례는 아주 많다. 1984년과 1988년에 월성1호기 냉각수 누출사고가 있었음에도 1988년 국정감사 때까지 은폐됐다. 1995년 월성1호기의 경우 방사성물질 누출사고가 1년 뒤에 보도됐다. 1996년 영광2호기에서 냉각재가 누출됐으나 몇 주 뒤 주변 환경을 오염시킨 뒤에야 알려졌다. 2002년에는 울진4호기에서 증기발생기관 절단으로 인한 냉각수 누출사고가 발생했음에도 이를 단순 누설사고로 축소 은폐했다. 2003년 부안을 핵폐기장으로 정하기로 한 〈원전수거물 관리시설 후보부지 예비조사 보고서〉를 한 달간 미공개하다가 TV 공개토론회에서 지적을 받은 뒤 공개했다. 2004년 영광5호기에서는 방사성물질 누출이 감지되었으나 재가동을 강행했고 일주일간 은폐했다. 2007년 대전 원자력연구소에서 핵물질 3kg이 들어있는 우라늄 시료박스가 소각장으로 유출된 사건이 3개월이나 지나서야 세상에 알려졌지만 분실된 우라늄은 아직도 행방이 묘연하다. 2005년 핵폐기장 주민투표 당시, 부지조사 보고서가 4년간 은폐됐다. 2007년 12월 고리1호기 수명연장 허가 당시 안전조사 보고서 공개가 거부됐다. 2012년 11월 고리4호기 화재 때 화재경보기가 고장났으나 이를 은폐, 지역구 국회의원에게도 거짓 보고를 했다.

대구광역일보(2017. 10. 15)는 최근 5년간 원전 고장이 73건 발생했으나 원안위의 처벌·제재조치는 단 한건도 없는 것으로 드러났다고 밝혔다.

이 사실은 국회 과학기술정보방송통신위원회 강효상 의원(자유한국당, 비례대표)이 원안위에서 제출받은 '원전별 고장 현황' 자료분석에서 확인됐다. 이 결과 2012년부터 2017년 8월까지 5년간 국내 원전시설 25기에서 발생한 고장 건수가 73건에 달했다. 원전 고장 원인은 △신호 조작체계 고장을 의미하는 '계측결함'이 24건(32.8%)으로 가장 많았다. 다음으로 △펌프·밸브 등의 고장인 '기계결함' 16건(21.9%) △자연재해에 의한 '외부영향' 12건(16.4%) △전력공급 하자로 인한 '전기결함' 11건(15.1%) △'인적실수' 10건(13.7%) 순이다. 인적

실수에는 2017년 3월 월성4호기 작업자의 핵연료다발 낙하, 그해 8월 신고리1호기 작업자의 순환수 배수관로 맨홀 추락사 등 안전불감증에서 비롯된 사고도 포함됐다.

2018년 5월 10일 원안위는 제81회 회의를 열어 원자력발전소나 연구용 원자로 등 원자력 이용 시설에서 사고나 고장이 발생할 경우 앞으로는 원안위가 발전소 측으로부터 초기 상황을 파악해 지방자치단체와 언론에 공개할 수 있도록 '원자력이용시설의 사고·고장 발생 시 보고·공개 규정 일부개정 고시안'을 심의·의결했다. 지금까지는 공개 여부만 법안으로 규정돼 있어 시설 사업자가 이런 상황을 공개했기에 '사고은폐' 가능성이 잠재해 있었던 것이다.

원전은 경제적인가?

원전의 '드러나지 않는 비용'

원전의 안전성에 관해서는 '안전신화'가 후쿠시마원전사고로 '붕괴'됐다고 볼 수 있다. 그런데 원전에는 또 하나의 신화가 있다. 바로 '원전이 제일 싸다'고 하는 경제성에 관한 것이다. 후쿠시마참사 이후 원전에 대한 사회적 비용이 천문학적 수치로 올라가고 있음에도 원전추진파들은 아직도 변함없이 원전이 제일 싸다고 홍보하고 있다.

2013년 2월 발표된 제6차 전력수급기본계획에서 사용된 발전원별 발전비용에서는 가장 최근에 건설된 신형 발전소를 기준으로 균등화발전비용(LCOE)평가법을 적용해 2012년 불변가를 기준으로 6%

의 할인율과 90%의 이용률을 가정하고 있다. 이 경우 발전비용은 '원자력발전〈석탄화력〈가스화력'의 순으로 높아진다는 것이다.

1000MW(100만kW)급 원전의 발전비용은 kWh당 46.9원, 1000MW급 석탄발전이 61.9원, 800MW급 가스화력이 117.8원, 100MW급 석유화력이 216.8원으로 나타났다. 1998년도에는 원전의 이용률을 당시 기저발전소의 평균 이용률을 적용하여 75%로 산정했다가 2005년과 2010년에는 이용률을 높여 85%로 적용했고, 2012년에는 이용률을 90%로 잡고 있는 것이다. 1000MW급 원전의 경우 이용률을 80%로 잡으면 kWh당 발전단가가 52.5원인 반면 70%의 경우 59.5원으로 석탄발전과 거의 차이가 없어진다. 따라서 '실적치'를 통한 명확한 계산이 필요하다. 실제로 우리나라 원자력 발전실적은 2006년 이후 매년 90% 정도였으나 2011년 91%, 이후 2013년 83%, 2013년 76%로 급격히 떨어지고 있다. 원전 이용률은 2016년에 80%, 2017년엔 71%였으며, 2018년 들어서 1분기는 55%, 2분기 63%까지 내려갔다. 한수원은 2018년 말에 23기 중 최대 21기의 원전이 가동되면서 원전 이용률이 3분기 76.3%, 4분기 76.5%로 상승할 것으로 예상하고 있다 (연합뉴스, 2018.8.14).

국내 발전소의 1991~1993년 3년간 운용에 따른 발전원별 발전원가 분석 실적에 따르면, kWh당 원자력 24.17원, 유연탄 29.47원, 석유 35.53원, LNG 35.93원 수준으로 나타났다(두산백과). 전력거래소에 따르면 2017년 발전원별 정산단가(판매단가)는 kWh당 원자력 62.69원, 유연탄 78.97원, LNG 113.67원, 수력 96.95원이다.

우리나라의 발전원별 발전원가 또는 정산단가는 자세한 내역을 공개하지 않기 때문에 세부항목을 알기 어렵다. 그런데 이러한 것이 전부가 아니다. 드러나지 않는 비용이 있다는 말이다.

현대경제연구원이 2012년 말 펴낸 〈원전의 드러나지 않는 비용〉 보고서를 보면, 미국 매사추세츠공대 연구진이 2009년 원자력의 발전단가가 kWh당 114.8원으로 석탄의 84.7원보다 36% 높다는 연구 결과를 발표했다는 것이다. 대외경제정책연구원(KIEP) 정성춘 연구위원도 〈동일본 대지진 이후 일본의 에너지 선택: 발전단가 검증위원회 결과분석 및 시사점〉(2012.2)이라는 보고서에서 "일본정부 차원의 검증 결과, 사회적 비용(추가 안전대책비용, 정책비용, 사고대책비용 등)을 포함할 경우 원전의 발전단가는 석탄이나 LNG와 비슷한 수준까지 상승한 반면, 풍력·지열·태양광 등 재생에너지는 기술혁신과 양산효과로 향후 단가가 큰 폭으로 하락할 것으로 추정됐다"고 지적했다. 일본의 경우 실제로 '전원 종류별 발전단가 계산결과'를 보면 2010년 기준으로 원자력 발전단가는 kWh당 8.9엔 이상(2004년 kWh당 5.9엔)으로 석탄화력(9.5엔) 및 LNG화력(10.7엔) 등 화석연료와 비슷한 수준까지 상승했다는 것이다.

전자신문(2016.11.8)은 2014년에 kWh당 발전비용이 석탄 60원, 원자력 120원, 태양광 180원, 풍력 90원이던 것이 2020년에는 석탄 70원, 원자력 130원, 태양광 80원, 풍력 70원으로 태양광 발전단가가 원자력보다 싸지는 제너레이션패리티(generation parity)가 올 것이라고 전망했다. 2025년에 태양광발전단가는 kWh당 60원 정도로 전망한다는 것이다.

2020년대 초중반에 원자력발전의 발전비용이 신재생에너지보다 1.5배 가량 오히려 더 비싸지고, LNG에 비해서도 원전의 발전단가가 더 높아진다는 미국과 영국 정부의 공식 전망치가 제시됐다.

미국 에너지정보청은 2017년 2월에 2022년 발전량 1MW당 신형원전 99.1달러(약 11만 1000원), 석탄화력발전 123.5달러, 태양광 66.8달러, 육상풍력 52.5달러, 천연가스복합화력 82.4달러로 전망했다. 영국 기업에너지산업전략부는 2025년 발전량 1MW당 원전은 95파운드(약 13만 9000원), 석탄화력은 131파운드, 대용량 태양광 63파운드, 육상 풍력 61파운드, 가스복합화력 82파운드로 역시 원전보다 발전비용이 낮아지게 될 것으로 2016년에 전망했다(한겨레, 2017.7.21).

한편 한국전력의 〈균등화발전원가 해외사례 조사 및 시사점 분석〉 보고서(2018.1)는 원자력과 신재생에너지인 태양광의 '비용 역전' 현상이 빠르게는 2020년 중·후반에 일어날 것으로 전망했다. 보고서에 따르면 30MW의 대규모 태양광의 경우 2022년부터 원전의 균등화발전비용 상한가격과 비용 역전이 시작된다. 2025년부터는 하한 가격과도 비용이 역전된다. 태양광 1MW의 경우 2029년부터 원전 상한가격과 비용 역전이 시작된다.

보고서는 "대규모 태양광의 경우 2020년대 중·후반 사이에 원전비용과 역전될 가능성이 있다"면서 "중단기적으로는 태양광 보급에서 대규모 단지를 병행해 추진할 필요가 있다"고 밝혔다. 또 "중소 규모 태양광의 경우 비용 역전은 적어도 2030년대에 이루어질 가능성이 높다"며 "설계수명이 60년(즉 2080년경 수명종료)에 달하는 신규 원전의 투자에는 신중을 기할 필요가 있다"고 밝혔다. 2022년 완공을 목표로 현재 건설 중인 신고리5·6호기의 설계수명이 2082년까지다(경향신문, 2018.10.3).

우리나라도 최근 5년 사이에 태양광발전 전력 구매단가는 크게 낮아졌고 원전과 석탄은 높아졌다는 사실이 2018년 국감자료를 통해 드러났다.

국회 최인호 의원(더불어민주당)이 전력거래소와 한전에서 제출받은 자료에 따르면 소규모 태양광발전 구매단가는 2013년에 KWh당 326원을 기록했는데 2017년에는 평균 112원으로 66%가 낮아졌다. 대규모 태양광도 2013년 158원에서 2017년 84원으로 47% 감소했다. 풍력발전의 전력 구매단가 역시 이 기간 동안 KWh당 163원에서 91원으로 44% 감소했고 수력발전도 168원에서 94원으로 44% 줄었다. LNG발전도 161원에서 112원으로 구매 단가가 31% 낮아졌다. 반면 이 기간 동안 원자력발전 구매단가는 KWh당 39원에서 61원으로 55% 증가했고 석탄발전은 60원에서 79원으로 32%로 높아졌다. 그결과 1MW 초과 대규모 태양광발전의 경우 석탄발전과의 단가 차이가 2013년에 KWh당 98원이던 것이 지난해에는 5원으로 95% 축소됐고 원자력발전의 경우에도 119원에서 23원으로 81% 감소했다.

이에 대해 최인호 의원은 "구매단가가 낮아진다는 것은 같은 양을 구매할 때 한전의 전력구입비용이 그 만큼 감소한다는 뜻으로 신재생에너지의 경제성이 높아지고 한전의 재무구조 개선에도 도움이 된다"고 설명했다(지앤이타임즈, 2018.10.29).

원전산업의 세계적 동향

원전이 장기적으로 경제성이 있는지 알려면 원전산업의 세계적인 흐름을 살펴보는 것이 좋을 것이다. IAEA(국제원자력기구), EPIA(세계태양광업협회), GWEC(세계풍력협회) 등이 2014년에 내놓은 〈세계 원전산업현황보고서 2014(The World Nuclear Industry Status Report 2014)〉를 보면 원전산업이 사양산업이라는 사실을 한눈에 알 수 있다.

　우선 '2000-2013년 세계 풍력, 태양광, 원전의 시설투자 추이'를 보면 원전의 경우 2000년에 비해 2013년 현재 '-19%'를 기록, 급격히 감소하고 있는 반면, 태양광은 이 기간 135%, 풍력은 301%로 급성장한 것으로 나타났다. 또한 '1997년 이래 전 세계 전력생산량 추이'를 보면 원전은 2006년에 역대 최고인 연간 415TWh를 생산했으나 2010년엔 384TWh로 감소하다 2013년에는 114TWh로 급격히 떨어진 것으로 나타났다. 반면에 태양광은 꾸준히 성장해 2013년 연간 124TWh를 생산해 전세계 원전 생산량보다 많은 전력을 생산하고 있는 것으로 나타났다. 풍력의 경우는 2013년 한해에 616TWh의 전력을 생산해 같은 해 원전 전력생산량의 5배가 넘는 것으로 나타났다. '1954-2014년 전 세계 원자로 순가동량'을 보면 원전설비가동률이 1990년 420기 312GW이던 것이 2014년에는 388기 332.5GW로 줄어든 것을 알 수 있다. 또한 '1990-2013년 전 세계 원전 전력생산에서의 원전비중'을 보면 1990년 17.5%이던 것이 1996년 17.6%로 최고치를 기록한 이래 2006년을 고비로 줄어들고 있으며 2013년에는 전세계 전력의 10.8%만 생산하고 있는 것으로 나타났다.

　마이클 슈나이더(Mycle Schneider)는 〈세계 원전산업현황 보고서 2017(The World Nuclear Industry Status Report 2017)〉 서문에서 "이제 원전에 대한 논란은 끝났다"고 밝히고 있다. 원전과 재생에너지를 비교할 때 재생에너지가 저비용, 청정성, 안전성 모든 면에서 현재 석탄, 원전을 능가한다는 것이다.

　'2000-2016년 세계 풍력, 태양광, 원전의 시설투자 추이'를 보면 원전의 경우 2016년 현재 36GW가 늘어났다면, 태양광은 이 기

간 301GW로 원전의 8.4배, 풍력은 451GW로 원전의 12.5배나 급성장
한 것으로 나타났다. 또한 '1998년 이래 전 세계 전력생산량 추이'
를 보면 원전은 2016년에는 212TWh를 발전했으나 태양광은 같은 해
332TWh로 원전보다 1.6배로 늘었고, 풍력은 같은 해 948TWh로 원전
에 비해 4.5배나 많은 전력을 생산하고 있는 것으로 나타났다. 이러
한 추세를 보면 풍력이나 태양광발전은 유망한 산업임에 비해 원전
은 사양산업임을 알 수가 있다.

　　그렇지만 중국의 경우 원전 신설이 급속히 늘어나고 있다고
원전추진파는 말한다. 실제로 중국의 사례를 자세히 들여다보면 충
격적인 사실을 알게 된다.

　　'2000-2016년 중국의 풍력, 태양광, 원전의 시설투자 추이'를

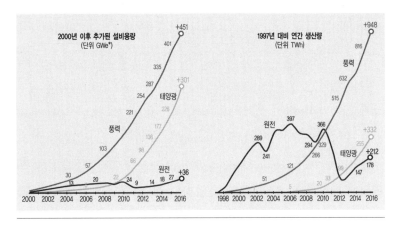

그림 2-3 2000-2016년 세계 풍력, 태양광, 원전의 시설투자 추이

출처: Mycle Schneider, The World Nuclear Industry Status Report 2017.

* 　GWe는 Giga Watt electric을 줄인 전력량의 단위로 일반적으로는 e를 생략한 채 GW로
쓴다.

살펴보면 2016년 중국의 원전 설비량은 31GW가 늘어났다면, 태양광은 78GW로 원전의 2.5배로 증가했으며, 같은 해 풍력발전은 149GW로 원전의 4.8배나 늘어난 것이다. 또한 2000-2016년 전기생산량을 보면 2016년 원전이 198TWh로 급격히 늘어나고 있지만 풍력발전량이 241TWh로 1.2배나 더 생산을 하고 있으며, 태양광발전도 66TWh로 원전의 3분의 1 수준의 전기를 생산하고 있다. 중국은 원전도 많이 늘이고 있지만 그보다 더 빠른 속도로 풍력발전을 늘이고 있다는 사실을 알 수 있다.

전기신문(2015.3.17)은 1990년대 들어서면서 매년 건설되는 원전 수는 이전에 비해 4분의 1 수준으로 크게 감소했으며 특히 지난 2011년 후쿠시마원전사고가 발생한 뒤 전 세계 신규 원전건설은 눈에 띄게 줄어들었다고 보도했다. 2014년 말 기준 가동 중인 세계 원전 개수는 435기이며, 건설 중인 원전 수는 70기(70GW)로 전문가들

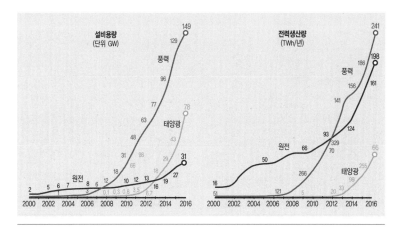

그림 2-4 2000-2016년 중국의 풍력, 태양광, 원전의 시설투자 추이

출처: BP, IAEA-PRIS,WNISR 2017.

은 2015년부터 2020년까지 82GW, 6410억 달러의 시장을 형성할 것
으로 내다보고 있다. 그러나 현재 건설 중인 원전은 중국(27기), 러시
아(10기), 인도(6기) 등 3개국이 60% 이상을 차지하고 있어, 전체 국
가들의 원전 수요는 저조할 것으로 예상된다는 것이다.

치명적 사고를 경험한 국가들을 중심으로 점차 신규 원전건설
이 중단됐다. 세계 최대 원전국인 미국은 1979년 스리마일섬원전사
고 이후 신규 원전건설을 멈췄다. 2025년 이후 기존 원전 폐쇄가 증
가하면서 원전 비중이 점차 낮아질 것으로 예상되며, 2035년 이후
에는 가동 원전 대수가 60기 미만으로 감소할 것으로 보인다. 독일
은 9기의 원전을 가동 중이지만, 원전폐쇄 정책에 따라 2023년 이후
모든 원전이 정지된다. 일본 역시 지난 2011년 이후 모든 원전 공급
계획을 백지화시켰다. 선진국의 원전 수요는 여전히 저조할 것으로
예상되지만 중국과 중동 및 아프리카 등 개도국의 원전 수요는 크
게 증가할 것으로 보인다. 중국은 2020년까지 신규 원전 40기를 건

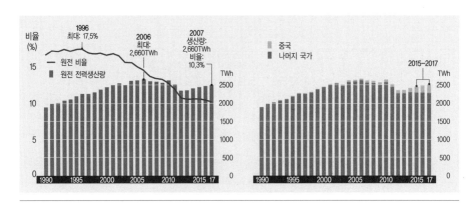

그림 2-5 전 세계(왼쪽)와 중국·나머지 국가(오른쪽)의 원전 전력생산량 추이

출처: WNISR, with BP, IAEA-PRIS, 2018. World Nuclear Industry Status 2018, p.28.

설한다는 계획이다. 〈중국전력업계연구 월간보고〉 2015년 2월호에서는 중국이 2016년까지 원자력발전용량 면에서 한국과 러시아를 제치고 세계 4위, 2020년에는 일본까지 제치고 미국·프랑스에 이어 세계 3위로 부상할 것으로 전망하기도 했다. 2014년 7월 기준, 우리나라 원전 설비용량은 20GW으로, 전체 발전 설비에 22.8%를 차지하고 있으며 발전량은 연간 42TWh로 점유율은 30%에 이른다.

　　2018년 9월 4일 〈세계 원전산업현황 보고서 2018〉(World Nuclear Industry Status 2018)〉이 나왔다. 원전은 2017년과 2018년 상반기에 세계 전력망에 총 7GW의 용량을 추가했는데, 이는 2017년 157GW의 재생가능에너지를 포함한 257GW의 전력생산량 중 극히 일부이다. 최근 18개월 동안 중국에서 6기, 러시아에서 2기, 파키스탄에서 1기가 가동되었다. 중국을 제외하고는 3년 연속으로 세계 원전은 감소했다고 이 보고서는 밝히고 있다.

　　2018년 중반 현재 31개국이 원전을 운영하고 있다. 세계 원전

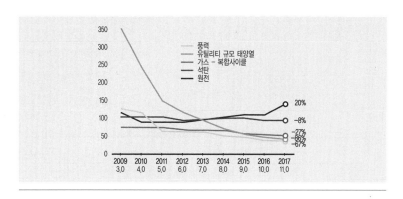

그림 2-6　기술에 의한 역대 전원별 평균비용 변화 추이

출처: Lazard LCOE Versions

국가들은 2017년 2503TWh의 전력을 생산해, 전체 생산량 1%를 늘렸으나 2001년에 비해서는 여전히 낮고, 역사적 피크를 보였던 2006년보다는 4% 정도 낮은 생산량이다. 35TWh를 늘린 중국이 없었더라면 2017년의 26TWh보다 더 떨어졌을 것으로 보고 있다. 원전이 전력생산에서 차지하는 비중도 1996년엔 17.5%였으나 2017년에는 10.3%로 줄어들었다. 2017년에는 원전은 13개국에서 증가했고, 11개국에서 감소했으며 7개국은 현상유지를 하고 있다.

니혼게이자이신문(日本経済新聞, 2018.10.11)은 세계의 원전투자가 급락하고 있다고 보도했다. 국제에너지기구(IEA)에 따르면 2017년 세계의 원전투자는 2016년에 비해 45% 감소한 170억 달러(약 20조 원)로 후쿠시마원전사고가 발생한 2012년 이래 5년만의 최저수준이다. 안전대책비가 증가해 가격경쟁력이 저하된 데 원인이 있으며 한편 재생가능에너지로부터 전력을 보내는 송배전망에 대한 투

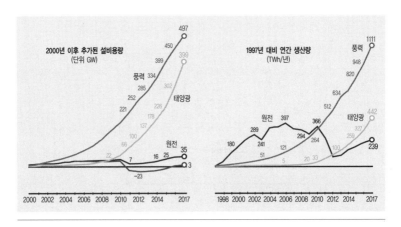

그림 2-7 전 세계 풍력, 태양광, 원자력발전의 발전현황: 설비용량(왼쪽) 및 전력생산량
출처: WNISR, IAEA-PRIS, BP Statistical Review, 2018.

자가 확대됐다고 한다.

2017년 말 투자은행 라자드(Lazard)의 균등화발전비용(LCOE) 분석은 태양광(박막)비용이 MWh당 43~48달러, 육상풍력 30~60달러, 원자력은 112~143달러로 보고 있다. 재생가능에너지의 비용이 석탄(60~143달러), 복합가스발전(42~78달러)보다 낮다. 2009년과 2017년 사이에 태양광비용은 86%, 풍력은 67% 하락했다. 국제재생가능에너지기구(IRENA)의 추정에 따르면, 설치비용을 포함한 태양광발전 비용은 2010년에서 2017년 사이에 MWh당 360달러에서 100달러로 하락해 석탄화력발전과 비슷한 수준으로 낮아졌다. 2018년에는 30달러까지 감소될 수도 있다고 전망한다.

전 세계 재생가능에너지는 엄청나게 성장했다. 2000년에 비해 2017년 전 세계 설비용량을 보면 풍력발전이 497GW 늘어났고, 태양광발전이 399GW 늘어난 반면 원자력발전은 35GW 증가한 데 그친다.

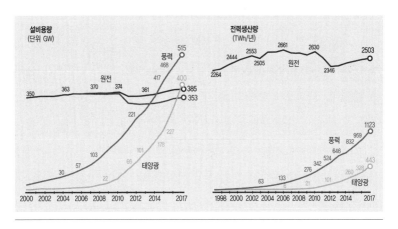

그림 2-8 전 세계 풍력, 태양광, 원자력발전의 설비용량(왼쪽) 및 전력생산량 추이

출처: WNISR, IAEA-PRIS, BP Statistical Review, 2018.

1년 반 이상 전력을 생산하지 않는 원전(LTO)을 제외하면 원전 설비 용량은 3GW 증가에 그친다. 1998년에 비해 2017년의 전 세계 전력생산력은 풍력의 경우 1111TWh 더 생산했고, 태양광의 경우 442TWh를 더 생산한 데 비해 원자력은 239TWh 더 생산하는 데 그쳤다. 원자력발전이 확실히 사양산업임을 보여주는 명백한 증거이다.

유엔환경계획(UNEP)과 블룸버그신에너지금융(BNEF)에 따르면 재생가능에너지는 전 세계적으로 2017년에 157GW를 더 생산했다. 2017년에는 전 세계 발전용량 증가분의 61%를 차지하고 2016년에 비해 57% 증가했으며, 현재 전 세계 설비용량의 19%를 차지하고 있다. 풍력은 2015년 64GW, 2016년 55GW 증가한 데 비해 52GW를 추가했다. 반면에 태양광은 설비용량을 2017년에 97GW를 늘여 2015년 51GW, 2016년 75GW에 이어 점점 늘어나고 있다. 비즈니스 플랫폼 IHS 마킷은 2018년에는 태양광은 113GW로 급격히 늘어날 것으로 전망한다. 이에 비해 지난 3년간 원자력발전 설비용량은 2015년 9.4GW, 2016년 9.5GW, 2017년 3.3GW의 증가에 그쳤다.

2017년 전 세계에 설치된 태양광발전 용량은 400GW로 5년 만에 4배로 늘어나 385GW(353GW, LTO의 용량 제외)의 원자력발전 용량을 앞섰다. 풍력도 2015년에 원자력발전 용량을 능가했다. 그렇지만 아직은 원전이 2503TWh를 생산해 풍력발전(1123TWh)의 2배, 태양광발전(443TWh)의 4.5배 이상을 공급하고 있다. 그러나 재생가능에너지는 중국에만 의존하고 있는 원자력발전을 머지않아 따라잡을 것으로 전망된다.

원전과 지역경제

원전이 장기적으로 지역경제에 도움이 될까?

원전입지 도시는 상대적으로 원전의 위험성을 담보로 정부의 지원을 받고 있다. 그러나 장기적으로 인구가 감소하고 지역경제의 자생력이 침체되는 것이 현실이다. 원전지원금이 원전사고 예방대책이나 지역민의 이해를 반영해 집행되기보다는 불필요한 건물 짓기 등으로 낭비되고 있다는 지적이 높다.

2012년 당시 울산 울주군에는 바로 옆 부산 기장군에 고리원자력1~4호기에다 이미 상업운전에 들어간 신고리원전1·2호기가 있고 울주군 땅에는 3·4호기를 건설 중이고 인근 경주에 월성원자력 1·2호기가 있었다. 이런 가운데 울주군수가 다시 원전을 추가로 유치하기로 하면서 신고리5·6호기에 대한 공청회가 2012년 6월 29일 열렸다. 후쿠시마원전사고 이후 이처럼 원전에 싸여 있는 시민의 불안이 가중되고 있는데도 왜 지자체장은 원전을 자꾸 유치하는 것일까? 그 의문을 풀 수 있는 단서가 국민권익위 발표(2012.11.7)에서 드러났다.

국민권익위는 발표 자료에서 "발전소 주변 지원법 시행령에 규정된 한수원의 사업자지원사업이 자치단체 예산성 사업들로 구성되어 있다"며 "자치단체들은 기관장의 선심성 사업, 공약사업들에 사업자지원사업비를 쌈짓돈처럼 사용하고 있었다"고 지적했다. 국민권익위가 발표한 울산 울주군 사례로는 종합운동장 건설(80억 원), 스포츠파크 건설(212억 원) 등 모두 10여 건의 유사사업에 지원금이 지급됐다. 울주군에 따르면 지난 1999년부터 지원되기 시작한 원전 특별지원금은 모두 1111억 400만 원에 이른다. 원전별로는 신고리1·2

호기 222억 4200만 원, 신고리3·4호기 888억 6200만 원이며, 이 금액은 1999~2005년까지 750억 2700만 원이, 2006년에는 나머지 잔액인 360억 7700만 원이 모두 지급됐다.

울주군에 따르면 특별지원금의 50%는 원전 인근 5㎞ 이내 지역을 위해 사용하며 나머지 50%는 울주군 사업으로 사용된다고 한다. 하지만 지원금은 이것이 다가 아니다. 한수원은 원전 발전량에 따른 인센티브로 일반지원금을 지급하는데, 울주군청에 따르면 울주군은 매년 65억 원가량을 받고 있는 것으로 나타났다. 이외 한수원은 원전 지역 주민과 논의해 특별사업지원금도 주고 있다. 울주군이 지난 2009년 2월 원전지원금 27억 원을 포함해 모두 73억 5000만 원을 들여 대지 9998㎡, 연면적 6421㎡로 건립한 서생면 청사는 3층 건물에 4층 옥상, 5층 전망대까지 갖췄다. 하지만 서생면은 3316 가구에 인구가 7530명(2011년 4월 8일 기준)에 불과해 건립 당시에도 호화청사 논란을 일으켰고, 특히 건립한 지 2년이 조금 넘어 면사무소 건물에 비가 새는 등 부실공사 논란도 인 바 있다. 여기다 한수원이 서생면 지역에 350억 원의 원전지원금으로 울주군 간절곶 해맞이공원 내에 지으려던 간절곶타워가 주민의 반대에 부딪혀 좌초되는 등 원전지원금 사업에 대한 적절성이 논란이 돼 왔다(오마이뉴스, 2012.11.8).

원전이 지역경제에 장기적으로 도움이 되는가에 대해 시즈미 슈지 후쿠시마대학 부학장은 《원전에 또다시 지역의 미래를 맡길 것인가(原發になお地域の未來を託せるか)》(자치체연구소, 2011)라는 책에서 일본 후쿠시마원전이 있는 후쿠시마현 후타바(雙葉)군의 사례를 소개하고 있다.

후타바군은 후쿠시마원전1호기 공사가 시작된 1967년부터 제 2원전 4기 건설을 거쳐, 히라노(廣野)정의 히라노화력발전소 4기 공사가 종료된 1993년까지 4반세기에 걸쳐 건설공사가 계속돼왔다. 총 투자비는 약 2조 1667억 엔이었다. 후타바군의 산업별 취업자 구성의 변화추이를 보면 우선 농업이 1970년 44.2%에서 1990년에는 14.4%로 줄어들었고, 건설업이 같은 기간 8.1%에서 19.8%로 늘어났고, 서비스업 전체가 32.7%에서 45.7%로 늘어났다고 한다. 그런데 발전소 건설은 잠시 붐이 끝나고 나면 지역산업이 회복되지 않는 이른바 '일과성 효과'에 지나지 않는다는 것이 정설이다. 자동차산업과 달리 에너지를 생산하기에 관련 산업이 지역에 정착하지 못한다는 것이다. 원전이 자리 잡은 지자체는 재정적으로 매우 유복하다. 관련법에 의해 엄청난 세수나 교부금이 들어와 지자체는 대형 체육관, 도서관, 학교, 병원, 도로 등 대규모 공공시설을 건설할 수 있다. 문제는 수입의 동향이라는 것이다. 대체로 이러한 것이 기한부라는 점이다.

후타바군의 경우 재정력지수는 0.77로 현재 다른 지자체의 0.48에 비해 높지만 재정상황은 나빠 행·재정운영에 커다란 문제가 있다는 지적이 있다. 경상수지비율이 높아 재정에 자유도가 거의 없기 때문이라는 것이다. '원전시설의 유치를 통한 지역발전'이라는 지역정책에는 2가지 중대한 문제가 있다. 하나는 '성장의 질'이고 또 하나는 '풍요로움의 질'이다. 원전유치에 의한 지역진흥은 전형적인 '외래형개발'로 산업적 기반이 갖춰지지 않아 지속가능성이 낮고 '발전 없는 성장'을 초래하고 있다는 말이다. 이에 비해 지역은 '원전 리스크'로 첫째 사고 위험성, 둘째는 퇴출 위험성을 안고 있다. 그중 퇴출 위험성은 후쿠시마원전사고와 같이 다른 지역에 이러한 사고가 발생하면 원전추진정책에 제동이 걸리기에 지역경제가 바로 영향을 받게 된다는 것이다.

마쓰야마대 장정욱 교수는 일본 시코쿠전력의 이카타원전이 있는 에히메현 이카타(伊方)정의 사례를 소개하고 있다. 이카타정의 경우 원전 가동률의 감소로 서비스업도 1986년 이래 계속 감소하고 있다는 것이다. 특히 건설업의 경우 하청업의 한계로 소득의 외부 유출이 심화되고, 지역산업의 쇠퇴와 원전의 빈약한 고용창출효과로 젊은이들의 유출 또한 심각하다. 후쿠시마원전사고 이후 현재 3기 모두 가동정지 상태인데 발전소주변지역지원금도 점점 축소되고 있다고 한다. 이곳에서 이카타 지역주민들이 주로 하는 것은 원전 내 청소 및 식당 운영 정도라고 한다.

원전의 경우 건설기간 중 지역의 임금상승으로 1차산업이 피폐화됐고, 전력회사의 종업원도 800~1000명 정도 증가했으나 이들 대부분은 타지에서 출퇴근을 하고 있어 지역경제에 큰 도움은 안 된다는 것이다. 원전 건설기간을 중심으로 한 일시적인 거품경제로 인해 장기적인 인구감소의 억제 및 지역산업의 육성이 불가능해지고, 건설기간 동안의 일시적 호경기로 인해 지역의 경기변동이 심하고, 결국 지역경제 및 지방재정이 전력회사에 종속화돼 원전 증설로 이어지고 있는 것으로 분석하며 원전리스크가 너무 크고 사고발생 위험성과 더불어 원전 퇴출 위험성도 상존하고 있는 것이 문제라고 분석하고 있다(장정욱, 2012).

이러한 원전입지 지역의 원전의존경제는 우리나라에서도 나타나고 있다. 월성1호기 폐쇄와 관련해 경주시는 지역경제 붕괴 등을 이유로 조기폐쇄에 대해 반대 입장을 밝히며 보완책 마련을 촉구하고 나섰다(머니투데이방송, 2018.6.29). 주낙영 경주시장 당선자는 "월성1호기 조기폐쇄와 관련해 지방재정 세수 감소가 432억 원 정도이며, 원전 인력 종사자들의 고용 승계 문제, 협력업체 일감 감소 문제, 원전 연장을 위해 1310억 원 정도가 시에 지원됐는데 그에 따른 반납 문제 등 여러 가지가 있다"라고 강조했다.

그러면 폐로 이후의 원전입지 마을의 모습을 어떻게 그려볼 수 있을까. 폐로 과정을 통해 새로운 지역으로 재생해가는 좋은 사례를 독일에서 찾을 수 있다. 독일 북동부 그라이프스발트(Greif-swald)원전이 있는 루브민(Lubmin) 지역이 대표적이다. 박승준은 《탈원전으로 지역경제는 파탄나지 않는다(脫原俊で地元經濟は破綻しない)》(2013)는 책에서 그라이프스발트 사례를 소개하고 있다. 아사히신문 후쿠이판에서 2012년 1월에 소개된 독일, 프랑스, 스페인의 폐로지역에 대한 기획기사를 바탕으로 정리한 것이었다.

루브민 지역은 그라이프스발트원전 반경 5km 권역에 있는 인구 2000명 정도 되는 마을이다. 옛 동독지역에서 1970년대 건설된 옛 소련형 원전 6기 중 5기가 독일 통일 직후인 1990년에 옛 소련제 원전에 대한 불안여론이 높아지자 독일정부가 폐쇄를 결정했다. 폐로 22년째인 2012년까지 해체 및 오염제거작업이 계속되고 있는데 그때까지 폐로에 든 비용이 약 41억 유로(약 6조 원)이며, 앞으로 20~30년간 더 계속될 것으로 보고 있다. 폐쇄 당시 고용이 사라지고 마을 인구가 줄어들 것을 크게 우려했으나 루브민 지역은 풍력발전 및 태양광발전 등 재생가능에너지산업 단지로 변했다. 이곳 폐원전의 터빈건물에 해양풍력발전기를 제조하는 덴마크 기업이 들어서는 등 폐원전 공장부지 안에 모두 30여 개의 각종 대안에너지기업이 입주해 있으며 1100여 명이 근무하고 있다고 한다. 폐로작업 및 중간 저장시설을 관리하는 EWN(북부에너지회사)사는 민간기업이었으나 2000년에 국유화됐다. 원전 가동 당시 약 5000명이 원전에서 일했지만 폐쇄 후에도 현재까지 20여 년간 2000여 명이 이 회사에서 일하고 있다고 한다. 루브민 인구는 20년간 300명이 더 늘었다. EWN사는 이미 러시아, 리투아니아, 불가리아 등 5개국 7개 원전의 해체작업을 수주했고, 러시아 원자력잠수함 해체작업(약 9000억 원)도 해냈다고 한다. 이러한 상황을 언론에선 '루브민의 기적'이라 부르기도 하는데 이는 원전이 폐지돼도 그에 의존해온 지역의 재생이 불가능하지는 않다는 것을 보여주는 좋은 사례이기도 하다.

이런 점에서 볼 때 고리1호기는 독일 그라이프스발트원전 폐로 과정을 벤치마킹하는 노력이 필요하다고 본다. 아이디어를 하나 더 하자면 고리1호기를 폐로할 경우 지연해체하는 방식을 통해 '고리에너지파크'로 리모델링해 근대산업유산을 살리면서도 재생에너지를 포함한 에너지관을 두어 전 국민의 '원전 안전 및 에너지교육의 장'으로 삼을 필요가 있지 않을까 싶다.

프랑스에서 고속증식로 슈퍼피닉스(SPX) 폐쇄절차를 밟고 있는 크레이메뷰 마을(인구 약 1300명)의 사례를 알아보자. 124만kW 규모로 1977년 발주돼 1985년 임계실험에 성공했으나 사고고장이 잦아 가동율이 7%에 불과하고 경제성과 기술적 효과가 불확실하다는 이유로 1998년 프랑스 정부가 폐쇄를 결정했다. 크레이메뷰 마을에는 폐쇄반대운동이 일어났다. 그러나 2년 뒤에 지역경제가 활성화됐다. 프랑스 정부와 프랑스전력공사(SPX의 소유자)는 폐쇄에 따른 하청기업의 피해를 막기 위해 5년간 총 112억원을 투입해 실업자 고용 기업에 대한 보조금 지급이나 직업안정소를 열었다. 크레이메뷰 마을을 비롯해 원전 주변 지자체는 1200명의 실업자가 생길 것으로 보았으나 실제로는 1600명분의 고용이 생겼다고 한다. 인근 지자체의 인구도 폐쇄 당시보다 6000명이 늘어난 2만 8000명이 됐다고 한다(박승준, 2013).

그린피스는 원전 해체작업으로 상당한 고용이 생긴다고 보고 있다. 그린피스의 보고서에 따르면 원전 폐쇄 후에 직원 모두가 필요 없게 되진 않는다. 안전상 이유로 해체종료까지 15~45년이 걸리기에 많은 노동력이 필요하다. 빌갓센원전(1997년 폐쇄)의 경우처럼 즉시 해체하는 경우 운전정지 후 2~3년은 375~450명의 외부직원이 필요하게 된다. 안전저장의 경우 약 1년간의 저장기간에 250~450명이 계속 일하지만 그 뒤 감시원만이 필요하게 된다. 그리고 30년 후에 시작되는 해체작업에 다시 500~550명이 필요하게 된다는 것이다.

월성1호기 조기폐쇄와 경제성 논란

2018년 6월 15일 한수원 이사회는 '월성1호기 조기폐쇄안'을 가결했다. 새 정부의 '제8차 전력수급기본계획 확정에 따른 협조요청(2018.2.20)'에 따라 '월성1호기 운영계획(안)'을 수립해 이사회에 부친 것이었다. 정부가 에너지전환로드맵(2017.10.24)과 제8차 전력수급기본계획(2017.12.29)을 통해 월성1호기 조기폐쇄 방침을 결정하였기에, 한수원은 공기업으로서 정부정책 이행을 위한 운영계획을 수립해야 했고, 월성1호기는 전력수급 안정성 등을 고려해 조기 폐쇄하기로 한다는 것이다.

월성1호기 조기폐쇄안과 관련해 한수원 이사회에 상정돼 논의된 내용은 다음과 같다.

첫째, 경제성이다. 경주지진 등으로 강화된 규제환경과 최근의 낮은 운영실적 등을 고려할 때 향후 이용률에 대한 불확실성이 높아 계속 가동할 경우 경제성을 보장하기 어렵다. 월성1호기의 경우 운영기간 만료일인 2022년 11월까지 계속 가동 시 즉시정지와 대비해 이용률 54.4% 미만의 경우 손실이 발생한다. 월성1호기는 이용률이 80%일 경우 즉시정지 대비 1010억 원 흑자에서, 60%일 경우 224억 원 흑자, 40%일 경우에는 '563억 원 적자'가 된다.

이용률 실적 분석 결과, 월성1호기는 월성2~4호기와 비교할 때 운영실적이 저조하며, 최근 강화된 규제환경에서 현 수준보다 높은 이용률을 보장하기 어렵다는 것이다.

표 2-1 월성1호기 이용률 실적

이용률(%)	상업운전 평균	최근 5년	최근 3년	2017년
월성1호기	78.3	60.4	57.5	40.6
월성2호기	92.1	83.2	79.9	73.9

출처: 한수원

실제로 2016년 경주지진 뒤 월성1호기 가동률은 40%대로 떨어졌고, 조기폐쇄 결정 때까지도 정비 때문에 정지돼 있어 적자폭이 늘어나고 있었다. 또한 한수원이 2018년 상반기 삼덕회계법인 등으로부터 받은 경제성 평가결과에 따르면 월성1호기는 거듭된 안전설비 보강과 낮은 가동률 때문에 발전단가가 2017년말 기준 kWh당 123원으로 전력판매단가 61원보다 2배 이상 높다. 이 때문에 2008년부터 2017년까지 10년간 연평균 1036억 원의 적자가 발생했다. 월성 1호기는 가동할수록 적자가 발생하는 구조라는 것이다. 이 수치는 2013−14년 계속운전 인허가승인 대기기간은 제외한 것이다. 적자폭은 최소 710억 원에서 최대 1573억 원이라고 한다.

둘째, 안전성이다. 안전성 평가를 통해 계속운전기간 동안 안전성을 확보하였으나 사고관리계획서 요건 만족을 위해 추가 안전설비 투자가 필요하다. 월성1호기는 계속운전 주기적 안전성 평가, 후쿠시마 후속 안전점검 및 개선대책(54건 중 51건 완료, 잔여 3건으로 2018까지 추진), 스트레스테스트 평가 및 안전개선 결과(46건 중 18건 완료, 잔여 28건으로 2020년까지 추진) 만족·적합을 받았다. 그러나 사고관리계획서 요건인 노심손상빈도, 격납용기파손 조기방출빈도, 세슘 초과방출빈도 만족을 위해 추가 안전설비 투자가 필요하다. 2019년 6월까지 평가를 완료해 원자력안전위원회에 제출해야 한다. 또한 국내 원전산업은 안전규제 강화, 핵연료세 등 원전과세 입법 추진, 원전사고 사업자책임한도 상향 조정, 전력시장 운영규칙 변경 등으로 인한 비용 증가 요인이 있다.

셋째, 대체가능성이다. 전력수급과 관련하여 월성1호기가 정지되어도 기존 운영예정기간까지 설비예비율은 적정수준(22%) 이상으로 충족이 예상되고, 인허가 절차면에서 보면 원안법에 따라 영구정지 운영변경허가 취득이 필요하며, 고리1호기 사례를 참조하여 2년 정도 걸릴 것으로 예상한다는 것이다.

넷째, 지역수용성이다. 월성1호기 조기폐쇄와 관련해 찬성과 반대 의견이 다양하게 존재하며, 조기폐쇄 시 지역지원금 감소 우려에 따른 갈등이 예상되므로 지역지원금 영향 등에 대한 지역주민의 이해도 제고가 필요하다. 일부 시내권 주민 및 환경단체 등에서는 원전 안전성 우려 등을 이유로 조기폐쇄를 찬성하는 입장이다. 지자체 및 원전 인접지역 주민들은 지역경제에 미치는 영향에 대해 우려를 표명하고 정부 차원의 보상대책을 촉구하고 있다.

이날 한수원 이사회는 전체 13명 중 12명의 상임·비상임 이사가 참석한 가운데 찬반 논의를 가졌으며, 표결 결과 월성1호기 조기폐쇄안에 대해 찬성 11: 반대 1(비상임 이사 1명)로 의결됐다. 필자는 지난 5월 한수원 비상임 이사로 임명돼 이날 이사회에서 월성1호기 조기폐쇄안에 찬성표를 던졌다. 이날 이사회는 안전성, 경제성 및 정부 에너지전환정책 등을 종합검토한 결과 월성1호기의 조기폐쇄 의결에 합의했고, 조기폐쇄 이행으로 인해 발생하는 적법하고 정당한 비용에 대해서는 향후 마련되는 관련 법령에 기초하여 정부에 보전을 요청하기로 했다. 한수원은 후속조치로 2020년 6월 30일까지 월성1호기 영구정지 운영변경허가를 취득할 계획이다.

이날 한수원 이사회에서는 월성1호기 조기폐쇄와 함께 경북 영덕의 천지1·2호기(1500MW급)와 강원도 삼척의 신규(대진)1·2호기(1500MW급)에 대해서도 '대진·천지원전 사업종결방안'을 상정해 4기 모두 이사회 전원 찬성으로 사업종결을 의결했다. 천지1·2 및 신규(대진)1·2호기는 전원개발촉진법에 따라 2012년 9월 전원개발사업 예정구역으로 지정, 고시됐다. 천지1·2호기는 2019년 2월 부지정지 공사를 시작해 2027년 12월 준공 예정으로 약 19%의 부지를 매수해 사업투입비용은 '904억 원+알파'로 잡고 있다. 신규(대진)1·2호기(1500MW급)는 2029년 12월 준공 예정이지만 매수실적은 없어 투입비용이 '33억 원+알파' 정도이다. '대진·천지원전 사업종결방안'

은 정부의 에너지전환로드맵과 제8차 전력수급기본계획, 산업부의 '제8차 전력수급기본계획 확정에 따른 협조요청' 공문에 대한 조치 계획인 '신규원전 사업종결방안'(2018)을 근거로 만들어진 안이었다. 결국 한수원 차원에서는 인건비 등 사업비가 증가하고 예정구역 내 토지매수의무가 존속하는 데 대해 회사 리스크를 최소화하기 위해 조속한 사업종결이 필요했다고 할 수 있다. 2018년 8월 현재 한수원 의 호기별 실제 회계처리금액은 천지1·2호기는 318억 원, 대진1·2 호기는 21억 원이다.

2018년 2월 7일 서울행정법원 행정11부(호제훈 부장판사)는 원 전 근처 주민들이 원안위를 상대로 낸 '월성1호기 수명연장을 위한 운영변경 허가처분 무효 확인' 소송에서 "수명연장 처분을 취소 하라"고 원고 일부 승소로 판결했다. 하지만 원자력안전위원회는 "판결이 확정될 때까지는 월성1호기 가동을 멈출 수 없는 상황" 이라는 해석을 내놨다. 앞서 월성1호기 근처 주민들을 비롯한 시민 2167명은 수명기간 30년 만료를 앞두고 원안위가 월성1호기에 대해 '10년 간 수명연장'을 결정하자 이에 불복해 행정소송을 제기한 바 있다(국제신문, 2018.2.8).

전기뉴스(2018.2.8)는 법원이 내린 월성1호기의 재가동 승인 취소 판결은 원전을 둘러싸고 치열한 쟁점이 오고 간 재판에서 사 법부가 탈핵진영의 손을 들어준 건 사실상 처음이라고 의미를 부 여했다. 월성1호기 수명연장 논란은 2009년부터 불거지기 시작했 다. 원전을 운영하는 한수원이 당시 약 6000억 원을 들여 월성1호기 의 압력관을 교체했기 때문이다. 1983년 4월 상업운전을 시작한 월 성1호기의 수명은 2012년 11월까지인데 수명연장 심의를 하기도 전에 미리 수천억 원을 투입한 것을 두고 탈핵진영에서는 "재가동에 대한 부담을 키우려는 꼼수"라고 지적했다. 이후 월성1호기는 2012년 11월 가동을 중단했고, 2015년 2월 원자력안전위원회 심의를 거쳐 재가동이 승인됐다. 월성1호기는 2022년 11월까지 수명이 연장됐다. 하지만 '핵 없는 사회를 위한 공동행동'은 수명연장 허가 과정에서 원안위가 적법한 절차를 거치지 않았다고 지적하고 2015년 5월 18일 원안위를 대상으로 '월성1호기 수명연장 허가 무효 국민소송'을 제기했다.

원전수출과 경제성 논란

일본 후쿠시마원전사고로 우리나라를 비롯한 세계 여러 나라에서 원전 신규 건설계획을 잇달아 중단하면서 2009년 이후 10년 가까이 추가 수주는 멈춘 상태다. 한전을 비롯해 원자력업계는 사우디아라비아를 비롯한 중동과 동남아시아의 신규 원전시장을 두드려왔지만 아직은 구체적인 성과를 못내고 있다.

한수원 자료(2018.8)에 따르면 현재 한수원은 체코, 폴란드, 사우디아라비아 등의 원전수출에 중점을 두고 있다. 체코는 1000MW 이상 1~2기를 대상으로 2018년 연말에 사업모델을 확정해 2019년 상반기 입찰에 대비한다는 것이다. 폴란드는 2개 부지에 총 4500MW 규모의 원전수출을 고려하고 있으며 유럽의 EUR인증이나 2019년 상반기에 미국의 NRC-DC 인증 취득을 목표로 노력을 하고 있다. 사우디아라비아에는 한국원자력연구원이 개발한 100MW급 소형원전인 스마트(SMART)원전 2기의 건설 입찰을 위해 한국전력과 함께 수주활동을 벌이고 있다.

그런데 UAE를 비롯한 중동지역에 대한 원전수출은 이명박 정부 당시의 기대와는 달리 이미 여러 가지 문제점을 노출하고 있는 것으로 나타났다.

강봉균 국회의원은 전북중앙(2010.4.19)에 기고한 'UAE 원전수출계약의 문제점'이란 칼럼에서 우리나라 원전수출의 문제점을 어느 정도 알 수 있다. 우리나라가 UAE 원전 건설공사로 따낸 금액은 186억 달러였다. 프랑스 '아레바'사는 360억 달러로 입찰해 우리의 입찰가보다 2배나 높은 가격을 써 냈기 때문에 실패한 것으로 되어 있다. kW당 건설단가가 26% 싼 한국이 총 건설가액을 93%나 싸게 입찰을 했으니 그 차이는 설명할 길이 없다는 것이 강 의원의 지적이었다. 게다가 세계의 화약고인 중동지역에 원전건설을 용인한 미국은 그 조건으로 '사용후핵연료'를 자국 내에서 재처리하거나, 농축하는 것을 금지한 것이다. 이렇게 골치 아픈 사용후핵연료처리문제를 이명박 정부 사람들은 원전 건설 후 60년간 또 다른 200억 달러 수입원으로 선전하고 있는 실정이라는 것이다.

우리나라 원전수출은 이명박 정부 당시 2030년까지 80기 수출목표를 세우고, 2010년 현재 요르단과 실험로 건설을 추진했다. UAE와는 스위스가 개발한 시스템M80+를 기반으로 한 한국표준형 원자로인 APR-1400 4기 건설에 합의했으나 카피(COPY) 전 기업으로부터 나온 지적재산권 주장으로 사실상 '수출정지' 상태이다. 1995년 이후 원전의 95% 이상을 국산기술을 사용해 건설한다고 주장하고, 2012년 100% 국산화를 추진한다고 했으나 2009년 UAE 입찰 중 미국 웨스팅하우스(현 도시바)가 한전에 원자로냉각펌프 등에 지적소유권을 주장해 어려움을 겪고 있다. 아직도 100% 순국산기술을 확보했다고는 보기 어려운 것이 냉정한 국제현실이다.

현재 세계적으로 원전수출은 '저가수출, 위험 자국부담, 비용 제공, 비밀주의'의 문제가 있어 앞으로 수주에 있어서도 어려움이 예상되고 있다.

게다가 국내 원전비리가 원전수출에 악영향을 주고 있다. 연합뉴스(2013.5.28)는 "엉터리 부품 파문…원전수출에도 악영향 우려, UAE 수출 원전 2호기 착공식 날 '찬물'"이라는 제목의 기사를 내놓았다. 원자로 6기의 가동 중단·연기를 일으킨 위조 시험성적서 파문이 원전수출에 악영향을 줄지 당국이 촉각을 곤두세우고 있다는 것이다.

일본의 경우도 근년에 들어서는 원전수출에 큰 어려움을 겪고 있다. 반 히데유키(伴英幸) 일본 원자력정보자료실 공동대표가 2017년 1월 1일자 〈THE BIG ISSUE JAPAN〉 302호에 게재한 '베트남 원전계획 중지, 리투아니아 계획 동결로 일본, 탈원전 정책전환으로 갈 수밖에'라는 칼럼에서 국제사회에서 원전수출의 어려움을 그대로 느낄 수 있다. 일본이 1990년대부터 공을 들여 '올 재팬(All Japan)' 체제로 성사시켰던 원전수주가 무산됐기 때문이다.

내용은 이렇다. 베트남 국회가 원전입지계획을 중단하는 정부 제안을 2016년 11월 22일에 가결했다. 베트남 정부는 전력수요에 부응할 비장의 카드로 2009년에 4기의 원전건설계획을 승인하고 2014년에 착공할 예정이었으나 당초 안은 자금난과 인재부족, 자재부족으로 연기를 반복해왔고, 후쿠시마원전사고 이후 해일대책으로 예정지를 약간 내륙으로 이동하는 계획변경도 했다. 이전 계획은 제1원전 2기는 28년에, 제2원전 2기는 29년에 가동할 계획으로 제1원전은 러시아, 제2원전은 일본이 수주할 예정이었다. 규모는 각 100만 kW로 총 400만kW였다.

그러나 후쿠시마원전사고 이후 건설비용이 2배로 뛰어오른 데다 베트남의 국가재정 악화와 주민의 반대가 거세지고, 사용후핵연료 처분의 미해결이 문제가 돼 중단을 선언하기에 이르렀다. 베트남은 대안으로 신재생에너지 및 가스화력에 주목하고 있다고 한다. 일본은 지금까지 베트남 원전건설계획 수주를 위해 1990년대부터 원자력산업협회를 중심으로 활발히 움직여 2010년에는 '국제원자력개발(주)'를 설립하고 국가차원에서 총력을 기울여왔다. 그러한 결과 러시아, 한국, 중국, 프랑스 등의 국제기업과 수주경쟁에서 2011년 9월에 제2원전 건설협력각서를 교환했다.

일본은 또한 리투아니아에서의 원전계획 동결로 원자력산업계가 큰 타격을 입었다. 2009년 옛 소련제 노후원전인 이구나리나원전을 폐지하는 대신 인근 부지에 새로운 비사기나스원전을 건설할 계획을 세웠고, 이 건설을 수주한 것이 히타치제작소로 2012년 6월에 정부 계약이 거의 확정됐다. 사업규모는 약 4000억 엔(4조 원), 합계 출력은 2기로 최대 340만kW 규모였다. 그러나 후쿠시마원전사고 이후 리투아니아에서 원전건설 반대가 강해지고 야당인 사회민주당이 선거에서 승리하고 차기 총리후보가 건설계획 재검토를 언급해 사실상 계획철회로 이어질 것으로 예상된다는 것이었다.

일본의 저널리스트 아카시 쇼지로(明石昇二郎)는 2011년 1월 〈세카이(世界)〉지에 이미 '원전수출의 진실'이라는 칼럼을 통해 당시 일본이 국가적으로 총력을 기울이던 '원전수출의 리스크'를 다음과 같이 들었다. 첫째, 수출국의 핵폐기물을 일본이 받아들여야 한다.

둘째, 원전사고가 일어나면 일본의 세금으로 보상해야 한다. 셋째, 원전가동의 비용도 세금에서 융자해야 한다는 것이다.

우리나라는 문재인 정부가 들어선 이후 탈원전에너지정책을 표방하면서도 문 대통령이 2017년 7월 재계와의 간담회에서 "원전사업의 해외진출을 적극 지원하겠다"고 약속하는 등 '원전수출'에 대해서는 시장 확보에 노력을 하고 있다. 그러나 보수언론은 새 정부의 '탈원전정책'으로 '원전수출에 큰 걸림돌이 되고 있다'는 보도를 하는 반면 여당 중진의원은 "원전수출시장은 경제성이 없다"고 주장하고 나섰다.

조선일보(2018.8.20)는 "'탈원전 세계적 추세' 정부 주장, 현실과 달라"라는 제목의 기사를 내보냈다. 8월 19일 세계원자력협회(WNA)의 〈2018 세계 원자력 성과 보고서〉에 따르면, 2017년 전 세계 원전 발전량은 전년 대비 29TWh(테라와트시·1.1%) 증가한 2506TWh를 기록했다. 원전 발전량은 2012년 이후 5년 연속 증가했다. 2017년 말 기준 전 세계 원전 발전 설비용량도 전년보다 2GW 증가한 392GW를 기록했다. 2017년 말 현재 전 세계에서 건설 중인 원전은 총 59기로 지역별로는 아시아가 40기, 동유럽·러시아 11기, 서·중유럽 4기, 북미 2기, 남미 2기 등이다. 신규 원전 59기 중 30%인 18기는 중국에 건설되고 있다. 중국은 해외 원전수출에서도 앞서 가고 있다. 2017년 5월 아르헨티나에 원전 2기 수출 계약을 체결했고, 프랑스·케냐·태국·우간다·사우디아라비아·브라질·캄보디아·베트남과 원전 협력 양해각서를 맺었다. 러시아도 원전 수출에서 두각을 나타내고 있다. 러시아는 현재 방글라데시, 벨라루스, 중국, 헝가리, 인도, 이란, 터키 등에서 신규 원전 건설에 참여하고 있다는 것이다.

이에 대해 스페셜경제(2018.8.21)는 "홍익표, 조선일보 '탈원전' 보도 반박 '원전 수출, 블루오션 아닌 아무런 경제성 없는 시장'"이란 제목의 기사를 내보냈다. 홍익표 더불어민주당 정책위원회 수석부의장은 "세계원자력협회가 8월 15일에 발표한 '전 세계 가동 원전이 증가했다. 발전량이 늘었다'는 자료를 갖고 (조선일보가) 그런 주장을 한 것 같다"면서 "실제로 자료를 보면 원자력발전소를 활발하게 짓고 있는 국가는 중국에서 18개가 건설 중이고 동유럽과 러시아에서 11개가 건설 중에 있다"고 밝혔다. 이어 "OECD 35개 국가 중 72%인 25개국이 원전이 없거나 원전제로화, 감축을 추진 중에 있다. 원전이 없는 13개국, 원전제로화 5개국, 원전 감축 7개국이다"며 "원전을 확대, 지속하는 국가에 한국이 들어간다"고 말했다.

홍 수석부의장은 "미국 역시 79년에 TMI사고 이후 30년 만에 신규 원전 건설 4기를 재개했지만 최근 경제성 악화로 2기 건설을 중단했고 나머지 2기의 신규 원전은 건설 지연과 비용 증가로 정부보조금을 통해 건설이 지속되고 있다"며 "원전 시장은 일부 언론, 야당에서 얘기하는 것처럼 원전 수출이 블루오션이 아니라 이미 아무런 경제성이 없는 시장"이라고 목소리를 높였다. 그는 "중국은 자체 기술로 원전을 짓고 있고 러시아도 거의 자기 기술로 대부분 원전을 건설하고 있어 우리가 뛰어들 수 있는 원전 시장은 매우 제한되어 있다"며 "그 시장조차도 러시아가 국가가 주도하는 금융과 발전폐기물의 재처리 문제까지 포함하는 상황에서 실재로 원전 수주 경쟁을 하기 쉽지 않은 상황"이라고 현 원전 상황을 전했다.

UAE는 한국의 신형 원전 APR-1400 4기를 수출한 곳으로 계

확대로라면 2018년 바라카1호기* 준공을 앞두고 있다. 그러나 UAE 측에서 운영체계와 관련해 미국의 참여를 중시하고 있어 이러한 운영체계 조정에 1~2년의 시간이 걸려 상업운전 개시가 미뤄질 것으로 보고 있다. 또한 UAE의 원전 5~8호기 건설계획 및 수주 가능성은 현재로는 불투명한 상태이다.

원전은 대체가능한가?

재생가능에너지의 급성장

'원전을 없애면 대책은 무엇인가?' 하는 것이 일반 국민의 걱정이다. 이에 대한 답은 재생가능에너지의 확대에 있다. 국가나 지자체, 대기업 등이 대체에너지에 투자를 늘리는 일이 중요하다.

전 세계적으로 원전은 이제 사양산업이고 선진국은 대안에너지에 투자를 적극 확대하고 있음에도 불구하고 이상하게도 우리나라는 에너지수요를 지나치게 높게 잡으면서 이처럼 위험하고 결코 값싸지 않은 원전을 계속 지어왔다. 전 세계 전력생산에서 재생에너지가 차지하는 비중은 2016년 말 현재 24.5%이다. OECD 평균만 보더라도 19.2%에 달한다. 그러나 우리나라의 전력생산에서 재생에너지가 차지하는 비중은 2014년 기준으로 1.1%에 불과하다. OECD 국

---

* 한국전력 컨소시엄이 신고리3·4호기를 모델로 해 UAE에 짓고 있는 바라카원전1~4호기 격납건물에서도 공극(빈 공간)이 발견돼 보수공사가 진행 중인 사실이 2018년 국감에서 우원식 더불어민주당 의원의 질문에 김종갑 한국전력 사장이 답하는 과정에서 드러났다. 2017년 8월 바라카3호기에서 첫 발견됐으며, 전수조사를 하자 바라카1~4호기 전부서 공극이 나왔다고 해 충격을 주고 있다(한겨레신문, 2018.10.16).

가 중 꼴찌이다. 전 세계 신규 전력 설비에서 재생에너지가 차지하는 비율은 2016년 말 기준으로 62%이다.

또한 우리나라의 태양광산업은 해외에서 높은 기술력과 경쟁력을 인정받고 있다. 한화큐셀의 경우 세계 태양광 생산에서 1위를 기록할 정도로 태양광 산업부분의 글로벌 리더로 입지를 굳히고 있다(조선비즈, 2017.10.16). LG화학 역시 전 세계 전기자동차 배터리 시장 점유율 12.3%를 차지하며 세계 2위의 자리를 획득하고 있다. 그 뒤로 삼성 SDI가 6.4%의 세계 배터리 점유율로 5위를 차지하고 있다(지피코리아, 2017.9.13).

이미 태양광과 풍력 등 재생에너지는 기술적 잠재량과 기업의 경쟁력, 경제성을 모두 갖고 있다고 할 수 있다. 문제는 정책의지에 달려 있다.

2017년 5월 출범한 문재인 정부는 오는 2030년까지 원전 비중을 16.6%로 낮추고, 신재생에너지 발전 비중을 지금의 4%에서 20%까지 늘리기로 했다.

문재인 정부는 출범 후 조심스럽게 탈원전·탈석탄, 신재생에너지·천연가스 에너지 강화 방향의 에너지정책을 이어오고 있다. 2017년 6월 18일 고리1호기 가동 중단을 시작으로, 그해 10월에는 월성1호기 조기폐쇄와 신규 6기 계획을 백지화하는 탈원전로드맵을 내놓았고, 2018년 6월 한수원 이사회는 월성1호기 폐쇄를 결정했다.

문재인 대통령은 후보시절 공약으로 "탈원전 정책으로 국민 안전과 환경권을 지키겠다"며 △신고리5·6호기의 공사중단 및 이후의 모든 신규 원전 건설 계획을 백지화 △노후원전의 수명연장을 금지하고 월성1호기를 폐쇄 △원자력안전위원회의 독립성과 권한을 강화하고 원전의 내진설계기준 상향 조정 △단계적으로 원자력발전을 감축해서 원전제로시대로 이행 △사용후핵연료 관리정책 전면 재검토 등을 들었다.

원전산업의 세계적 동향에서 살펴보았듯이 원전산업의 미래는 밝지 않다. 이제는 화석연료와 원자력을 넘어 재생가능에너지의 시대로 바뀌고 있다.

오토모 노리오(2012)는 자연에너지의 효용에 대해 ①자연과 하나되는 에너지, ②식량생산과 조화하는 에너지, ③지역산업과 조화하는 에너지, ④지역주민이 담당자가 돼야 할 에너지로서 자연에너지를 들고 있다.

오토모는 자연에너지는 지역고유의 자연현상과 밀접한 관계가 있기에 그것을 전제로 자연에너지기술도 지역 고유화해야 한다고 주장한다. 따라서 지역 특성에 맞게 소규모 분권형으로 설치, 운영돼야 하고 또한 주민에 의한 에너지 생산수단의 공평한 소유가 되도록 지혜를 모아야 한다. 지금까지 에너지생산은 공업, 식량생산은 농업으로 2가지가 다른 차원에서 이뤄졌지만 지금은 이 2가지가 조화를 이뤄야 하는 시대가 됐다. 공업기술력의 투입으로 자연과 조화하는 자연에너지를 식량생산에 도움이 되는 에너지로 만드는 것이 가능하게 됐다. 가령 바이오가스 플랜트는 가축분뇨를 바이오가스로 전환시켜, 소화액을 액비로 만들어 식량생산에 도움이 될 수 있다.

독일의 경우 재생가능에너지로 100% 자급을 지향하는 지역이 2010년 현재 500곳을 넘어선 것으로 알려져 있다. 그중 바이오매스만으로 에너지 자급자족을 달성하고 있는 지역만 66곳이라고 한다. 이와 같은 '바이오에너지마을'에서는 전력과 열의 공급, 양 분야에서도 온난화를 진행하는 화석연료 에너지원을 탄소중립적인 바이오매스로 대체하는 것을 목표로 하고 있다(大友詔雄, 2012).

독일의 경우 재생가능에너지 특히 자연에너지의 발전에 따라 고용창출면에서도 큰 진전이 있는 것으로 알려져 있다. 독일의 재생가능에너지분야에서의 신규고용창출 수를 보면 2009년 30만 명, 2010년에는 37만이다. 당시 독일의 인구는 8175만 명인데 이 숫자는 일본의 경우 전력회사 10개사에서 직접고용돼 있는 종업원 수가 총 13만 명으로 그보다 3~4배에 이르는 수치라는 것이다. 그중에서도 바이오매스분야에서의 고용창출효과가 큰 것이 특징이다.[5]

특히 목질바이오매스분야는 노동집약형이지만 지역산업사회의 재구축이라는 관점에서 지역의 고용가능성과 지역의 부의 순환에 매우 중요한 에너지로 평가되고 있다고 하겠다.

일본 시코쿠전력(四国電力) 지역이 처음으로 재생에너지 100%를 달성했다는 뉴스도 나왔다. 일본의 환경에너지정책연구소(ISEP)는 2018년 8월 10일 보도자료를 내고, 2018년 5월 20일 오전 10시에서 12시까지 시코쿠전력의 전력공급 대상지역의 재생에너지 발전량이 전력수요의 100%를 넘겼다고 밝혔다. 이 자료는 일반 송배전 사업자에게 공개되는 전력회사 데이터를 분석한 자료로 5월 20일 오전 10시에서 11시까지 1시간 동안 데이터에서 재생에너지가 최대 101.8%(태양광 72.9%, 수력 25.3%, 풍력 3.2%, 바이오매스 0.5%)에 달해 10시부터 12시까지 2시간 동안 일본 국내에서 처음으로 100%를 넘어섰다는 것이다. 변동성 재생에너지(VRE)(태양광·풍력발전) 비율도 79%에 달했다. 5월 20일 하루 평균값도 재생에너지 발전량이 52%에 달했으며, 이중 24%가 태양광이었다. 시코쿠전력 관내에는 2017년 9월 말 현재 215만kW의 태양광 발전설비가 도입됐으며, 피크 출력은 173만kW에 이르고 있다. 이번 피크시간대 남는 전력량은 전력회사 간 연계선을 통해 다른 발전회사로 보내거나 양수발전용으로 사용되었고, 화력발전소의 출력조정은 거의 이뤄지지 않았다는 것이다.

이런 점에서 볼 때 태양광발전이나 풍력발전에 정부나 지자체 차원에서 적극 투자를 할 필요가 있다. 이와 관련하여 서울특별시의 '원전 하나 줄이기 운동'은 우리나라 전체 지자체로 확산될 필요가 있다. 서울시는 2012년 4월 26일 '원전 하나 줄이기 종합대책'을 발표해 2014년까지 에너지 200만 TOE(원전 1기 수요 대체량)를 절감하기 위해 햇빛도시 건설과 수소연료전지발전소 건립, 신축건물 에너지총량제 도입 등을 담은 '원전 하나 줄이기 종합대책'을 실시했다. 그 결과 공공청사, 학교, 주택, 업무용 건물 등 1만여 공공·민간 건물의 옥상과 지붕에 290MW의 태양광발전소인 '햇빛발전소' 설치를 추진해, 설치 시 설치비의 30% 범위 내에서 연리 2.5%로 장기 융자 지원해왔다. 2014년 10월에는 후속조치로 '원전 하나 줄이기 시즌2' 대책을 발표했다.

재생에너지는 문재인 정부 들어 공기업에서 시설 활용을 통해 발전사업을 확대하고 있다. 그중 대표적인 것이 농어촌공사와 수자원공사이다.

경향신문(2017.7.12)은 국내에서 수상태양광을 확대할 땐 원전 11기를 대체할 수 있다는 보도를 내놓았다. 국회 농림축산식품해양수산위원회 소속 더불어민주당 김현권 의원이 농어촌공사로부터 제출받은 '농어촌공사 신재생에너지 잠재자원' 자료에 따르면 농어촌공사가 보유한 저수지, 담수호, 용·배수로 등을 이용한 수상태양광 발전의 발전규모가 5966MW에 달하는 것으로 나타났다. 원전 1기의 발전용량이 1GW(=1000MW)이므로 농어촌공사 저수지, 담수호, 용·배수로의 수상태양광 발전용량은 원전 6기에 해당한다. 한국수자원공사가 보유한 댐에 수상태양광을 도입할 경우 원전 5기 분량의 전력을 생산할 수 있다는 기존 연구결과를 감안하면 수상태양광만으로 가동 중인 국내 원전 24기의 절반 가까이를 대체할 수 있다는 것이다.* 수상태양광은 저수지나 호수, 댐, 용·배수로 등의 수면에 태양광발전시설을 설치하는 발전방식으로 햇빛을 차단해 그늘을 조성함으로써 어류 서식처를 제공하고, 녹조 발생을 저감시키고, 수온을 낮추는 등의 효과와 함께 육상태양광보다 발전효율이 10%가량 높은 장점이 있다. 지금까지 농어촌공사는 총 18곳에서 1.7MW의 수상태양광 발전설비를 운영해왔다.

　　대규모 간척지에도 대규모 태양광발전단지가 대안으로 떠오르고 있다. 정부가 최근 새만금 간척지에 원전 4기와 맞먹는 태양광, 풍력 발전시설을 만들겠다고 밝혔다. 계획대로 추진된다면 세계 최대 태양광발전단지가 들어서게 된다. 새만금개발청과 전라북도는 새만금 간척지에 발전용량 4GW급의 재생에너지단지를 만드는 계획을 2018년 10월 31일 공개했다. 원전 4기와 맞먹는 총 4GW의 전기를 만드는데, 새만금 부지 안쪽에 태양광과 연료전지 발전단지를 2022년까지 만들어 3GW의 전력을 생산한다. 이와는 별도로 2026년까지 군산 앞바다에 풍력발전기 163기가 돌아가는 대형 해상풍력단

---

* 　태양광 설비 이용률이 15~20%인 점을 고려하면 실제로는 원전 3~4기(원전의 가동률을 80% 정도로 가정할 경우)를 대체할 수 있을 것으로 보인다.

지를 세워 1GW의 전력을 만든다. 단지 조성비용은 정부가 5690억 원의 예산을 지원하고 민간자본 10조 원을 유치해 마련하기로 한다는 것이다. 신재생단지가 전체 부지의 10%에 못미치고, 수익도 당초 목표인 서해권 경제거점을 개발하는 데 쓰일 것이라고 한다(JTBC, 2018.10.31).

태양광발전은 이처럼 이제 장소의 한계를 뛰어넘고 있다. 수상발전소가 아니라 태양광자동차는 물론, 태양광선박과 태양광비행기까지 개발돼 있다.

태양광만으로 움직이는 자동차도 곧 상용화가 될 것으로 기대되고 있는데 이러한 태양광자동차경주대회인 '월드 솔라 챌린지(World Solar Challenge)'가 1987년 처음 시작돼 매년 열리고 있다. 호주 아들레이드시는 2007년에 세계 최소 태양광버스 '틴도'를 개발해 운영하고 있다. 50kW 규모의 태양광발전시스템에서 7시간 충전하면 하루 종일 운행이 가능하다고 한다. 북한 남포시도 2015년 태양광버스를 개발 운행하고 있는데 이 버스는 100W 태양전지판 32개와 대동강연산축전기 50개, 95kW짜리 직류전동기를 설치했다고 한다. 약 800km 거리를 운행하면서 70~140명의 손님을 태우고 시속 40km로 달릴 수 있다고 한다(연합뉴스, 2015.11.2).

또한 2010년 12월 제16차 기후변화당사국총회가 열렸던 멕시코 칸쿤에 입항해 세계적인 관심을 끌었던 세계 최대 태양광선박 '투라노'호도 있다. 길이 31m, 너비 9m, 높이 8m인 투라노호는 200인승으로 48.6㎡에 5780장의 태양광패널을 설치해 시간당 평균 8노트, 최고속도 15노트로 소리가 없고 무공해라고 한다. 2012년에 세계를 일주하는 최초의 태양광선박으로 기록되기도 했다(The Korea

Times, 2010.12.13).

　　태양광비행기로는 '솔라임펄스(Solar Impulse)'가 유명하다. 솔라임펄스는 스위스 엔지니어이자 사업가인 앙드레 보르슈베르가 개발해 2009년 12월 첫비행에 성공했다. 솔라임펄스의 탑승인원은 조종사 1명이며, 동체의 길이는 21.85m, 날개폭 63.4m, 높이 6.4m에 중량은 1600㎏이다. 1만 1628개의 태양광 패널(최대 45㎾, 200㎡)을 깔았으며, 이륙속도는 35㎞/h이다. 개발비용은 1억 7000만 유로가 들었다. '솔라임펄스2'는 마찬가지로 탑승인원은 1명이지만 날개폭을 71.9m로 늘렸고, 이륙속도는 같지만 최고속도가 140㎞/h, 순항속도가 90㎞/h이다. 솔라임펄스2호는 2015년 3월 UAE 아부다비에서 비행을 시작해 2016년 7월 아부다비로 돌아오면서 세계일주를 끝마쳤다.

　　이렇듯 태양광의 응용사례가 폭넓은 가운데 우리나라의 태양광발전도 급속히 늘어나고 있다. 2017년 한해 국내 태양광발전 설치량이 1GW를 넘어 사상 최대치를 기록할 전망이다. 한국에너지공단 신재생에너지센터에 따르면 2017년 상반기 공급의무화제도(RPS) 사업자 및 공단 보급사업(자가용) 기준 태양광발전 신규설치량이 536MW로 집계됐는데 이는 지난해 같은 기간보다 40%(360MW)가량 증가한 수치라는 것이다(건설경제, 2017.7.19).

　　정부가 탈원전정책과 함께 신재생에너지 사업에 집중하면서 무분별한 태양광발전소 건립으로 산림훼손·주민불편 등의 부작용이 발생해 반대 목소리 또한 커지고 있는데 이러한 부작용을 최소화하기 위해 산업단지 태양광발전, 영농형 태양광발전 등 새로운 형태의 태양광발전 형태가 늘어나고 있다.

에너지경제(2017.6.20)는 산업통상자원부, 김해시, 에너지공단, 산업단지공단, 산업단지 입주기업 대표 등이 2018년 6월 김해 골든 루트 산업단지에서 '산업단지 태양광 협동조합 발대식'을 열고 전국 최초 산업단지 태양광발전사업을 시작했다는 소식을 알렸다. 이번 에 시작된 산업단지 태양광발전사업은 김해 골든루트 산업단지, 김 해 나전 농공단지, 광주 평동 산업단지의 25개 입주기업 지붕을 활 용한 시범사업으로 7MW(2500여 가구가 1년간 쓰는 전력) 규모로 조 성됐다. 이번 사업은 산업단지 기업들이 발전 사업의 주체가 돼 직 접 수익을 가져갈 수 있는 협동조합 방식으로 진행돼 기업들의 관 심을 모으고 있다는 평가다. 특히 신재생에너지 RPS에 따라 신재생 에너지 공급인증서(REC) 가중치 1.5가 적용돼 경제성 확보에도 유 리하다. 한국에너지공단은 이번 시범사업을 계기로 전국 국가산단 에 태양광발전소를 2022년까지 3.2GW 규모로 확대 조성할 계획이 라고 한다.

에너지경제연구원에 따르면 태양광 설비용량 1MW당 9.2명의 고용창출효과가 있다고 한다(경남신문, 2018.7.31).

국내에서는 또한 농사를 지으며 전기를 생산하는 '영농형 태 양광발전'이 눈길을 끌고 있다. 한국남동발전은 경남 고성군 하이 면 덕호리 일대 2480㎡ 부지에 2017년 100kW급 영농형 태양광발전 시범사업으로 농지에 벼농사와 태양광발전을 동시에 진행해 쌀 800 kg을 수확했다. 이곳에서 수확된 쌀은 일반농지의 같은 면적과 비 교했을 때 약 95%에 달하는 수확량으로 태양광 설비가 농사에 큰 지장을 주지 않은 것으로 해석된다. 또 태양광발전 설비이용률(최대 설계 발전량 대비 실제 발전량)은 설계기준값인 15%를 상회하는 18%

를 기록했다. 이는 태양광에너지를 작물 수확과 전기 생산에 동시 이용하는 '솔라 쉐어링(Solar Sharing)' 이론을 증명한 국내 첫 사례다 (경남신문, 2018.7.31).

지금까지 원전추진파들은 원전을 대체해 태양광발전을 하려면 국토를 태양광 패널로 거의 도배를 하다시피 해야 한다고 주장해왔다. 〈월간중앙〉(2018.7.25)에는 '원전 1기의 전기 생산량 (1400MW=1.4GW)을 태양광발전으로 대체하기 위해 필요한 패널 면적은 서울시 면적(605㎢)의 4분의 1에 달한다'는 내용이 나온다. 10GW 태양광발전을 하려면 서울시 면적의 1.8배(1080㎢) 정도가 필요하다는 말이다. 산업부 공식 입장은 이용률을 감안해 10GW급 원전을 대체하기 위한 태양광발전 부지는 748㎢ 정도로 보고 있다. 이 경우는 국토 전체 면적(100,363㎢)의 0.75%에 해당한다. 그러나 탈핵진영에서는 태양광발전 패널로 2015년 기준 전력 10%(약 10GW) 대체 시 필요 면적은 국토의 0.36% 정도로 보고 있다. 우리나라 전국 골프장의 총면적(513㎢)이 국토의 0.5%라는 사실을 안다면 태양광발전 확대사업에 대한 인식이 달라질 것이다. 태양광발전은 전국 방방곡곡 소규모 분산형 발전이 가능하기 때문이다.

기후변화 대응과 에너지

2018년 여름은 정말 더웠다. 미국 양대 과학기구로 꼽히는 미국국립해양대기청(NOAA)과 미항공우주국(NASA)은 2016년이 지구 역사상 가장 더운 해였으나 2018년에 3년 연속 최고치를 갈아치웠다고 발표했다. 이러한 이례적인 폭염은 기후변화, 특히 지구온난화와 관련이 크다. NOAA에 따르면 2016년 전 세계 육지와 바다의 평균 온도는 14.83℃도로, 20세기의 평균값인 13.88℃보다 0.95℃ 올랐다. NOAA가 1880년부터 지구의 온도를 재왔는데, 이래로 최고 수치를 기록한 셈이다. 우리나라만 하더라도 사람의 체온인 36.5℃를 넘는 가마솥 더위가 4주 이상 지속됐다. 일본도 요즘 40℃를 넘나드는 기온에 허덕이는 중이다. 미국 로스앤젤레스는 42.2℃까지 최고 기온이 오르기도 했다. 지구를 데우는 원인 중 명확한 것이 바로 온실가스로 불리는 지구온난화 물질이다. 산업사회에 들며 사용량이 많아진 화석연료에서 나오는 그것 말이다. 특히 자동차 등이 내뿜는 이산화탄소는 지구온난화의 주범으로 꼽힌다(조선일보, 2018.8.11).

지구온난화에 대한 원인은 분분하다. 온난화의 원인은 아직까지 명확하게 규명되지 않았으나, 온실효과를 일으키는 이산화탄소를 비롯한 온실가스가 유력한 원인으로 꼽힌다. 그러나 지구온난화의 원인에 대해서는 찬반양론이 있는 게 사실이다. 온난화의 원인에 관해서는 20세기 후반 이래 급격한 온도상승은 이산화탄소를 중심으로 하는 온실가스 농도의 증대에 의한 것이라고 보는 '인간활동으로 인한 온실가스 주요 원인론(主因論)'이 주류를 이룬다. 이러한 주장은 5차례에 걸친 IPCC(기후변화에 관한 정부간 협의체)의 최신 보고서가 뒷받침하고 있다.

물론 이에 대한 반론도 만만찮다. 그중 하나가 '온난화 선도설'로 '이산화탄소 농도의 증대에 의해 온난화가 일어나고 있는 것이 아니라, 오히려 그 역으로 우선 온난화가 다른 원인에 의해 일어나 그것에 의해 이산화탄소 농도의 증대가 발생하고 있다'고 하는 것으로 킬링 등이 주장해왔다. '온난화 이익설'은 덴마크 통계학자

비요른 론보르그가 주장해왔는데 온난화가 가령 사실이라고 해도 그것이 이산화탄소 탓인지는 알 수 없고, 지구의 평균기온이 100년 간 0.6℃ 상승하고 있지만 자세히 살펴보면 저온 지역에서 크게 상승하고 고온 지역에서는 거의 상승하지 않는 등 지구상 각 지역의 기온이 평준화하는 경향이 있다는 것이다. 여기에 중국의 경제학자 거우홍양(勾紅洋)은 《저탄소의 음모》(2011)에서 "선진국에서 이산화탄소 감축을 내세우는 가장 큰 목적은 환경보호보다는 저탄소라는 카드를 이용해 중국과 같은 개발도상국들의 발전을 막으려는 것"이라며 '저탄소 음모론'을 제기하고 있다. 또한 영국의 과학자 피어스 코빈은 겨울철 폭설이나 한파의 사례를 들면서 오히려 '지구한랭화설'을 주장하고 있다.

이러한 이설(異說) 가운데 하나로 '원전마피아 개입설'도 있는데 '원전'과 '지구온난화'의 관계에 대해 나름 설득력을 얻고 있다. 원자력은 이산화탄소를 배출하지 않는 청정에너지라고 원전당국은 선전한다. 과연 그럴까?

고이데 히로아키(小出裕章)는 《은폐된 원자력 핵의 진실》(2011)에서 이산화탄소 지구온난화설은 원자력에 악용된 것이라고 주장한다. 유엔환경계획(UNEP)과 세계기상기구(WMO)에 의해 1988년에 설립된 IPCC가 2007년 발간한 '제4차 보고서'에서는 20세기 후반에는 지구 평균기온이 100년마다 1.3℃, 최근 4반세기만을 생각하면 100년마다 1.7℃가 상승됐다고 발표했지만 IPCC가 의거하는 지상의 온도 관측 데이터의 신뢰성에 문제가 있다고 지적했다. 2009년 11월에는 지구온난화의 증거로 제시되었던 데이터가 실은 위조됐다는 사실이 드러나 닉슨 대통령 시절의 정치스캔들인 '워터게이트사건'에 빗대 '클라이밋(기후)게이트'라는 말도 나왔다는 것이다.

그런데 무로타 다케시(室田武) 도시샤대 교수는 '원전폐로의 경제학-위험한 저탄소언설의 역사적 기원에 대한 소고'(2011)라는 글에서 지구온난화설을 확산시킨 데는 원전추진파 학자의 숨은 역할이 있었다고 주장한다.

무로타 교수는 미국의 원자물리학자로 맨해튼계획에 참여했던 앨빈 와인버그(Alvin M. Weinberg, 1915~2006) 박사를 주목한다. 와인버그는 1942년 12월 미국 핵개발프로젝트인 맨해튼계획의 하나인 '시카고파일1호(CP1)' 원자로 최초 임계 성공실험을 한 시카고대학 야금연구소에 근무한 뒤 1946년 맨해튼계획을 이어받은 미국원자력위원회(AEC)라는 정부조직에서 종래 핵무기개발과 병행해 상업용원전의 개발 촉진에 나섰다는 것이다. 그는 특히 원자력잠수함용원자로에서 비롯된 가압수형경수로(PWR)의 실용화에 큰 역할을 한것으로 알려져 있다.

그런데 그 뒤 미국에서 계속 늘어나는 원전에 대해 안전성을 의문시하는 목소리가 높아지자 '우려하는 과학자연맹(UCS)'이 조직돼 과학자들이 원전 비판의 목소리를 내기 시작했고 이러한 움직임에 밀려 미국 내에서는 원전의 신규발주가 스리마일섬원전사고가 나기 1년 전인 1978년에 멈췄다는 것이다. 이러한 원전의 안전성 논쟁에 영향을 받아 AEC가 원전추진파와 원전규제파로 분리되는데 와인버그는 원전추진파의 에너지연구개발청(ERDA)으로 옮겨 1977년에 사상 최초의 조직인 '이산화탄소의 지구규모의 영향에 관한 연구그룹'의 의장으로 취임했는데 이것이 이산화탄소를 문제시함으로써 원전추진을 도모하려는 오늘날 세계정치의 단서가 됐다고 무타로 교수는 보고 있다. 한편 원전규제파는 원자력규제위원회(NRC)로 옮겼다는 것이다.

　　1970년대 후반 원자력발전이 침체기에 들자 와인버그는 〈제2의 원자력시대〉라는 제하의 논문을 1983년 펴내 프랑스와 일본의 원전 확대 사례를 적극 소개했으며 1977년 ERDA의 후신인 에너지부(DEO)가 와인버그가 의장이 돼 추진해온 이산화탄소연구를 계속했다는 것이다. 게다가 DEO의 보험환경국 산하에 '이산화탄소 영향에 관한 연구와 평가프로그램'이라는 연구프로젝트가 만들어졌고, 유럽에 자금원조를 해 기후연구유닛(CRU)이라는 연구자집단이 만들어졌으며, 그 뒤 1980년 영국에선 지구기온에 관한 본격적인 조사연구가 행해졌는데 CRU는 2009년 11월에 발생한 소위 '클라이밋게이트사건'의 무대가 된다는 것이다.

　　와인버그는 같은 미국의 지구과학자 킬링(Charles Keelings, 1928~2005)의 연구테마에 주목했는데 특히 킬링이 1958년 이래 하와이 마우나 로어에서 이산화탄소 대기중 농도의 상승이 발견된다고 발표한 것을 미국 원전의 부활에 사용할 테마라고 생각했다는 것이다. '이산화탄소의 대기중 농도 상승에 의해 지구의 온난화가 일어난다. 그 지구온난화가 일으키는 다양한 위협의 크기에 비하면 원전이 가진 문제점 등은 넘어갈 수 있는 것이다'라고 와인버그가 생각한 것을 킬링이 자서전에 써놓았다는 것이다.

　　이러한 와인버그의 생각이 그 뒤 원자력발전이 오히려 지구온난화 방지에 도움이 된다는 논리를 펴게 만든 연구 토대를 제공했다는 것이다. 이러한 논리로 이명박 정부도 2008년 8월 '저탄소녹색성장'을 천명하면서 '원자력발전이 이산화탄소를 배출하지 않는다'

며 원전 증설을 정책의 기본으로 삼았던 것이다. 원전당국은 '원자력은 발전할 때 이산화탄소를 발생시키지 않는다'고 강조한다. 그런데 실제로 원자력은 발전을 하는 전체 과정을 보면 이산화탄소를 적게 발생시키는 것이 아니라고 한다. 그 이유는 핵발전소에서 원자로를 가동시키려면 우라늄광산에서 우라늄을 채굴하는 단계에서부터 그것을 제련하고 핵분열성 우라늄을 농축하고 원자로 안에서 태울 수 있도록 가공해야 하는데 이 모든 단계에서 방대한 자재와 에너지가 투입되고, 방대한 폐기물이 남기 때문이라는 것이다. 또한 원자로를 건설하기 위해서도 방대한 자재와 에너지가 필요하고 운전하기 위해 또다시 방대한 자재와 에너지가 필요하며, 또한 각종 방사성핵종들이 생겨난다. 그리고 이 방대한 자재들을 공급하고, 시설을 건설하고, 운전하기 위해서는 많은 양의 화석연료가 사용되는 것이다. 결국 원자로를 가동하기 위해서는 방대한 양의 이산화탄소가 방출된다는 사실이다.

그런데도 일본이나 우리나라에서는 원자력이 이산화탄소를 발생시키지 않는다며 '친환경적 에너지'라든가 '깨끗한 에너지'라며 모든 언론·출판매체를 동원해 끊임없이 선전 홍보를 하다 보니 일반 시민들이 그냥 '원자력은 이산화탄소를 발생시키지 않는 깨끗한 에너지'로 믿어버리게 되는 것이다.

한편 원전에서 배출되는 방대한 온배수로 바닷물의 온도를 상승시키기 때문에 생태계에 악영향을 줄 뿐 아니라 원전이 오히려 지구온난화를 부추긴다는 주장도 있다. 오늘날 100만kW급 표준원전의 원자로 내부에는 300만kW 상당의 열이 발생하는데 이 중 100만kW만으로 전기를 만들고 있을 뿐 나머지 200만kW는 바다에 버리고 있는 실정이라는 것이다. 원전은 1초에 바닷물 70t의 온도를 7℃ 상승시키는데 이러한 온도 상승은 원전 주변 바다생태계를 파괴하고 있으나 이에 대한 연구나 대책은 거의 없다는 것이다. 한편 지구상의 이산화탄소 대부분이 바닷물에 녹아있기에 바닷물을 데우면 이산화탄소가 대기중으로 나오게 된다. 탄산음료를 가열하면 이산화탄소가 거품이 돼 나오는 것과 마찬가지라는 것이다. 고이데 교수는 이런 면에서 원자력발전소를 발전소라고 부르는 것 자체가 잘못됐다며 오히려 '바다 데우기 장치'라고 해야 한다고 비판했다.

이러한 주장은 앞서 와인버그가 관심을 가졌던 킬링이 주장한 '온난화선도설'과 비슷하다. 온난화선도설은 이산화탄소 농도의 증대에 의해 온난화가 일어나고 있는 것이 아니라, 오히려 그 역으로 우선 온난화가 다른 원인에 의해 일어나 그것에 의해 이산화탄소 농도의 증대가 발생하고 있다고 하는 것이다. 하와이 지역의 관측소에서 관측한 이산화탄소 농도의 예정치에서 장기적 변동을 제하면 기온이 올라간 반년~1년 후에 이산화탄소가 상승하는 것이 보인다는 것이다. 이산화탄소 등 물에 녹기 어려운 기체는 온도가 낮아질수록 물에 용해하기 쉬운 성질을 이끌지만 거꾸로 온도가 높아지면 해수중의 이산화탄소가 대기중에 방출돼 대기중의 이산화탄소 농도가 높아지고 있다는 것이다.

이런 점에서 세계적인 기후변화, 특히 지구온난화문제와 관련해 인위적인 이산화탄소의 배출을 줄이기 위해 전 세계가 노력해야 한다는 데는 대체로 합의하고 있지만 기후변화문제를 원자력발전의 확대 기회로 삼는 '핵마피아'의 논리에서는 벗어나야 할 것이다.

2018년 폭염으로 원전이 전기생산을 줄여야 하는 일이 생겼다는 뉴스가 나오고 있다. 미국 공영라디오 NPRdl(2018.7.27)의 '폭염이 핵발전소를 곤경에 처하게 하다(Hot Weather Spells Trouble For Nuclear Power Plants)'라는 보도 내용이다. 유럽의 원자력발전소들이 평소보다 따뜻한 바닷물 때문에 어쩔 수 없이 전기 생산을 줄일 수밖에 없게 되고 있다. 핀란드, 스웨덴, 독일의 발전소들이 장기간 폭염의 영향을 받고 있다. 그 폭염은 스칸디나비아와 영국 제도에서 기록을 경신하고 있으며 지중해 연안을 따라 치명적인 들불을 악화시키고 있다. 기온은 스웨덴, 핀란드, 독일의 많은 지역에서 화씨 90도(32.2℃에 해당)가 넘는 상태가 계속되고 있으며 바닷물 온도는 화씨 75도(23.9℃)로 비정상적으로 높다.

이런 고온은 원자로 냉각을 위해 바닷물에 의존하고 있는 원자력발전소들에게는 나쁜 뉴스이다. 핀란드 헬싱키에서 65마일 거리에 있는 로비자(Loviisa)발전소는 수요일에 전력 생산을 처음으로 조금 줄였는데 바닷물이 식지 않아서 발전소는 목요일과 금요일에도 전력 생산을 계속 줄였다는 것이다. 이 발전소는 2017년에 핀란드 발전량의 10%를 생산했다. 이 발전소는 2010년과 2011년에도 바닷물 온도 상승으로 인해 전력 생산을 감축했었는데 올해 열파는 그때보다 더 심각한 상태라는 것이다. 'UCS'는 2011년 보고서에서 더 따뜻한 바다는 원자력발전소의 효율에 영향을 미칠 수 있다고 경고했다. "폭염 기간에는 원자력발전소들은 가동 효율이 낮아지고 냉방용 전력 수요가 증가하여 이중으로 압박받게 된다. 냉각체제가 작동할 수 없으면, 원자력발전소는 어쩔 수 없이 가동을 중지하거나 발전량을 감축할 수밖에 없다."

전력수급의 안정성

2018년 세계적인 폭염이 지속되던 여름 국내 언론은 '폭염재난' '전기요금 걱정' '전력수급 불안' '탈원정책 제고' 등 폭염과 관련된 기사를 마구 쏟아냈다.

연합뉴스(2018.8.5)는 기록적 폭염이 이어지는 가운데 2018년 7월 24일 순간 전력수요가 1시간 만에 400만kW 가까이 급증하는 등 전력수급 불안이 심화해 블랙아웃(대정전사태)이 발생할 위험마저 있었다는 주장이 나왔다고 소개했다. 자유한국당 윤한홍 의원이 전력거래소에서 제출받은 자료에 따르면 7월 24일 최대전력수요는 한 시간 동안 391만kW가 급증해 오후 3시에는 9161만kW를 찍었다는데 이는 정부가 발표한 제8차 전력수급기본계획의 올여름 전망치인 8750만kW를 초과한 것이며 당일 공급예비력은 709만kW로 역대 최저를 기록했다는 것이다.

윤 의원은 "한전이 공급예비력이 500만kW 이하로 떨어질 경우 준비경보를 발령하는 점을 고려하면 최대전력수요가 200만kW만 더 올라갔어도 전국이 전력 비상에 빠질 수 있었던 셈이다. 폭염기에 원전 가동률을 높이지 않았다면 전력수요를 충족하지 못해 블랙아웃이 일어났을 수도 있다"며 "하루빨리 탈원전 정책과 제8차 전력수급기본계획을 전면 재수정해야 한다"고 덧붙였다.

그러나 그 뒤 이투데이(2018.8.21)는 '111년 만에 최악 폭염·탈원전에도 블랙아웃 없었다'는 기사를 내놓았다. 전력수급 예비율을 안정적 10%대를 유지했고 기업에 사용제한 요청 없이 수요를 감당했다는 것이다. 산업통상자원부에 따르면 7월 23일과 24일 전력사용량이 급격히 증가하면서 이틀 연속 역대 최대전력수요를 갈아치

우며 다소 불안한 모습을 보이기도 했으나 이후 25~27일 예비율이 9%, 30일 이후 예비율은 10%대를 보이며 안정세를 찾아갔고 8월 13일, 14일 다시 최대전력수요가 9000만kW대, 예비율이 9%대를 기록했지만 17일을 기점으로 사실상 올해 여름 전력 수급을 무탈하게 넘겼다는 평가였다.

　　보수언론과 일부 야당 의원이 '블랙아웃' 운운했던 지난 7월 24일 상황은 '관리영역 안에 있었다'. 당시 공급예비력은 709.2만kW. 공급예비력이 500만kW 미만이 될 때는 수요감축요청(DR), 시운전 발전기 시험일정 조정으로 공급능력 추가 확보 등의 조치가 취해지는 '준비' 경보가 발령된다. 준비, 관심, 주의, 경계, 심각단계(100만 kW 미만)로 500만kW에서 100만kW 단위로 5개의 비상단계가 있다. 이 날은 비상단계로 가장 낮은 '준비'단계까지 원전 2기의 용량에 준하는 209.2만kW의 여유가 있었다. 2011년 9·15 순환대정전사고 때는 한여름이 아닌 가을 초입이었고, 당시 설비예비율이 4.1%로 낮았지만 단기적으로 최대수요를 잘못 파악한 단기 운영계획의 대실패였던 것이다.

　　한편 전기신문(2018.8.17)는 '한 자릿수 예비율이면 안심할 수 없는가?'라는 제목의 기획기사를 내놓았다. 적정설비예비율 22%가 과연 적정한가를 묻고 있다. 우리나라는 2014년 여름 이후 설비예비율을 15% 이상으로 유지하고 있다. 2017년 12월 수립한 8차 전력수급기본계획에서는 적정 설비예비율을 22%로 설정했다. 최소예비율 13%에 불확실성 대응예비율 9%를 고려한 것이다. 22%의 예비율을 확보하기 위해서는 발전소를 추가로 건설해야 하고, 그러기 위해선 엄청난 투자와 전기요금 부담이 뒤따른다. 또한 안 돌리는 발전소에도 발전소를 짓는 데 들어간 투자비를 보상해줘야 해서 적정 수준의 예비력과 예비율을 유지하는 게 중요하다는 것이다.

미국 연방에너지규제위원회(FERC) 보고서에 따르면 한국과 같이 다른 나라와 전력시스템이 연결돼 있지 않은 경우에 적정예비율은 18.5%로 보고 있다. 우리나라와 계통여건이 비슷한 호주는 적정예비율이 18%, 미국 텍사스주는 13.75%라고 한다. 우리나라도 적정예비율을 18%로 설정한다면 약 4%에 해당하는 4GW(원전 4기)의 예비발전기를 추가로 건설하지 않아도 된다는 말이다.

예비력은 설비예비력과 공급예비력, 순동예비력 등으로 나눌 수 있는데 설비예비력은 발전설비총량에서 전력수요를 뺀 수치이며, 공급예비력은 사고 또는 예방정비 등으로 실제 가동이 가능한 설비에서 전력수요를 뺀 예비력이다. 여기서 중요한 것은 순동예비력 개념인데 변동하는 순간마다의 예비력으로, 일반적 시스템운용에서 매 5분 간격으로 발전기 출력의 합과 가동 중인 발전기의 정격용량을 파악해 계산한다. 미국 북미전력신뢰도공사(NERC)는 순동예비력을 150만kW 정도 확보할 것을 규정하고 있다.

우리는 그동안 설비예비력 확보 정책에 너무 중점을 두어왔다. 이것은 원전추진파의 이익과 직결된다. 그러나 국민 입장에서 보면 '적정 설비예비율'을 넘어선 것은 경제적 부담으로 돌아온다. 전력수급에서 중요한 것은 발전설비 이상으로 시스템운용이 중요하다. 혹서·혹한기의 피크타임만이 문제가 아니라 평소 전력예비율을 보고 적정비율을 유지하도록 하는 균형 잡힌 시스템운영이 문제이다.

이런 점에서 지난 여름은 전 세계 사상최대 폭염에도 불구하고 전력예비율이 비상에 돌입하지 않고 '정상적으로' 잘 운영됐다고 하겠다. 문제는 여름·겨울, 혹서·혹한기의 피크타임 관리에 있다. 이제부터는 지나친 원전이나 화력발전소 예비설비 등으로 인한 '전력낭비'가 심하지 않은지도, 원가 이하로 판매하는 대기업 전기요금으로 인해 설비예비력 확보에 드는 돈이 얼마나 될 것인지도 관심을 가져야 한다. 이것은 폭염 때 누진세로 인한 '전기요금폭탄'보다 드러나지는 않지만 '발전소 수십 개 건설운영비'에 해당하는 비용을 국민들이 부지불식간에 세금이나 전기요금으로 물어야 하는 일이 생기기 때문이다.

　　이제부터 전력수급 관리, 특히 수요관리에 중점을 둘 필요가 있다. 이전 정부는 전력수요관리를 제대로 하지 않고 공급중심의 정책을 펴왔는데 이에 대한 반성과 성찰이 필요한 때이다.

　　연합뉴스(2017.7.13)에 따르면 우리나라의 전력수요가 과거와 달리 앞으로는 큰 폭으로 늘지 않을 것이라는 전망이 나왔다. 민간 자문가 그룹으로 구성된 '전력수요전망 워킹그룹'은 2017년 7월 13일 제8차 전력수급기본계획(2017~2031년) 관련 전력수요 전망치 초안을 공개했다. 이날 발표된 안의 핵심은 2년 전 예측한 제7차 전력수급기본계획(2015~2029년)보다 전력수요 전망치가 크게 낮아질 것이라는 점이었다. 유승훈 서울과기대 에너지정책학과 교수는 이날 브리핑에서 "2030년 전력수요는 7차 계획 대비 11.3GW(113.2GW→101.9GW) 감소할 것으로 전망된다"고 밝혔다. 이처럼 8차 계획의 수요전망이 크게 줄어들게 된 가장 큰 이유로 '국내총생산(GDP)의 하락'을 꼽았다.

　　반면 박근혜 정부 때인 2015년 7차 전력수급기본계획 때는 오히려 전기요금을 낮게 잡고 수요는 너무 높게 잡은 게 문제라는 지적이 나왔다. 경향신문(2015.7.14)에 따르면 환경부가 7차 전력수급기본계획 수립과정에서 "전력수요를 과다하게 예측했다"는 의견을 전달했지만 산업통상자원부가 받아들이지 않았다는 것이다. 환경부와 산업부의 2029년 전력 기본수요에 대한 전망에서 원자력발전소 10기 발전량만큼 차이를 보인 것으로 나타났다.

당시 환경부는 산업부 협의 요청에 따라 7차 전력계획 검토의견을 산업부로 보내며 전력수요 과다 책정 등 4가지 문제점을 지적했다. 우선 7차 전력계획이 '저가' 전력기조를 유지하고 있어 전기요금을 정상화할 필요성을 제기했다. 또한 전력수요가 과다 책정됐다는 지적도 했다. 당시 환경부는 "2010년부터 전력소비 증가가 둔화하고 있다"며 "4% 이상으로 과다 전망된 2016~2018년도 전력수요를 2~3%대로 내려야 한다"고 밝혔다. 또한 환경부는 "7차 전력계획이 22%로 설정한 설비예비율도 18% 이하로 하향 조정이 필요하다"고 지적했다. 전력 수급기술의 발전과 낮은 재생발전비율 개선가능성을 고려해야 한다는 것이다. 그러나 박근혜 정부의 전력수요정책은 한마디로 '원전 증설을 위한 정책'이었다. 같은 정부의 환경부의 '보수적인 견해'마저 철저히 무시하고 '전력수요 뻥튀기'를 한 것이다.

2017년 12월 29일에 확정공고한 '제8차 전력수급기본계획'은 환경성·안전성을 대폭 보강하여 수립한 것이 특징으로 원전·석탄은 단계적으로 줄여나가고, 신재생에너지를 중심으로 친환경에너지를 대폭 확대하기로 했다. 원전에 대해서는 신규 6기 건설 백지화, 노후 10기의 수명연장 중단, 월성1호기의 공급 제외 등을 반영하였고, 노후 석탄발전소 10기를 2022년까지 폐지하고, 당진에코파워 등 석탄 6기는 LNG로 연료 전환하는 석탄발전 감축계획도 마련했다. 한편, 신재생에너지는 태양광·풍력을 중심으로 47.2GW의 신규 설비를 확충하여 2030년에 58.5GW까지 확대해 나가겠다는 목표를 설정했다.

  2017, 2018년에 폐로절차에 들어간 고리1호기·월성1호기가 전력수급에 미치는 영향은 어떨까? 결론은 대세에 지장 없다는 것이다. 2017년 6월 폐로절차에 들어간 고리1호기는 우리나라 전력생산의 0.5%에 불과해, 폐로해도 전력수급에 지장 없으며, 월성1호기, 고리1호기를 동시에 폐로해도 2025년까지 20~25%의 설비예비율을 유지해 전력공급은 안정적인 것으로 나타났다. 당시 김제남 국회의원(정의당)은 "월성1호기와 고리1호기를 각각 2015년도 상반기와 2017년 상반기에 폐로하는 것을 가정해 분석한 결과, 전력수요 1%와 3%의 감축 시 2027년까지 각각 18.5%와 21.0%로 적정예비율 15%이상을 유지한다"고 밝힌 바 있다(한겨레, 2015.2.9). 실제로 한전 경제경영연구원이 2012년 '적정 설비예비율 및 운영예비력' 자료에서 적정 설비예비율을 12%로 잡았고, 2008년 실시된 서울대 연구 결과도 12%가 적정하다고 제시했으며, 미국 대부분 주의 설비예비율이 15%내외, 독일·프랑스가 13% 수준이었다.

  실제로 우리나라의 전력수급 상황을 이해하는 데 좋은 사례가 있다. 2011년 9월 11일 오후 우리나라는 전력수요 급증과 공급부족으로 전국적인 정전 발생 상황에 직면해 당시 전력거래소는 오후 3시 11분부터 지역별 순환단전을 실시했다. 그날 순환정전 당시전력 설비예비율은 5.0%에 불과했으나 2015년에는 최소 20%선을 넘고 있다.

  그 뒤 2013년 5월 28일은 원전제품 시험결과가 조작된 불량부품 때문에 신고리2호기, 신월성1호기의 원전가동이 중단된 날인데 언론은 사설을 통해 이날을 '한국 원전 국치일'로 삼아야 한다고 한 날이기도 하다(아시아경제, 2013.5.29). 이날 당시 우리나라 전체 원전 23기 중 10기가 가동중단 상태였다. 고리1·2호기, 월성2호기, 한울 4·5호기, 신고리1호기가 정비를 위해 발전 중단 상태였고, 한빛3호기는 정비 중이던 2012년 10월 제어봉 안내관 균열이 발견돼 7개월째 멈춰서 있었고, 월성1호기도 2012년 11월 설계수명을 마치고 당시 수명연장 심사를 받고 있었다. 이날 신고리2호기와 신월성1호기가 위조부품 교체를 위해 가동을 중지하면서 모두 10기의 원전이 발전을 중단하고 있었던 것이다. 그러나 당시 공급예비력이 588만kW로 9.2%의 예비율을 갖고 있었다. 원전 10기가 가동중단인 상황에서도 전력수급 비상단계가 아니었다.

에너지전환정책을 추진하는 문재인 정부 기간 원전은 오히려 증가추세에 있다. 2017년 24기에서 2022년 28기로 늘어나며, 2029년까지 노후 원전 11기가 수명완료가 됨에 따라 총 9129MW가 감소하고, 2023년까지 신규 원전 5기가 건설되기에 총 7000MW 증가한다. 그리고 2031년에는 18기, 2038년 14기가 가동되게 된다. 그리고 신고리5·6호기의 경우는 계획대로라면 2082년에야 폐로하게 된다.

앞으로는 전력수급에 대해 공급보다는 수요관리 관점에서 볼 필요가 있다. 우리나라 일반 가정에서 사용되는 대기전력만 제대로 잡아도 블랙아웃을 걱정할 필요는 없다는 주장도 있다. 일반가정에서 사용하는 가전제품의 낭비되는 대기전력을 최소로 잡아 약 70W로 보고, 2011년의 총가구 수 1771만 9000가구와 전국의 사무실 수 약 500만 개를 곱하면 국가적으로 낭비되는 대기전력만 약 159만kW

에 이르는데 이는 100만kW급 원전 1.5개에 해당하는 전력량이라는 것이다(임승룡, 2014.12.16). 이는 고리1호기(58만 7000kW)와 월성1호기 (67만 9000kW)를 합친 발전량보다 1.26배 많은 양이다. 발전소를 늘리는 것도 중요하지만 절약이라는 '절전소'를 늘리는 게 더 효율적이란 말을 새겨들을 필요가 있을 것이다. 이러한 절전소는 가정뿐만 아니라 기업에도 많이 설치해야 할 것이다. 피크타임 때 대기업의 조업시간을 조정할 수 있도록 탄력요금제를 도입할 필요가 있다. 국가 차원에서 전력과 관련한 '소프트전략'을 민관산학 거버넌스 체제로 새롭게 짜내는 지혜가 절실하다.

원전은 민주적인가?

원전과 주민수용성

원전의 입지조건은 크게 원자로를 냉각시킬 수 있는 냉각수를 공급할 수 있는 강이나 바다가 가까이 있어야 하고, 그리고는 주변에 인구가 적은 곳을 택하고 있다. 특히 세계적으로 '원자로입지 심사지침'은 '혹 일어날지도 모르는 최악의 사고(중대사고)'에 대비하기 위해 대도시 인근은 피하도록 하고 있는데 미국의 경우 원전 건설이 가능한 곳은 '저인구지대(Low Population Zone)'라는 것이 법으로 정해져 있으며 피난계획 수립이 원전건설의 전제조건이 되고 있다. 실제로 뉴욕 외곽의 롱아일랜드지역에 1984년 건설된 쇼어햄(Shoreham) 원전의 경우 지역 의회에서 '원전사고 시 주민 전원이 안전하게 피난할 수 없다'는 결론이 남에 따라 10년에 걸쳐 60억 달러를 투자한 원전회사가 1989년 단돈 1달러에 원전을 주정부에 매각한 한 뒤 폐로 절차에 들어간 사례도 있다(反原發新聞, 1991.10.20).

　　일본의 '원자로입지 심사기준'에 따르면 첫째, 원자로 주위는 원자로에서 '일정 거리' 범위 내는 비거주구역일 것, 둘째, 원자로에서 일정 거리 범위 내로 비거주구역의 바깥지대는 저인구지대일 것, 셋째, 원자로부지는 인구밀지대에서 일정 거리만큼 떨어져 있을 것이 그것이다. 여기서 '일정 거리'라는 것이 어느 정도의 거리를 말하는지가 명확하지 않은 것이 문제이다. 이에 대해서는 '가상사고의 경우 전신선량의 적산값이 집단선량의 견지에서 충분히 받아들여지는 정도보다 작은 양이 되는 거리를 말한다'고 지침에는 나와 있다. 그러나 이러한 '가상사고'가 후쿠시마원전사고와 같은 사고등급 7의 중대사고를 포함하는지도 명확하지 않아 논란이 되고 있다고 한다.

　　그런데 우리나라는 원전이 지어질 때 1970년대 말이나 80년대 중반까지 주로 군사독재·권위주의적 정부시대에 건설허가가 났고, 지역주민의 입장은 전혀 반영되지 않았다. 현재 부산시 기장군 고리원전은 당시엔 경남 양산군에 속해 있었다. 지금의 부산광역시와는 위상 자체도 달랐다. 그러나 보니 중앙정부 차원에서 오로지 냉각수공급이나 부지여건 등만 보고 지어졌다. 당시 세계적으로 원전의 위험성을 모를 때여서 대체로 방사선 비상계획구역이 5~10㎞ 정도만 잡다 보니 그다지 인구가 많지 않았는데 실제로 체르노빌 이후 원전사고가 나면서 지금은 반경 30㎞는 모두 대피해야 할 정도로 피해예상범위가 확장됐다. 따라서 과거엔 원전 반경 5㎞ 이내의 기장군 정도(약 5만 명)까지만 안전대책을 생각했는데 지금은 방사선 비상계획구역을 세계적으로 일반화되고 있는 원전 반경 30㎞로 잡으면 부산시 전역(약 320만 명)이 똑같이 위험지역에 들어가 버리게 되는 것이다. 그러나 정부가 이러한 핵발전소의 위험성을 무시하고 원전을 계속 이 지역에 짓는 바람에 부산 고리 일대가 '핵단지'로 가고 있는 것이다.

오마이뉴스(2012.4.26)는 그린피스가 "후쿠시마 제1원전보다 고리원자력발전소가 더 위험성이 높다"고 발표한 사실을 소개했다. 그 이유는 다음과 같다. 첫째, 원전 폐기물 저장소인 월성원자력환경관리센터가 큰 규모로 가깝게 붙어있다. 둘째, 건설 중인 원전까지 합치면 12개의 원전이 한 지역에 밀집되게 되는데 이는 세계에서 가장 높은 밀집도로 발전소에서 사고가 발생할 경우 위험성은 기하급수적으로 커진다. 셋째, 고리원전의 방사능 방재계획과 원자력발전소 비상구역 권고 기준이 부실하다. 사고 발생 시 예방적 보호조치구역은 3~5㎞, 긴급보호조치 계획구역은 5~30㎞, 음식제한 계획구역은 300㎞로 설정했는데, 고리원전 30㎞ 안에는 341만 명이 거주하여 파키스탄과 대만에 이어 인구밀집도에서 세계 3위라는 것이다.

현재 우리나라에서 고리원전에 4기, 인접한 신고리원전에 3기가 가동 중이고, 신고리4호기가 가동 직전이고, 신고리5·6호기가 공사 중으로 폐로된 고리1호기를 빼도 9기가 가동 또는 건설 중이다. 게다가 현재 동남부권이라 할 수 있는 경주 월성 및 신월성의 5기를 포함하면 우리나라 원전의 절반이 부산 울산 경주 일대에 모여 있게 되는 것이다.

고리원전이 있는 부산시민들은 "그렇게 원전이 안전하다고 한다면 청와대나 국회의사당 인근이나 수도권에 건설하라"고 이야기하는 경우도 많다. 그러나 실제로 서울과 같은 대도시에 핵발전소를 짓는 것은 '대도시 인구밀집지역은 피해야 한다'는 원전입지 선정기준에 부합하지 않는다는 사실을 모르는 시민은 없을 것이다. 그런데 문제는 이러한 '대도시 인구밀집지역 회피 원칙'이 오로지 수도권에만 적용되고 있다는 점이다.

실제로 이런 일이 있었다. 고리원전1호기 정전사고 은폐 사건으로 지역 민심이 들끓고 있던 2012년 4월 5일 부산시청에서 진행된 기자회견에서 김종신 당시 한수원 사장은 부산시청에서 진행된 기자회견에서 기자들이 "앞으로는 원전을 수도권에 건설할 필요가 있지 않느냐"고 하는 질문에 "수도권은 인구밀집지역이어서 원전입지로 적합하지 않다"라는 말을 내뱉었다.

다음날 부산일보의 사설(2012.4.6)이 '부산울산시민 무시한 한수원 사장의 망언'이다. 내용은 이러하다. "한수원 김종신 사장이 수도권은 인구밀집지역이라서 원전 조성이 곤란하다는 망언을 했다. 원전 운영을 책임지는 공기업 수장이라는 사람이 이 같은 상식 밖의 발언을 했다는 사실이 놀라울 따름이다. 그는 원전이 입지하기 위해서는 튼튼한 지형, 풍부한 냉각수 확보와 같은 조건이 필요하다면서, 기본적으로 수도권에는 인구가 많아 적합하지 않다고 말했다. 하지만 사실은 그렇지가 않다. 후쿠시마사고 전까지 프랑스가 58기, 독일이 17기의 원전을 내륙에 지었다. 심지어 한수원 관계자마저 한강에도 원전을 지을 수 있다는 말을 했을 정도다. … 한수원의 인식은 정부와도 궤를 같이한다. 정부는 후쿠시마사고 1주기를 맞아 원전 1기도 없는 서울·경기지역에만 17기의 자동방사선감시기를 추가 설치키로 했다. 하지만 정작 오는 2025년까지 원전 12

기가 들어서 대규모 핵 밀집단지가 될 부산과 울산, 경남에는 모두 8기를 증설하겠다고 했다. … 정부와 한수원의 인식이 이렇게 지역을 차별하는 것이라면 더 강력한 저항이 일어날 것이다. 당장 고리원전1호기를 폐쇄하라. 그다음에는 신고리5~8호기 증설계획 역시 철회해야 마땅하다. '기왕 지어놓은 거 한 기 더 짓자'라는 편법에 시민들은 더 이상 속지 않는다. 차라리 정부 청사 인근에 지으라. 그렇다면 원전 안전성을 신뢰할 수 있을 것이란 게 지역 여론임을 알아야 할 것이다."

그런데 김 전 사장이 기자회견 과정에서 무심결에 내뱉었던 이 말 속에 원전 문제의 본질이 담겨 있다고 할 수 있다. 정부와 원전 당국이 원전이 안전하다고 강조하면서도 수도권에는 안 된다고 하는 것은 결국 그들도 원전의 안전을 100% 확신하지 못한다는 반증이기 때문이다. 결국 원전입지 문제는 '에너지정의'의 문제이고, '지방분권'의 문제인 것이다.

원자력과 투명성

이러한 원전의 부정부패가 대형 원전 참사의 뿌리라는 사실을 잊어선 안 된다. 실제로 도쿄전력에 의한 사고은폐 사례는 다반사였다는 사실이 밝혀졌다. 2002년 8월 29일 일본 원자력안전보안원이 제너럴일렉트릭 소속 검사원의 고발에 따라 조사를 실시한 결과 도쿄전력의 원전 정기검사기록에 부정이 있다는 사실을 발표했는데 그간 무려 26건의 부정리스트가 제출된 사실이 밝혀졌다.

도쿄전력이 1980년대 후반부터 1990년대에 걸쳐 후쿠시마1·2호기, 가시와자키가리와(柏崎刈羽)원전의 노심 내 설계에 균열이나 그런 징조를 발견했음에도 불구하고 검사작업기록에 부정을 행한 의혹이 사실로 밝혀진 것이다. 이 발표에서는 부정의 시기, 원전명은 발표하지 않았고 그해 9월 13일에 이르러 조사에 대해 잠정보고는 했지만 고발이 있은 지 이미 2년이 지난 시점이었고 그 뒤 9월 17일 도쿄전력은 회장, 사장, 부사장, 고문 5명의 사임과 관계직원 35명의 처분을 발표했다. 그러나 이름과 소속을 명확히 하지 않고 감봉, 엄중주의 수준이 대부분으로 솜방망이처벌에 그쳤다는 비판을 받았다.

이러한 은폐 버릇은 후쿠시마원전사고 당일에도 계속됐다. 지진발생 5시간반에 후쿠시마1호기의 노심융해가 시작됐고, 2·3호기까지 수소폭발사고가 일어났음에도 도쿄전력은 "연료봉은 부분적으로 노출되고 있지만 계속 냉각되고 있다"며 태연하게 거짓말을 했다. 결국 2개월 후 도쿄전력은 이실직고하고 자료 일부를 공개했지만 후쿠시마원전사고 초기에 신속한 대처를 할 '골든타임'을 놓치게 만들었다.

원전의 정보공개는 투명성 이전에 안전성과도 밀접한 관계가 있다. 한수원은 2014년 7월 발전소 설계전문회사인 한국전력기술과 고리1호기의 '예비 안전성 평가' 용역계약을 체결해 그해 11월 한국전력기술이 내놓은 결론이 '고리1호기의 예비 안전성 평가 결과 안전성을 저해할 만한 요소는 도출되지 않았다'는 것이다. 한전기술은 안전성과 원자로 등 주요 기기의 수명 등 22개 예비 평가항목을 검토했다. 한수원 측은 이 같은 용역결과를 토대로 원안위에 2차 재연장을 신청할 계획으로 알려졌지만 악화된 여론 등을 감안해 대외적으로 공개하지 않고 있었다. 즉 셀프검증인 셈이다. 게다가 산업통상자원부는 2014년 12월 말에 발표해야 할 제7차 전력수급기본계획을 2015년 상반기로 발표를 연기했다가 2015년 4월 29일 국회 산업통상자원위원회에 보고를 했지만 당시 고리1호기나 월성1호기의 수명연장에 대한 언급이 없어 여야 국회의원들의 질타를 받았다.

원전 운영자가 원전의 '계속운전(수명연장)'을 원할 경우 설계수명연한이 끝나기 2~5년 전에 주기적 안정성평가 보고서, 수명평가 보고서, 방사선 환경영향평가 보고서 등 3개 보고서를 원자력안전위원회에 내야 한다. 고리1호기는 설계수명 30년이 끝난 2007년 6월 1차 수명 연장에 들어갔고, 2017년 6월 18일까지 운용된다. 따라서 한수원은 2015년 6월 18일까지 3개 보고서를 제출해야 고리1호기의 수명 재연장 검토에 들어갈 수 있다. 한편으로 발전소를 폐쇄할 의향이 있는 사업자는 전력수급기본계획 수립 이전에 폐지 의향서를 제출해야 하기 때문에 제7차 전력수급기본계획의 내용이 매우 중요했던 것이다.

이렇게 볼 때 이미 설계수명이 끝난 핵발전소의 수명을 연장하기 위한 절차에 지역주민의 의사를 반영할 수 있는 어떤 법제도적 장치가 마련되어있지 않다는 사실이 우리나라의 원전정책이 얼마나 '원전이용'에만 초점을 맞추고 있으며 비민주적인지를 단적으로 보여주고 있다. 핵발전소의 수명연장을 몇몇 전문가 그룹이 참여하는 폐쇄적인 의사결정 구조로 안전성만을 평가해 결정하는 것은 국민을 우롱하는 것이라는 탈핵진영의 목소리가 나올 만하다.

2014년 6월 장하나 국회의원(새정치민주연합)이 발의한 '원자력안전법 개정안'은 원전의 최초 설계수명 이상의 계속 운전을 하지 못하도록 발전용원자로 운영자의 운영허가 취소를 명시하는 조항을 포함하고 있어서 일명 '원전수명연장 금지법안'이라고도 한다. 이는 지난 2005년, 정부가 관련 법률을 개정해 수명이 끝난 원전이 수명연장이 가능하도록 한 이후에 다시 설계수명까지만 가동하도록 원상 복귀시키는 법이다. 당시 세월호 참사 이후 다음 참사는 원전사고일 가능성이 높다는 사회적인 우려가 높아지고 있는 가운데 원전사고 확률이 높은 수명이 끝난 원전부터 가동을 중지시켜야 한다는 사회적 요구를 반영한 것이다.

한수원은 그동안 원전 관련 정보공개에 인색했다는 비난을 받아왔다. 한수원은 지난 2007년 고리1호기의 1차 수명연장 당시에 고리1호기 수명연장 안전성 평가보고서를 공개하지 않았다가 2011년 후쿠시마원전사고 이후 환경시민단체의 거센 반발에 그해 5월 일반에 공개했으나 복사·촬영을 금지해 '면피용 공개'라는 비난을 받기도 했다. 왜냐하면 당시 고리원자력본부 건물 2층 민원실에 한수원이 공개한 〈고리1호기 계속운전 안전성 평가보고서〉는 열람만 가능하고 사진촬영 및 복사를 금지했기 때문이다. 발전소의 보안정보와 전문업체들의 지적재산권 정보가 담겨 있다는 이유에서였다. 당시 공개된 보고서는 2007년 고리1호기 설계수명(30년)을 10년 추가로 연장하는 과정에서 마련된 △주기적 안전성평가 보고서(5권) △주요 기기 수명평가 보고서(3권) △환경영향평가 보고서(1권) 등 모두 9권으로 구성됐는데 이들 보고서의 전체 분량이 자그마치 5440여 쪽에 이를 정도로 방대한 것이었다.

원전의 민주적 절차성 논란
원전의 민주적 절차성을 어떻게 볼 것인가? 서울대 사회발전

연구소가 정책 대 정책 포럼 시리즈로 펴낸 《원자력논쟁》(2017)의 첫 번째 주제가 '원전의 민주적 절차성'에 관한 것이다. 이에 대해 양재영 한국전력국제원자력대학원대 교수와 이영희 가톨릭대 사회학과 교수가 찬반논쟁을 펼쳤다.

이들 토론의 쟁점은 '원자력발전 추진의 일반적 절차' '원자력안전위원회의 위상과 위원 구성' '의사결정과정에서의 전문가주의' '바람직한 의사결정을 위한 공개정보의 범위와 대상' '원전 추진과 정상의 시민참여방식'에 관한 것이었다.

먼저 '원자력발전 추진의 일반적 절차'와 관련해 긍정적 견해로 발제한 양 교수는 "절차적 정당성이 꾸준한 개선과 보완을 통해 이뤄지고 있다"고 한 반면, 비판적 견해로 발제한 이 교수는 "내용적인 불균형의 뿌리가 깊다"고 밝혔다.

긍정적 견해는 국가에너지기본계획 수립 시 공청회, 공개토론, 워크숍 등에서 에너지 공급자·수요자, 시민단체의 참여와 다양한 의견 수렴 등의 공론화 과정을 거쳐 계획수립과정에서 절차적 정당성을 확보하고 있다. 국가에너지위원회 산하 4개의 전문위원회와 분야별 3개 작업반을 두고 여기에 시민단체 활동가와 추천받은 전문가가 두세 명씩 참여해 민관 거버넌스가 이뤄지고 있다. 에너지위원회를 구성하는 데 에너지 관련 시민단체의 추천위원 5인 이상을 포함하도록 '에너지기본법'에 명문화돼 있으며, 이 계획 수립절차와 제1차 국가에너지기본계획 수립과정에서 시민단체 등이 참여하는 등 민간참여의 기회가 존재하고, 특히 주민의견의 수렴과정을 생략할 수 없다는 점을 강조했다.

비판적 견해는 제1·2차 국가에너지기본계획 수립과정에서 보다 진전된 시민참여행태로 발전하고 있으나 17명 가운데 조금 비판적인 시민단체 출신은 두 명뿐이다. 논쟁과정에서 시민단체 쪽 사람들은 거의 무시를 당하는 등 구조적인 불평등이 너무 심하기 때문에 결론은 이미 정해놓은 비대칭적 구조형태이다. 심지어 에너지위원회 구성에 시민단체의 추천 5인 가운데 친원전 시민단체도 포함돼 있어 구조적 불균형이 실질적으로 심각하다는 점을 강조했다.

'원자력안전위원회의 위상과 위원 구성'에 대해 긍정적 견해는 "안전보다 진흥이 우선일 수밖에 없는 구조적 모순이 있고 실무에 정통한 전문가 참여가 배제되고 있는 게 문제"라고 지적하는 반면, 비판적 견해는 "원자력진흥위와 원자력안전위의 위상이 전도돼 있고, 원안위에서 7:2의 친정부 의사결정구조가 문제"라고 지적했다.

긍정적 견해는 "원자력진흥과 규제를 분리하는 IAEA의 권고사항을 수용해 규제의 독립성 확보를 위한 원안위가 설립됐다. 대통령직속기관이던 원안위가 2013년 3월 국무총리 소속으로 변경되면서 원안위원장이 차관급으로 격하됨과 동시에 원안위의 결정이 원진위의 결정에 영향을 받을 가능성이 높은 구조로 변질됐다. 원안위의 효율적이고 실질적인 안전규제가 이뤄지기 위해서는 주요 원전보유국 수준의 규제 인력 확보가 필수적이다"라고 강조한다. 비판적 견해는 원안위 위원장이 차관급이기에 산업통상자원부나 과학기술정보통신부 등과 정책조율을 하는 상황에서 안전은 뒷전으로 물러날 가능성이 대단히 높다는 것이다. 또한 원안위 위원 구성에 있어서도 긍정적 견해는 현재 원안위는 위원장을 포함해 원전실무에 정통한 위원이 없으며, 원전전문가의 참여제한 내용을 담고 있는 원안위법을 개정할 필요가 있다고 강조한다. 비판적 견해는 원안위 전체

9명 중 7명이 대통령 뜻에 맞는 사람들로 구성돼 7:2의 의사결정 구조를 유지하기에 인사의 독립성과 공정성 확보를 위해 국회 동의를 얻을 필요가 있다는 점을 지적하고 있다.

　'의사결정과정에서의 전문가주의'와 관련해서 긍정적 견해는 "원자력분야는 기술적 진입 장벽이 있을 수밖에 없는 분야이며 품질관리 관련 기준은 결코 약화할 수 없는 기준이다. 원전마피아라는 말이 있지만 원전산업은 전공분포가 매우 다양한 기술집약적 분야이기 때문에 특정분야 전문가가 좌지우지하기 어렵다. 원전비리 같은 사례를 보았을 때 전문가의 윤리 강화는 매우 중요하며 이익충돌을 금지하는 관련 제도 개선이 필요하다"고 보고 있다. 반면 비판적 견해는 "한국은 정부나 규제기관에 대한 신뢰도가 낮고 원전 전문가들이 공익보다는 사익을 좇고 있다는 비우호적인 인식이 만연하다. 일반시민이나 지역주민도 원전 전문가들이 생각하는 전문성과는 다른 의미에서 상당한 전문성을 갖고 있다. 전문가와 기술관료들만이 에너지정책을 독점해야 한다는 관행적 인식은 민주주의 원리에도 맞지 않고 효과적인 위험관리 측면에서도 문제를 발생시킨다"는 것이다.

　'바람직한 의사결정을 위한 공개정보의 범위와 대상'을 놓고 긍정적 견해는 "정보공개도 예전보다 많이 하고 있고 심지어 속기록까지 공개하고 일반국민 방청도 허용하고 있다. 하지만 일부 탈핵진영에서 요청하는 자료들을 공개하지 못하는 것은 상당부분 지적재산권 관련된 자료들이기 때문이며 이러한 한계를 수긍해주는 사회가 민주적이라고 할 수 있다"고 주장한다. 비판적 견해는 "경주 방폐장에 대해서는 지질조사 당시에도 부지조사 결과 암반의 등급을 5등급으로 나눌 때 최하등급인 5등급으로 이뤄진 부분이 전체의 절반이 넘는다는 내용이 공개되지 않았다. 신고리5·6호기 〈건설허가심사보고서〉의 방사선환경영향평가 관련 주민의견 수렴과정도 문제가 된다. 민간 환경감시기구는 사고 현장에 대한 입회조사권을 법적으로 보장받지 못하기 때문에 일상적인 참관조차 쉽지 않다"고 주장한다.

'원전 추진과정상의 시민참여방식'에 대해서는 긍정적 견해는 공청회에서 지역주민이 아닌 사람들이 들어와 원전건설 중지를 주장해 공청회가 제대로 진행되지 않는 경우가 있다며 특정집단이 시민의 일부로 참여하는 것은 문제라고 강조했다. 비판적 견해는 "원자력은 공공자금이 투여되고 많은 사람에게 영향을 미치기에 일반인도 이해당사자라고 할 수 있다. 초안작성 후 진행하는 공청회는 일반시민의 의견을 수렴하기보다는 전문가들의 의견을 수렴하는 절차로서의 성격이 강하다. 최근 공청회 무산 경험이 있어서인지 공청회 자체를 회피할 수 있는 예외조항까지 만들어 도입한 상태이다. 공론화위원회의 경우 여러 행사를 통해 나온 의견이 최종권고안에는 거의 반영되지 않는 문제가 있다. 방사선비상확대구역에 들어가 있는 주민들은 참여하지 못하도록 돼 주민의견 수렴의 대상이 매우 제한적이다"라고 지적했다.

신고리5·6호기 공론화의 의미와 과제

2017년 10월 20일 신고리5·6호기 공론화위원회의 권고안은 '신고리5·6호기 건설을 재개하되 안전기준을 강화해야 하고 원전은 축소해야 한다'는 것이 핵심이다. 시민참여단의 59.5%가 신고리5·6

호기 건설재개를 선택했음에도 불구하고 53.2%가 원전을 축소해야 한다고 선택한 것은 매우 의미가 크다. 신고리5·6호기 건설재개 대신 시민참여단이 원하는 것은 향후 원전을 더 늘리지 않는 것이며, 나아가 노후화된 원전을 조기 폐로하는 것에 모아진다고 볼 수 있다. 이 경우 노후화된 고리2~4호기와 내진 보강이 불가능한 월성 1~4호기가 그 대상이다. 또한 신고리5·6호기의 경우도 시민참여단도 제기하고 있는 다수호기 안전성 평가, 활성단층을 포함한 최대 지진평가를 통한 안전성 강화조치가 필수적으로 따라야 한다는 것을 의미한다.

이번 공론화는 신고리5·6호기 건설 중단과 탈원전정책을 두고 471명 시민대표참여단의 의견을 묻는 숙의과정을 통해 정부와 국회를 넘어 직접민주주의의 일면을 보여주었고, 향후 사용후핵연료 처리문제의 공론화를 비롯해 전반적인 민주주의의 실질성을 보완해 가는 나름 의미가 있다고 하겠다.

그러나 이번 공론화위원회는 문재인 정부 출범 과정에서의 한계를 드러냈고, 신고리5·6호기백지화부산시민운동본부 차원에서 볼 때 이번 공론화는 정부가 신고리5·6호기백지화 의제를 공론화위원회를 통해 책임을 전가시킨 면 또한 크다.

우선 공론화위원회의 구성과 추진과정상의 문제점과 한계는 다음과 같다.

첫째, 공론화방법론에는 시민배심원제, 공론조사, 시민합의회의, 시나리오 워크숍 같은 다양한 방법론이 있는데 국무조정실이 공론화위원회 출범에 앞서 시민배심원단이라는 말과 공론조사계획을 혼용해 쓰면서 정확히 어떤 방법을 사용할 것인지 애매하게 표현

했다. 이에 대한 문의가 계속되고 시민배심원단의 법적 지위 논란이 커지자 '시민배심원단'이란 표현을 폐기하고 '시민참여단'으로 용어를 바꿨는데 공론화위원회 실무를 진행하고 있는 국무조정실이 공론화에 대한 이해가 부족하다는 비판이 제기됐으며 심지어 7월 24일 공론화위원회 위원들의 기자 브리핑에서까지 혼란을 야기했다. 위원회 구성원들 중 실제 공론화를 실시, 연구해본 사람들이 배제됐다는 점과 중립적 인사구성 원칙이 너무 강조됐으며 3개월 활동기간이 짧았고, 3개월간의 일정은 너무 촉박했다. 공론화위원회의 구성에서 적어도 찬반 양 진영을 대변할 수 있는 전문가 1~2명이 포함돼 공론화위원들이 '신고리5·6호기 문제점과 대안'에 대한 인식이 보다 명확해야 했다. 기계적 중립화에만 익숙한 공론화위원들은 정작 공론화과정 설계에서 신고리5·6호기로 인해 피해를 입는 부울경 지역의 양측 의견청취를 제대로 하지 않았다. 특히 부산지역의 경우 대표적인 피해지역임에도 울산지역에 비해 사전 의견 조율 절차 자체가 아예 없었다.

둘째, 공론화위원회가 찬반진영과 전혀 소통하지 않고 있다는 문제가 여러 번 제기됐다. 공론화과정은 단순히 판결을 내리는 과정이 아니라 찬반 이해당사자들의 목소리를 공론화과정에 담아내는 과정이 돼야 하는데 실질적으로 찬반 이해당사자들의 입장을 제대로 담아내는 절차가 거의 없었다. 부울경 지역의 경우, 특히 부산지역의 경우 신고리5·6호기가 행정구역상 울산시에 있어서 그런지 공론화위원회가 2개월이 지나도록 부산지역 시민단체와는 소통 자체가 없었다. 또한 '안전한 세상을 위한 신고리5·6호기 백지화 시민행동'이 공론화 세부진행에 대한 의견을 전달하고자 공론화위원회에

면담을 신청했으나 아직 준비가 되지 않았다는 실무적인 이유로 면담이 이뤄지지 않기도 했다. 반면에 기계적인 중립을 내세우면서 넓은 의미에서 신고리5·6호기 원전의 사실상 수혜자인 수도권 주민들의 의견이 지나치게 인구비례보다 더 많이 반영됐고, 남녀성별이나 연령대분포 또한 왜곡됐다. 미래세대의 의견이 전면 배제됐다. 이런 점에서 이번 공론화의 경우 공론화위원회 시민참여단 비율을 50%로 하고, 국민투표에 준하는 전국 여론조사와 주민투표에 준하는 부울경 지역 여론조사 비율을 각각 25%씩 해서 결정하는 것이 보다 현실적이고 정확한 국민여론을 반영하는 면도 있지 않았을까 싶다.

셋째, 공론화위원회가 좀 더 적극적으로 국민의 공감을 얻어내기 위해서는 보다 강력한 권한의 행사가 필요했는데 오히려 일부 수구보수언론의 사실왜곡 보도와 출연기관과 공기업의 건설재개 측 참여, 기계적 중립에 따른 부울경 지역 의견의 배제, 일부 찬핵 측 전문가의 전문위원 활동 허용, 공론화 숙의민주주의 토론과정의 체계적인 국민 TV 토론 및 생중계의 부족, 자료검증시스템의 불명확, 상호토론 시간의 부족 등의 한계를 많이 보였다. 특히 한수원 노조와 일부 지역 주민들이 보이콧을 선언하고 행정소송까지 하고 있어 공론화 결과에 대한 불복 프레임이 존재했고, 보수언론과 경제지는 탈원전정책 추진과 신고리5·6호기 공론화 추진에 부정적인 기사를 양산했다. 특히 일반시민들로 구성된 배심원단이 신고리5·6호기의 미래를 결정한다는 사실에 '초법적 행위' '포퓰리즘 정책' 같은 원색적인 표현을 써가며 강력히 비난했다. 이런 점에서 공론화를 위한 환경조성 차원에서 거대한 자원 동원력을 가진 한수원의 중립성 유지를 위한 조치가 취해졌어야 하며 공기업인 한수원에 대해 공론화기간 동안 광고 중단 이상의 중립성 유지가 요구됐어야 하고, 정부에 대해 공사 중단으로 인해 발생한 신고리5·6호기 지역주민과 노동자, 관련 기업들에 대한 피해보상계획도 그 기간 발표하도록 해야 했다.

그럼에도 공론화 대응에서 의의를 찾는다면 무엇일까?

공론화과정은 한수원과 원자력학계가 총 출동해 물량공세를 폈고, 무엇보다 50여 년간의 '원전마피아'의 힘과 환경시민단체와 소수 탈핵전문가들이 싸움을 한 모양새로 어려운 상황에서 '탈원전정책'을 고수하게끔 한 것이 큰 의미가 있다.

첫째, 이번 공론화는 전반적인 탈핵이 아니라 원전 반경 30km 내에는 340만 명의 인구가 거주하는 부울경 지역에 무려 10기의 세계 최대 핵단지를 건설하겠다는 발상이 지역주민의 생명과 안전을 도외시한 '국가폭력'이란 점을 알려야 했었다. 또한 재생에너지의 급속한 보급으로 에너지 이노베이션이 일어나고 있는 상황에 폐로와 사용후핵연료처리문제가 제대로 해결되지 않은 원전은 '위험하고 불완전 기술'임을 알려야 했었다. 그리고 시민참여단에게도 이러한 '핵단지화'를 자신이 살고 있는 지역에도 허용하고, 이를 수용할 것인가를 물었어야 했다. 그러나 이러한 것이 기존의 50년 원전마피아의 '기울어진 운동장'을 바로 잡기엔 역부족이었음을 시인해야 했다.

둘째, 그래도 원전마피아에 대응해 그간 개별적으로 대응해왔던 탈핵진영의 전문가들이 한때 머리를 맞대 지혜를 모을 기회를 가졌다는 것이다. 그러나 조직적인 대응이나 신고리5·6호기에 대한 실체적 대응에서는 다소 부족했다. 특히 숙의과정 합숙에서 최종 어필 면에서 호소력이 상대적으로 약한 면을 보이기도 했다. 그러나 50년간 철옹성의 원전마피아에 대응해 국민들에게 탈원전정책의 필요성과 당위성을 어필했다는 점에서 큰 의의를 둘 수 있다.

셋째, 시민행동 차원도 탈원전정책에 중점을 두다 보니 부울경 지역의 신고리5·6호기와 관련한 현실을 적극 반영하는 데는 한계가 있었다. 최종 숙의과정에서도 부울경 지역 전문가의 참석이 없었다. 시민참여단이 2박3일 종합토론회 숙의 과정을 거치면서 건설재개 측 논리에 마음이 더 기울었음을 알 수 있는데 공론화위원회에 '기울어진 운동장'에 대한 어필을 좀 더 체계적으로 강화했어야 했다고 본다. 특히 숙의과정에서 원전이 위치한 부산·울산·경남지역 시민참여단 의견은 재개(64.7%)가 중단(35.3%)보다 높았던 점에서 지역여론전을 좀 더 체계적으로 강화해야 했다는 점을 들 수 있다.

넷째, 공론화 시민참여단이 신고리5·6호기 건설을 재개할 경우 필요 사항으로 안전기준 강화(33.1%), 신재생에너지 투자 확대(27.6%), 사용후핵연료 해결방안 마련(25.4%), 탈원전정책 유지(13.3%)를 꼽았는데 환경시민단체는 이를 새로운 탈핵운동의 동력으로 삼아야 할 것으로 본다. 특히 안전기준 강화와 사용후핵연료처리문제, 탈원전정책 유지를 바탕으로 신재생에너지 투자확대를 적극 정부에 요구해야 할 것이다.

다섯째, 보수언론이나 원자력업계, 학계 그리고 야당이 '신고리5·6호기 재개' 결정에 힘입어, 원전수출 등을 강조하며 정부의 탈원전정책 의지에 대한 반대여론 형성이 공론화기간 이상으로 강해질 소지가 있다. 그러나 적어도 '탈원전정책'에 대한 정부의 명확한 로드맵 제시 요구과 함께, 현재 불만, 실망적인 분위기를 탈핵을 위한 에너지화해서 안전성 문제에 대한 감시확인과 추진과정에서의 문제점 지적을 통해 가시적인 탈원전정책의 성과를 이끌어내는 것이 중요하다.

여섯째, 이번 공론화위원회의 문제점과 한계를 제대로 파악해 곧이어 갖게 될 '사용후핵연료공론화위원회'에서도 원전입지 지자체 주민들이 더 이상 피해를 입지 않도록, 적어도 수도권을 포함한 기초지질조사 등을 통한 과학적, 객관적 자료를 바탕으로, 중앙 지방 차별이 없는 에너지정의를 세울 수 있도록 노력해야 하고, 이에 대한 준비모임을 만들어갈 필요가 있다.

3

사회적 비용이란 무엇인가

사회적 비용이란 무엇인가? 원자력발전의 사회적 비용을 다루기에 앞서 사회적 비용의 개념을 알아본다. 이러한 사회적 비용의 개념을 자동차에 적용한 자동차의 사회적 비용을 통해 사회적 비용의 실제를 먼저 이해하도록 하자. 원자력발전의 직접비용과 사회적 비용을 어떻게 규정해야 할까?

사회적 비용의 개념

사회적 비용이란 말은 언제 등장했을까? 1950년 카프(K. W. Kapp)가 쓴 논문 제목이 '사적 기업과 사회적 비용−현대 자본주의에서의 공해문제'이다. 카프는 환경파괴에 의해 일어나는 사회적인 손실을 비용 개념으로 나타내 '사회적 비용'이라는 용어를 처음 사용했다.

카프는 사회적 비용을 '생산과정의 결과, 제3자 또는 사회가 받고, 그것에 대해서는 사적 기업가에게 책임을 지우는 것이 곤란한 모든 유해한 결과나 손실'이라고 정의하고 있다. 카프의 주장이 피구(A. C. Pigou, 1877~1959)의 외부불경제와 다른 것은 사회적 비용이 신고전파*에서 암묵적으로 가정되고 있듯이 우발적이고 예외적인 현상이 아니라 오히려 현대 경제시스템에서 '상태(常態)'라는 점과 점점 '누적'하는 경향이 있다는 것을 강조하고 있다는 점이다.

그는 자본주의 경제시스템이 반드시 신고전파가 생각하듯이 균형상태로 나아가는 것이 아니라 경기변동을 반복하면서 균형에서 멀어져 불균형상태에 빠지기 쉽다는 인식을 갖고 있었다. 카프는 환경문제를 현대 자본주의경제가 가져다주는 다양한 형태의 사회적 손실의 주요한 한 형태로 보고 있다. 따라서 사회적 비용의 연구를 계속하는 것은 카프로서는 현대 경제시스템을 비판하는 것이다. 카

---

* 신고전파는 애덤 스미스의 '보이지 않는 손'으로 상징되는 고전파 경제학을 계승한 학파로, 정부의 적극 개입을 주장한 케인스 경제학에 대응해 형성되었고 '합리적 인간'이 논리의 바탕이다. 시장 자율을 중시하며 시장에 인위적으로 개입하지 않는 '작은 정부'를 옹호한다.

프의 사회적 비용 연구는 '환경문제에 경제학이 어떻게 접근하면 좋은가'를 탐구한 선구적 공헌이라고 평가받고 있다.

카프(1950)는 환경파괴와 사회적 비용이란 현상은 경제분석의 범위가 심각한 도전을 받고 있다는 것을 증명하고 있다고 말한다. 신고전파 경제학이 무시하거나 고려하지 않았던 거시경제적이고 누적적이며 한때 시장외부 및 산업외부의 인과관계와 관련이 있는 것에서부터 시작한다. 환경파괴와 사회적 비용의 제 문제를 양화(量化)하고 정확한 취급방법의 필요성을 강조했다. 이들 '복합성과 다양한 요인'에 대해 수학적 기법을 포함한 적절한 분석적 도구를 한층 발전시켜가야 한다고 강조했다.

카프가 환경파괴와 사회적 비용이 경제학적 이론화에 관해 제기하는 것은 한층 더 제 문제의 '전체 계'가 있다는 말이다. 환경파괴와 사회적 비용은 경제분석의 범위만이 아니라 가격기구에 의해 제공되는 지침 또는 징후에 비추어보아 다양한 거시적 경제단위 내지 기초기구의 결정을 조종하고 또한 조정하는 메커니즘으로서의 시장의 유효성도 문제로 삼는다.

그 이유는 만약 기업의 경비나 기업가 이득 등의 가격도 우리들의 환경을 파괴한, 건강 생활 및 유형재산에 부정적 방법으로 영향을 주는 시장외부의 물적 흐름을 표시할 수 없다면 그때 가격의 표시자로서의 기능은 불완전하고 불충분하다고 강조한다. 요약하면 거시적 경제단위의 최적화는 사회적 최적조건을 만들어내지 않으며 반대로 최적화는 자연적·사회적 환경의 파괴가 따를 것이라는 것이 카프의 견해이다. 기업과 가계 사이의 시장 거래와 그 결과로서의 유통은 총 유통의 단지 일부분에 불과하며, 특히 기업이나 가계의 잔여물 처리의 경우와 같이 시장외부에서의 물적 유통이나 효과를 측정하지 않으므로 GNP와 그 파생물은 경제성장의 척도로서는 부적당하다고 주장했다.

게다가 환경파괴와 사회적 비용이 절대적 또는 상대적으로나 증대해가는 것을 간과함으로써 GNP와 그 파생물은 점점 부적절하게 된다는 사실을 지적한다. 다시 말하면 우리들은 변함없이 높은 성장률을 표시할지는 모르지만 대체로 비극적인 환경파괴의 정도(수질오염 및 대기오염의 정도의 증가, 만성적 기관지염 및 기타 질병의 증대, 소음수준의 증가, 사고 및 노동재해의 발생률 증가 등)를 설명할 수가 없다. 가격기구가 기능을 잃을 경우, 생산고와 소득이라고 하는 부적당하고 불충분한 지표에 의해 이끌리는 경제성장정책에 편중될 때 폐쇄적 분석으로 '가짜성장(pseudo-growth)'*을 추구하고 있다는 것을 알 수 있다.

잔여 부산물의 주변에 대한 폐기로 인해 이러한 '자연재산의 피폐'와 인류나 사회에 대한 '부(負)의 서비스' 또는 손해의 '흐름'을 수반하는 결과적인 환경파괴는 전통적인 시장유통과는 다르다. 그것들은 시장가치를 갖지 않기 때문에 환경을 파괴하고 또한 환경악화의 매개를 통해 인류를 위협하게 된다고 강조했다.

이에 대응하기 위해서 카프는 환경파괴와 사회적 비용에 의해 제기된 이론적 실천적 제 문제는 경제이론에서 인류의 필요와 요구의 현실적 충족 수준에 관계없는 효용·효율 및 최적성의 달성으로

---

* 이 경우 소비 내지 투자의 증대는 순생산의 성장에 의한 것이 아니라 자원이나 쾌적함이라는 형태에서의 우리들의 자연재산을 피폐시키는 대가를 지불함 없이 취해진다는 것이다.

공식적인 정의를 내리는 것을 사정없이 버려야 한다고 주장한다.

김성훈·권광식(2003)은 카프가 피구의 사회적 비용 개념의 한계를 극복하기 위해 공해현상을 사적 기업의 사회비용(사회적 손실)으로 규정하고, 이것이 자본주의적 사기업 제도의 모순이라는 점을 명확히 밝혔다는 점을 높이 산다. 다만 이와 같은 사회비용을 없애기 위해 사회주의체제를 선택하지 않고, 민주주의적 공공사업과 공공서비스를 실천하는 것을 바람직하게 보았고 기본적으로 이는 교환가치가 아니라, 사회비용을 내부화한 사회적 가치론을 채택한 것이기에, 이른바 국민복지 향상을 위해 공해대책을 제도화해야 한다고 주장했다고 본다.

제도주의자들은 환경문제를 현대 산업경제에서 경제성장에 따른 불가피한 결과로 보았고, 따라서 환경문제를 비롯해 경제정책 시행과정에서 다국적기업 활동의 통제와 새롭게 등장한 이익단체 사이의 조정을 위해 국가의 개입 필요성을 주장한다.

이러한 면을 종합할 때 어쨌든 카프는 환경파괴 현상을 경제학의 이론체계에 넣기 위해서 '사회적 비용' 개념의 확장을 포함해 경제학 방법론을 새롭게 할 것을 주장했다는 점에서 의의가 크다.

자동차의 사회적 비용

이러한 사회적 비용의 개념을 손에 잡힐 듯이 풀어낸 사례가 '자동차의 사회적 비용'에 대한 연구이다. 편리함에만 익숙해진 우리들에게 과연 자동차란 무엇인가. 우선 자동차로 인해 우리 사회가 지불하는 사회적 비용이 어느 정도인가에 대해 한번 생각해보자.

경제학자 우자와 히로후미(宇沢弘文, 1928-2014)는 《자동차의 사회적 비용(自動車の社会的費用)》(1974)이란 책에서 도쿄도를 모델로 해 자동차의 사회적 비용을 계산하였는데 1974년 현재 자동차 한 대당 약 1200만 엔(약 1억 2000만 원)이라는 사회적 비용이 발생한다고 밝혔다. 1970년 일본의 교통사고 사망자는 연간 1만 6000여 명이었는데 1973년도 도쿄도를 기준으로 해 자동차의 사회적 비용을 이렇게 계산해놓았다. 너비 5.5m의 도로 약 21만km에 해당하는 용지비용과 보차도 분리 등 관련 건설비 총액은 24조 엔이고 이를 당시 등록차량 수인 200만 대로 나누면 한 대당 1200만 엔이 나오고 이를 이자분만 부담한다고 해도 한 대당 연간 200만 엔이란 사회적 비용이 발생한다는 것이다. 결국 자동차를 직접 이용하는 사람이나 택배 등 트럭서비스를 이용하는 사람은 비이용자가 지불한 세금을 연 100만 엔 단위로 빼내 쓰고 있다고 해도 과언이 아니라고 말한다.

여기서 '사회적 비용'이란 개념은 어떤 경제활동이 시장 거래를 거치지 않고 제3자나 사회 전체에 직접적, 간접적 피해를 주는 '외부 불경제'의 개념과 관련이 있다. 이 외부 불경제 가운데 발생자가 부담하지 않는 부분을 1950년 카프가 '사회적 비용'이라 이름 붙였는데, 우자와의 연구는 이를 자동차에 적용해 계산했다.

우자와는 〈자동차의 사회적 비용 재론(再論)〉(《세카이(世界)》, 1990년 9월호)에서 오늘날 자동차의 사회적 비용은 '천문학적인 수준에 달하고 있다'고 쓰고 있다. 우자와는 도쿄도의 도로연장은 1989년 현재 1만 8988km이고 도쿄도의 자동차 등록대수는 1990년 현재 442만 9000대로, 도로구조 변경을 위해 필요한 투자액은 용지취득비 343조 6700억 엔, 보도 및 완충대 설치비 1조 3671억 엔 등 모두 합하면 약 345조 엔이다. 자동차 도로 확충을 위한 총 투자액을 도쿄의 총 자동차 등록대수로 나누면 자동차의 사회적 비용은 1대당 무려 7790만 엔이나 된다.

그런데 우자와의 이러한 계산에 선뜻 동의하기 어려운 분들도 많을 것이다. 이에 대해선 고지마 히로유키(小島寬之)가 쓴 《확률의 경제학》(2004)을 보면 우자와 이전의 연구에 대해 어느 정도 이해할 수 있다. 우자와 이전의 연구로는 다음 3가지가 알려져 있었다. 처음엔 일본 운수성(運輸省)이 1968년에 행한 계측에서 자동차의 사회적 비용을 대당 7만 엔이라고 발표했다. 그 결과에 불복한 일본자동차공업회가 독자적으로 다시 계산해 1971년에 자동차 한 대당 사회적 비용이 6600엔이라고 보고했고 그 뒤 노무라종합연구소가 한 대당 17만 8960엔이라고 했다는 것이다. 이에 비해 우자와는 자동차의 사회적 비용이 대당 연간 약 200만 엔(이자분 부담만)이라는 자릿수 자체가 다른 큰 액수를 내놓았다.

어떻게 해서 기관마다 이렇게 현저한 차이가 벌어졌을까? 그것은 계산 방식의 발상이 달랐기 때문이다. 우선 운수성의 방법을 보면 운수성은 교통시설의 정비, 자동차 사고의 손실액, 교통경찰비, 교통의식 홍보비, 도로 혼잡에 의한 손실 등을 계산하고 그 합계액의 증가분을 자동차 증가분으로 나누어 값을 산출했던 것이다. 노무라종합연구소의 보고서는 운수성의 계산 방식에다 배기가스에 의한 환경오염비용을 보탠 점이 특기할 만하다. 그런데 우자와는 이러한 산출방법에 근본적인 의문을 제기했다. 우자와는 '자동차의 존재로 인해 무엇을 잃고 있는가?', 다시 말하면 '자동차사회를 선택하지 않는다면 무엇을 누릴 수 있는가?'라는 근본적인 문제를 제기하면서 이를 '시민의 기본적인 권리'라고 불렀다.

도시에서 생활하는 시민은 모두 건강하고 쾌적한 생활을 누릴 권리, 자유롭게 길을 걸을 권리, 생명을 위협당하지 않을 권리를 갖는데 자동차의 존재가 그러한 시민의 권리를 침해한다고 본 우자와는 시민의 권리를 침해하지 않도록 자동차를 이용하려면 얼마만큼의 투자가 필요한가를 계산에 넣었던 것이다. 그는 시민의 기본적 권리를 보장받기 위해 최소한 차도를 좌우 4m씩 넓히고 보도와 차도를 가로수로 분리할 필요가 있다고 주장하고, 그 비용을 포함해 자동차 한 대당 최소 연간 200만 엔으로 잡았다.

고지마 히로유키(2004)는 자동차가 시민에게 가져다준 피해에 대해 '호프만 방식'과 '우자와 방식'이 정면 대립한다고 소개했다. 호프만 방식은 '그 사람이 예전 그대로 건강하게 살았다면 얻었을 이익을 금전으로 환산한 금액'으로 교통사고나 환경오염의 피해를 어림잡는다. 예를 들면, 평균수명을 70년으로 보고 사고사의 평균연령 37세를 뺀 평균적인 수명 33년에 1인당 GDP 액수를 곱하고 거기에 사고사망자 수를 다시 곱한다. 이는 자동차로 생명을 잃는다는 부조리나 유족의 인간적인 고통과는 무관한 계산이라는 것이다. 이에 비해 우자와 방식는 '시민에게 자동차가 없었을 때 누릴 수 있었던 시민적 자유, 문화적 생활을 현상적으로 회복하기 위해 최소한 필요한 금액'으로서 피해액을 계산한다. 호프만 방식은 자동차가 존재하는 현실 자체를 어쩔 수 없는 기정사실로만 파악한다.

반면에 우자와 방식은 자동차사회라는 현상이 '과오에 의한 선택'이었을 가능성을 배제하지 않는다. 시민이 '자동차로부터 위협당하지 않았던 세계'를 현실의 전제로 삼고, 그러기 위해 도로 폭을 충분히 넓히고 가로수로 자동차와 보행자를 격리하며 보행자가 사고로 죽지 않고 환경오염으로 건강을 해치지 않는 환경을 조성하기 위한 비용을 계산한다. 우자와의 자동차의 사회적 비용은 '미래에 대한 지불일 뿐 아니라 과오가 있었던 과거를 최적화하는 금액'이다. 과연 우리 사회에서 자동차의 사회적 비용은 얼마나 될까. 그리고 우리 사회는 이러한 사회적 비용을 제대로 물리고 있는가 한 번쯤 깊이 자문해볼 일이다.

가미오카 나오미(上岡直見)는 《자동차의 불경제학(クルマの不経済学)》(1996)에서 '노상주차의 사회적 비용' 또한 엄청나게 크다고 강조했다. 노상주차의 경우 승용차 1대당 1.6명이 승차한다고 가정할 때 1시간에 750대의 차가 다니는 길에 승용차 1대가 노상주차를 하면 시간당 400대, 즉 640명의 도로 이용기회가 박탈당한다. 일본인 1명의 평균 시간가치를 39.3엔으로 치면, 시간당 150만 9000엔의 손해가 발생하게 되는데 가미오카는 결론적으로 노상주차의 경우 분당 2만 5150엔(약 25만 원)의 벌금을 징수해야 할 정도라고 강조한다.

또한 가미오카는 자동차로 인해 잃어버리는 것들에 대해 다음과 같이 적고 있다. 첫째, 1년에 약 1만 명의 생명을 잃어버린다.* 둘째, 아이들의 놀이터이다. 셋째, 건강이다. 즉 천식, 호흡기장애, 꽃가루알레르기, 환경호르몬과 다이옥신의 증가, 뼈나 근육의 퇴화를 유발한다. 넷째, 자동차로 인해 위협을 느끼거나 보도의 무단주차

---

* 1995년 당시 일본의 전국 교통사고사망자 수는 1만 5147명이었으며, 2017년 한 해는 교통사고사망자가 3694명으로 줄어들었다.

또는 배기가스 등으로 인해 즐겁게 걷거나 자전거를 탈 권리를 빼앗긴다. 다섯째, 경관의 아름다움을 제대로 느낄 수 없다. 여섯째, 아름다운 마음을 가진 사람이 점차 줄어들게 된다. 일곱째, 자동차로 인해 조용한 생활이 사라지게 됐다는 것이다.

이는 당시에 니시지마 사카에(西島榮)가 쓴 '자동차와 계층사회'라는 글에서 지적한 것인데 이를 잠시 인용하면 다음과 같다. "자동차의 앞을 꾸물꾸물 걷고, 길옆으로 비키지 않는 노인에 대해 욕을 하는 인간, 또는 가축을 몰아내듯 클랙슨 소리를 내는 인간을, 우리들의 사회는 대량으로 만들어내고 말았다. 자신은 맑은 공기와 편안한 음악과 최고로 살기 좋은 공간을 향수하면서 다른 사람에게 배기가스와 소음과 흙먼지를 안겨주고도 태연한 인간을 대량으로 만들어내고야 말았다. 그리고 무엇보다도 연간 1만 명 이상의 사망자를 '별거 아니라고' 생각하는 무서운 인간을 대량으로 만들어내고 말았다."

우리 생활에 없어서는 안 될 인류 최대의 발명품의 하나인 자동차. 그러나 자동차는 지구환경을 위협하는 심각한 배기가스 문제를 안고 있으며 오늘날 지구온난화의 주범으로 지목되고 있기도 하다.

그러면 실제로 자동차와 관련해 지구에 유해한 물질은 어떤 것들이 있을까. 이에 대해 가미오카 나오미는 《지구는 자동차를 견뎌낼 것인가(地球はクルマに耐えられるか)》(2000)라는 책에서 자동차의 제조에서 폐기까지의 과정에 관계되는 각종 유해물질만 약 130가지 항목이나 된다고 밝혔다. 가미오카는 주행 시의 배기가스공해만이 아니라 자동차의 제조·주행·폐기 전 과정에 걸친 종합적인 오염체

계로 다룰 필요성이 있다고 제안한다.

우선 제조 시에는 이산화탄소, 아산화질소, 아황산가스, 중금속류, 벤젠, 톨루엔, 키시렌, 내분비교란물질이 배출된다. 주행 시에는 이산화탄소, 아산화질소, 아황산가스, 입자상물질, 중금속류(타이어, 도로분진), 톨루엔, 벤젠, 다이옥신, 옥시던트, 알데히드류가 배출되고 열오염, 소음, 진동 그리고 교통사고 위험이 있다. 폐기 시에는 중금속류(슈레더 더스트: shredder dust), 프레온, 내분비교란물질이 나온다. 이 가운데 이산화탄소, 아산화질소, 열오염, 프레온이 지구온난화에 영향을 미친다.

가미오카는 우선 환경부하 면에서 이산화탄소 배출량을 보면 일본의 경우 연간 자동차의 연료소비만 계산하면 약 2억 4222만t으로 약 2400억kg의 CO_2를 배출하는데 일본 전체 CO_2 배출량의 약 22%를 자동차가 차지하고 있다고 강조한다. 그리고 일본의 연간 질소산화물(NO_x) 배출량도 84~113만t에 이른다고 한다. 질소산화물은 산성비나 천식의 원인으로 특히 디젤엔진차에서 대량 발생하고 있다. 또한 부유입자상물질의 경우 직경 10μ 이하의 입자도 있어 가볍기에 공중에 오래 떠다니는데 쉽게 폐 깊숙이 들어가기에 발암성도 있다. 매연분진은 천식, 꽃가루알레르기의 원인이 되는데 이 또한 디젤엔진차에서 대량 발생한다는 것이다.

자동차로 인한 산업폐기물도 심각하다. 일본의 경우 1년간 폐차분 총량은 연간 약 100만t인데 이것도 타이어를 제외한 양이다. 자동차의 슈레더 더스트의 내역은 다종류의 처리 곤란한 플라스틱 조각이 약 30%이고, 유리, 섬유, 고무, 납, PCB(폴리염화비페닐), 비소, 수은, 크롬, 카드뮴 등으로 구성돼 있다. 유해성분은 차의 도료

폐유 용제가 원인이라고 한다. 그리고 차는 생산단계에서 1년간 산업폐기물이 폐유, 폐플라스틱 등 연간 30만t이나 나온다고 한다.

가미오카는 또한 지구온난화와 관련해 자동차의 에어컨에서 나오는 열문제를 심각하게 보고 있다. 그는 일본의 반원전 환경단체인 '원자력자료정보실(CNIC)'이 펴낸 《원자력시민연감98》 자료를 바탕으로 일본의 카에어컨에서 버려지는 총열량이 여름 석달만 해도 1000억kWh나 되는 것으로 추정된다고 주장한다. 이는 일본의 모든 원전에서 나오는 폐열에 가까운 양으로, 그 열이 자동차가 집중돼 있는 도심의 기온을 상승시켜 여름철 냉방전력수요 피크를 초래하기에 원전 증설이 요구되는 이유가 되고 있다고 지적한다.

원자력발전의 직접비용과 사회적 비용

경제학에서 한 주체가 자신의 경제행위로 인해 자신의 수익 또는 비용구조에 영향을 받는 것을 '내부효과(internalization)'라고 하는 반면에, 한 경제주체의 경제활동이 시장가격의 변화를 거치지 않고 다른 경제주체의 수익 또는 비용에 영향을 미침에도 불구하고 아무런 대가를 받거나 지불하지 않는 현상을 '외부효과(externality)'라고 말한다.

외부효과는 다른 재화의 가격에 반영되지 않으면서 다른 경제주체에게 이득이 되는 영향을 미치는 '외부경제효과(positive externality)'와 다른 재화의 가격에 영향을 미치지 않으면서 다른 경제주체에게 손해를 끼치는 '외부불경제효과(negative externality)'로 나눌 수 있다. 한편, 외부효과는 소비로 인해 제3자가 피해나 혜택을 보는 소비의 외부효과와 생산활동이 제3자의 수익이나 비용에 영향을 미치는 생산의 외부효과로 구분할 수 있다.

사회적 비용(social costs)은 직접비용(private costs) 또는 내부화된 비용(internalized costs)과 외부비용(external costs)을 모두 포함한 비용으로, 직접비용 또는 내부화된 비용은 시장가격에 반영된 비용을 말한다. 비시장적 재화와 서비스에 대한 가치나 환경오염피해에 대한 저감비용이 시장가격(발전원가)에 반영될 경우 직접비용은 이를 포함한다.

원자력발전의 사회적 비용을 이야기하기 위해서는 원자력발전 비용에 대한 전반적인 이해가 필요하다. 국내외 연구를 살펴보면 원자력발전비용은 크게 직접비용과 외부비용으로 구분한다.

허가형은 〈원자력 발전비용의 쟁점과 과제〉(2014)라는 보고서에서 원자력발전 비용의 구성을 직접비용과 외부비용으로 나누었다. 직접비용은 시장가격을 기준으로 직접 지출되는 원자력의 발전비용이며, 외부 비용은 시장가격에 반영되지 않지만 사회적으로 부담할 가능성이 있는 비용으로 정의한다. 직접비용은 발전사업자가 부담하는 건설비와 운전유지비, 연료비이며, 외부 비용은 정부와 현세대, 미래세대가 부담하는 사고위험비용과 입지갈등비용, 규제비용, 정책비용, 미래세대비용으로 구성된다는 것이다.

이를 표로 정리하면 〈표 3-1〉과 같다.

표 3-1 국내 원자력발전의 비용 구성

구 분	세부 항목		내 역
직접 비용	발전 원가	건설비	공사비, 자본조달비용
		운전 유지비	인건비, 수선유지비, 경비, 일반관리비, 중·저준위방사성폐기물처리비, 사용후핵연료처분비, 폐로해체비용, 주변지역 지원사업비, 원자력발전 지역자원시설세 등 외부비용의 내부화
		연료비	핵연료 구입비
외부 비용	입지갈등비용		방사성폐기물 처분장 및 고압 송전선로와 같은 원자력 관련 시설의 입지 선정에 따른 갈등비용
	사고위험비용		중대사고 발생의 위험비용
	안전규제비용		규제수준에 따라 발생하는 추가비용으로 안전설비 보강비용 등
	정책비용		원자력 발전의 기술개발 및 운영, 홍보를 위한 재정지원 비용
	미래세대비용		고준위방사성폐기물 처분장 입지에 대한 미래세대의 선택가치 및 유산가치 상실 비용

출처: 허가형, 원자력 발전비용의 쟁점과 과제, 국회예산정책처, 2014.3. p.24.

　　여기서 원자력발전의 사회적 비용은 외부비용 가운데 발전원가에 반영되지 않은 비용을 의미한다고 볼 수 있다.

　　외부비용에서 입지갈등비용은 원자력발전과 관련된 시설의 입지선정 과정에서 발생하는 비용이다. 화력발전은 발전소 주변지역에 대해서만 갈등이 있는데 비해 원자력발전은 발전소 주변지역뿐만 아니라 중저준위방사성폐기물 처리장과 고준위방사성폐기물 중간처분장, 최종처분장이 필요하여 입지갈등이 타 발전원에 비해 더 많이 발생한다. 입지갈등비용에는 송전선로 경과지에서 발생하는 갈등비용도 포함한다. 송전선로는 원자력발전에만 한정되는 사실은 아니지만, 좁은 부지에 다수의 원전을 건설하게 되면 고압 송전선로의 신규 건설이 불가피하다는 점에서 송전선로 비용도 원자력발전 비용에 포함된다.

사고위험비용은 원전이 가지고 있는 사고위험을 비용화한 것이다. 안전규제비용은 최근 안전규제 강화에 따른 추가 안전설비보강 및 운전관리비의 증가를 포함한다. 다만 안전규제비용은 후쿠시마사고와 같은 특정 사례를 통해 안전규제가 정착되면 운전유지비에 반영돼 직접비용에 포함된다. 또한 안전규제가 강화될 경우 사고확률의 감소로 사고위험비용이 감소할 수 있다.

정책비용은 전력산업기반기금이나 에너지자원사업특별회계, 일반회계 등을 통해 지출된 원전 관련 비용을 의미한다. 원전의 안정적인 운영과 차세대 기술 개발을 위한 연구개발사업이나 발전소 주변지역에 대한 지원사업, 홍보사업, 규제기관 운영비 등을 지원하는 사업비를 의미한다.

미래세대비용은 고준위 방사성폐기물을 처분함으로써 특정 지역에 대해 미래세대의 사용가능성을 영구히 제한함에 따라 발생하는 선택가치 및 유산가치의 상실비용이다.

이창훈 외(2013)는 원자력발전의 사회적 비용을 사적 비용과 외부비용으로 나누고 있다. 사적 비용은 기업이 지출한, 제품 생산에 필요한 생산요소의 구매비용으로 가령 제지회사의 사적 비용은 제지 생산 및 판매를 위해 구입한 자원(기계장비, 노동력, 원목 등)의 구매비용을 말한다. 외부비용은 기업이 제품을 생산하면서 야기한 비용 중 기업이 부담하지 않는 비용으로 가령 제지공장의 폐수로 인해 어부의 어획량 손실을 의미한다.

원자력발전의 사적 비용은 원자력발전사업자가 원자력발전소의 건설 및 운영을 위해 지불하는 비용으로 건설비, 운전 및 유지비,

연료주기비용, 원전해체비용이 포함된다. 여기서 건설비는 건설 중인 최신 기종 APR-1400이 기준이 된다. 운전 및 유지비는 중·저준위폐기물처리비, 인건비, 일반 관리비, 수선 유지비를 포함한다. 연료주기비용은 사후핵관리비용, 연료비용이 포함된다. 원전해체비용은 냉각수 제거, 시설유지 및 밀폐, 원전철거 및 부지복원, 철거 폐기물의 처분비용 등이 포함된다.

　　원자력발전의 외부비용은 원자력발전과 관련하여 발생하나 사업자가 부담하지 않고 정부나 제3자가 부담하는 비용을 말한다. 외부비용에는 정부지원금(정부예산 지원), 운영 중 건강·환경 영향(핵연료 전 주기에서 발생하는 방사능누출에 따른 영향, 주로 재처리시설), 원전사고의 건강·환경영향(원전사고 발생 시 건강 및 환경영향), 비용부담부족분(법률 등을 통한 사업자의 비용부담 경감)을 포함한다.

　　오시마 겐이치(大島健一)는 《원전의 비용(原発のコスト)》(2011)에서 원자력발전의 비용을 발전비용과 사회적 비용으로 나누었다. 발전비용은 자본비(건설비), 연료비, 운전·보수비를 포함한다. 사회적 비용은 사고리스크 대응비용 및 정책비용인데 원전사고비용, 추가적 안전대책비용, 기술개발비용, 입지대책비용을 포함한다. 원전은 초장기, 세대를 초월하는 백엔드(backend)비용이 있는데 사용후핵연료처리·처분, 폐지조치비용이 이에 포함되며, 이 백엔드비용은 발전비용과 사회적 비용에 모두 녹아난다고 한다.

　　여기서 원자력발전의 사회적 비용은 광의로 보면 직접비용(내부비용)과 외부비용을 모두 포함하며, 협의로 보면 직접비용에 반영되지 않은 외부비용을 의미한다고 볼 수 있다.

　　조성진(2015)에 의하면 국내 원전의 발전비용에는 건설비, 운전유지비, 연료비 등 직접비용과 지역자원시설세(1원/kWh) 및 R&D 비용(원자력연구개발기금 1.2원/kW, 지역협력사업비 0.25원/kWh) 및 사업자 지원 등 기타비용이 포함되어 있다. 원전의 발전비용은 외부비용 중 사고위험비용, 정책비용 및 사후처리비용 등을 내부화함으로써 외부비용을 대부분 직접비용에 포함하고 있다고 할 수 있다. 한편, 국내 중저준위의 방사성폐기물처리비용은 모두 발전비용에 포함하고 있으나, 고준위방폐물관리비용 항목은 포함하고 있지 않다. 현행 사용후핵연료 관리 총사업비는 '방사성폐기물법'에 의해 원전사업자에게 부과하고 있는데, 중간저장시설/지하연구시설/처분시설별로 각각 건설비, 운영비, 연구개발비 등으로 구성되어 있다. 그 총사업비는 현행 53조 3000억 원인데, 물량증가, 관리방식 변경, 연구용 지하연구시설 및 기술개발비 등을 현실화하여 총 64조 1000억 원 규모로 증액을 계획하고 있다. 하지만 고준위방사성폐기물의 사고위험에 따른 사고비용과 지역지원비용 및 환경모니터링비용 등은 직접비용에 포함되어 있지 않은 외부비용이라고 밝히고 있다.

4

원자력발전과 비용산정 방식

원자력의 발전원가는 과연 타당한가? 총괄원가방식의 문제점은 무엇인가? 원전과 다른 전원과 발전비용은 비교가 가능할까? 발전원가가 공개되지 않는 우리나라의 현실에서 일본의 사례를 통해 '값싼 원전발전단가'를 만들어내는 '꼼수'를 고발한다. 그리고 정확한 원전발전원가 시산을 위한 과제를 고민한다.

원전 발전원가문제를 어떻게 볼 것인가?

후쿠시마원전사고 이후 '안전신화'가 깨어졌음에도 우리나라 원전당국은 여전히 "기술적으로 절대 안전하다"는 말을 계속해왔다. 일반 국민들 사이에는 "원전은 위험하기는 하지만 그래도 원전이 아니면 어떻게 현재의 성장구조를 유지해나갈 수 있겠나?" 하는 말이 나오는 것처럼 여전히 '값싼 원전신화'는 살아있다. 후쿠시마참사 이후 원전에 대한 사회적 비용이 천문학적 수치로 올라가고 있음에도 불구하고 원전당국은 계속 원전의 발전원가*가 가장 싸다고 강조하고 있다. 과연 그럴까? 원전의 발전원가는 정말 제대로 계산된 것인가? 다른 발전원과 비교해서 정말 싼 것일까? 이제 '값싼 원전발전단가 신화'의 가면을 벗길 때가 온 것이다.

우선 원전의 발전원가는 얼마인가? 우리나라 원전의 발전원가와 관련한 일목요연한 자료는 찾아보기 어렵다.

한수원에 요청해 입수한 '2004년 이후 원전원가, 정산단가 현황(2018년 8월 현재)'은 〈표 4-1〉과 같다.

표 4-1 2004년 이후 우리나라 원전원가, 정산단가 현황(단위 : 원/kWh)

구분	2014	2015	2016	2017
원가(A)	47.14	49.58	53.98	53.37
판매단가(B)	54.88	62.52	67.91	60.68
차이(B-A)	7.74	12.94	13.93	7.31

출처: 한국수력원자력

* 원전의 발전원가 또는 발전단가는 같은 의미로 혼용되고 있다. 발전원가(原價)란 발전에 든 재화와 용역을 단위에 따라 계산한 가격으로 생산원가에 해당하며, 발전단가(單價)란 발전비용과 관련해 '한 단위'의 가격을 말한다. 발전원가가 좀 더 넓은 의미라 할 수 있다.

2017년 말 현재 kWh당 원전의 원가는 53.37원이고, 판매단가 (정산단가)는 60.68원이다.

최근 10여 년간 원전원가의 변화, 즉 상승추이는 〈표 4-2〉 와 같다.

표 4-2 최근 10여 년간 우리나라 원전원가의 상승추이(단위 : 원/kWh)

구분	'04	'05	'06	'07	'08	'09	'10	'11	'12	'13	'14	'15	'16	'17
원가	32.68	33.00	34.17	35.10	38.07	33.61	34.54	37.58	42.34	43.39	47.14	49.58	53.98	53.37

출처: 더불어민주당 박정 의원(2018년 국회 제출자료 기준)

다음은 한국전력공사 전력통계속보(2018년 제471호)에 공개된 발전원별 전력구입단가는 〈표 4-3〉과 같다. 이 발전원별 전력구입단 가는 한국전력공사가 전력구매가격으로 발전원별 원가에 마진이 포 함된 가격이다. 이것이 그나마 원전과 타전원을 비교할 수 있는 자료 이다. 세부항목에 대한 자료공개는 없다.

표 4-3 우리나라 발전원별 전력구입단가(단위 : 원/kWh)

구분	원자력	유연탄	무연탄	유류	LNG	복합	수력	양수
2014	54.96	63.35	91.18	220.97	164.00	160.63	160.89	171.83
2015	62.61	68.34	107.78	149.91	134.18	125.85	118.39	132.82
2016	68.03	73.84	88.57	110.27	125.01	99.12	87.01	106.35
2017	60.76	78.97	95.89	165.40	103.67	112.10	96.95	107.96

출처: 한국전력공사 전력통계속보 2018년 제471호

여기서는 그간 우리나라의 원전발전원가 연구의 흐름을 한 번 살펴보기로 하자.

허가형(2014.23)이 〈원자력 발전비용의 쟁점과 과제〉에서 제시한 '〈표 4-4〉 발전원별 계획발전원가'를 한 번 검토해보도록 하자. 〈표 4-4〉는 2013년 2월 발표된 제6차 전력수급기본계획에서 사용된 발전원별 발전비용이다. 가장 최근에 건설된 신형 발전소를 기준으로 균등화발전비용(LCOE)평가법을 적용하여 2012년 불변가를 기준으로 6%의 할인율과 90%의 이용률을 가정할 경우, 발전비용은 '원자력발전〈석탄화력〈가스화력'의 순으로 커진다는 것이다. 원전의 이용률을 90%로 잡고 있다는 사실에 주목하길 바란다. 1400MW급 원전의 발전비용은 kWh당 41.9원, 1400MW급 석탄발전이 61.9원, 800MW급 가스화력이 117.8원으로 직접비용만 고려한 계획발전원가로 볼 때 원전의 경제성이 가장 높은 것으로 나타났다는 것이다.

여기서 허가형은 〈표 4-4〉에 제시된 제6차 전력수급기본계획상 발전원가에는 2012년 말 개정된 방사성폐기물관리비 증가분이 누락됐다고 지적하고 있다.

표 4-4 발전원별 계획발전원가

	원자력			석탄(유연탄)			유류		가스복합	
	1000 MW	1400 MW	1500 MW	500 MW	800 MW	1000 MW	40 MW	100 MW	400 MW	800 MW
계획 발전원가 (원/kWh)	46.9	41.9	41.4	65.1	64.6	61.9	199.6	216.8	125.2	117.8
2013년 정산단가 (원/kWh)	39.03			58.84			221.7		160.76	

주: 1. 상기 수치는 2012년 초 불변가 기준으로 할인율 6%, 환율 1150/$ 적용하여 산정함.
  2. 이용률 90% 기준에서 산정함.
  3. 제6차 전력수급기본계획상 후보발전설비의 특성자료임.

출처: 산업통상자원부 제출자료, 전력통계정보시스템. 허가형, 원자력 발전비용의 쟁점과 과제, 2014.3, p.28에서 재인용.

원자력 발전비용은 사용후핵연료와 중저준위방사성폐기물에 대한 방사성폐기물관리비, 폐로처리비용을 포함해야 하는데 동 수치가 2012년 말 개정되어 큰 폭으로 상승했으나 반영되지 않았다는 사실을 밝히고 있다.

다음은 '제2차 에너지기본계획(2014.1)'에 나온 발전원별 단가이다. 2013년말 기준으로 원자력의 발전단가는 39.5원/kWh로 석탄, LNG발전에 비해 싼 것으로 〈표 4-5〉에 나와 있다. 여기는 원전 워킹그룹이 경제성 검토결과 사후처리비, 사고위험대응비용, 정책비용 등을 반영하여도 여전히 원전의 경제성은 높은 것으로 평가되고 있다고 주를 달아놓았다.

표 4-5 발전원별 단가(2012)

구 분	원자력	석 탄	LNG
원/kWh	39.5	66.25	168.1

주: 원전 워킹그룹의 경제성 검토결과 사후처리비, 사고위험대응비용, 정책비용 등을 반영하여도 여전히 원전의 경제성은 높은 것으로 평가.

출처: 제2차 에너지기본계획, 산업통상자원부, 2014.1. p.40

〈표 4-6〉에서는 원전의 경제성 검토결과를 6차 전력수급기본계획상 이용률에 따른 발전비용, '사후처리비용+사고위험대응 추정값+정책비용' 등 외부비용을 포함한 경우의 발전비용을 비교해놓았다. 6차 전력수급기본계획상 이용률을 100만kW(1000MW) 규모 원전을 기준으로 90%로 가정했을 때 1kWh당 발전원가가 47.08원이 나왔으나 80%의 경우 52.51원, 70%의 경우 59.50원, 60%의 경우 68.81원이라는 것이다. 이용률이 60%라고 가정할 경우 석탄의 66.25원보다

표 4-6 원전의 경제성 검토결과(원전 워킹그룹)

6차 전력수급기본계획상의 원전의 발전비용

이용률(%)	원자력 100만kW	원자력 140만kW
60	68.81	61.26
70	59.50	53.03
80	52.51	46.86
90	47.08	42.06

개정된 사후처리비용 반영 시

이용률(%)	원자력 100만kW	원자력 140만kW
60	70.43 (+1.62)	62.69 (+1.43)
70	60.88 (+1.38)	54.26 (+1.23)
80	53.72 (+1.21)	47.93 (+1.07)
90	48.15 (+1.08)	43.02 (+0.95)

사후처리비용 + 사고위험대응비용 추정값 + 정책비용 등

이용률(%)	원자력 100만kW	원자력 140만kW
60	72.23 - 76.18	64.49 - 68.44
70	62.68 - 66.63	56.06 - 60.01
80	55.52 - 59.47	49.73 - 53.68
90	49.95 - 53.90	44.82 - 48.77

결론

주: 1. 이용률 80%에서 원전의 경제성은 유지되는 것으로 평가
　　 2. 석탄, 가스 등 다른 전원의 외부비용(온실가스 감축 등) 반영 시 원전의 경제성은 보다 강화
출처: 제2차 에너지기본계획, 산업통상자원부, 2014.1. p.41.

오히려 비싸게 나왔다는 사실이다. 그리고 개정된 사후처리비용
반영 시에도 100만kW 규모 기준으로 이용률이 90%일 때는 48.15원
이지만 60%일 때는 70.43원으로 차이가 많이 난다. 또한 '사후처리
비용+사고위험대응 추정값+정책비용' 등 외부비용을 포함한 경우
100만kW 규모 기준으로 이용률 90%인 경우 49.95~53.90원, 60%인

경우 72.23~76.18원으로 차이가 난다. 그런데 공통적인 것은 이용률을 90%로 가정할 경우 현재 산업부가 제시하는 원전 발전단가나 '개정된 사후처리비용 반영' 또는 '사후처리비용+사고위험대응 추정값+정책비용 등 반영'의 경우가 3~6원 정도밖에 차이가 없다.

여기서 외부비용 반영값이 미미한 것은 물론이거니와 무엇보다 원전 특성상 이용률을 높일 경우 발전단가는 당연히 싸질 수밖에 없는 점을 보이고 있다는 것이다. 여기서 이용률 80%에서 원전의 경제성은 유지되는 것으로 평가된다고 결론을 내리고 있다. 이는 달리 말하면 이용률이 80% 미만일 경우 원전의 경제성이 없다는 사실을 반증하고 있다. 이 자료에는 외부비용을 얼마로 잡았는지는 나와 있지 않아 원자력발전에 외부비용이 적절하게 반영되었는지는 알 수 없다는 사실이다.

허가형(2014)은 정부가 2013년 수립한 제6차 전력수급기본계획의 계획발전단가는 kWh당 원자력 41.4원, 석탄화력 61.9원, 가스복합화력 117.8원으로 직접비용으로 비교 시 원자력발전은 상당히 경제적이지만 동 비용은 발전원별 외부비용에 대해서는 충분히 고려하지 않았다는 것을 지적하고 있다. 직접비용은 발전사업자가 부담하는 반면 외부비용은 우리 사회 구성원 전부가 부담하는 비용이라는 점에서 직접비용과 외부비용을 합한 발전원별 사회적 비용의 규모를 추산할 필요가 있다는 것이다.

그는 결론으로 원자력발전은 중대사고 발생에 대한 우려, 사용후핵연료의 처분방식과 입지, 대규모 송전선로의 이용, 안전규제 수준, 미래세대의 국토이용 제한과 같은 사회적 갈등을 유발할 수 있는 비용을 상당부분 반영하지 않은 측면이 있으며, 동 비용에 따라 원자력발전의 지속가능성이 달라질 수 있다고 밝히고 있다. 문제는 정부가 전력수급기본계획과 에너지기본계획을 수립하는 과정에서 발전원별 직접비용을 산정하고 있으나 이를 공식적으로 발표하고 있지 않다는 사실이다. 정부는 우리나라의 역대 원자력발전의 발전비용을 공식적으로 발표하지 않는다. 에너지기본계획과 전력수급기본계획을 수립할 때 내부참고용으로 관련 자료를 산출하고 있을 뿐이다(허가형, p.107).

이창훈 외(2013.12)도 우리나라 원자력발전의 사적 비용을 정확하게 산정하기 위해서는 원자력발전사업자인 한수원의 비용 데이터의 분석이 필요하나, 이에 대한 정보는 사업상의 비밀로 미공개되어 있다고 밝히고 있다. 이창훈 외는 사적 비용의 경우 한수원(주)의 내부자료를 활용할 수 없어, 공개된 자료에 기반하여 산정하였는데 기업 비용자료는 기업경쟁력을 드러내는 비밀자료이기는 하나, 한수원이 공기업이며, 또 원자력비용에 대한 사회적 논란이 매우 큰 상황임을 고려할 때, 내부 비용자료의 적극적인 공개가 필요하며 내부자료를 활용할 수 있을 경우, 좀 더 정확한 균등화원가의 산정 및 전망이 가능하다고 지적하고 있다. 이 말을 달리 해석하면 한수원 측의 자료 미공개로 실질적으로 정확한 사적 비용의 검증조차 불가능하다는 것이다. 이들은 원자력발전의 사적 비용을 원자력발전사업자가 원전 건설 및 운영을 위해 지불하는 비용으로 규정하고 건설비용, 연료주기비용, 운전 및 유지비용, 원전해체비용으로 나누고 있다.

정연미(2014)는 핵발전의 현재 발전원가가 47.9원/kWh로 가장 싼 것은 결국 핵발전의 낮은 단가를 유지하기 위한 보이지 않는 비용이 있다는 의미라며 핵발전의 사회적 비용을 고려하지 않은 채 현재 취합가능한 자료에 기반해 핵발전의 발전단가를 다시 계산하더라도 한국에서 핵발전비용은 가장 저렴한 수치로 도출될 가능성이 높다고 지적하고 있다. 그는 한국의 핵발전 발전단가가 세계에서 가장 낮은 수준을 유지할 수 있는 것은 공공부문 자본조달과 운영, 낮은 기자재 구입비와 건설비, 발전부지 집중, 정비기간 단축, 현장인원 감축, 끊임없는 핵발전비리, 간소화된 인허가 절차, 낮은 핵발전 안전문화, 송전선 확장, 노후화된 핵발전소의 수명연장, 환경문제, 사회적 갈등 등 핵발전 비용에 포함되지 않은 많은 사회적 비용을 누락하고 있기 때문이라는 것이다.

이런 점에서 볼 때 우리나라는 원자력발전의 발전단가는 주로 사적 비용을 중심으로 계산을 하고 있으며, 그것도 명확한 자료공개 없이 전체 수치만 일반에게 공개되고 있음을 알 수 있다. 문제는 이러한 명확한 근거가 없는 원전 발전단가가 일반 국민에게 "원전 발전단가가 다른 전력에 비해 훨씬 싸다"고 광범위하게 홍보되고 통용되고 있다는 사실이다.

표 4-7 발전원별 비율 및 단가(2013년 말 기준)

	수력	석탄	유류	가스	원자력	기타
설비용량	7.4%	28.2%	5.6%	27.4%	23.8%	7.6%
발전량	1.7%	38.8%	3.1%	24.6%	27.0%	4.8%
발전단가 (원/kWh)	170.9	(석탄) 58.9원	(중유) 221.7원	(LNG) 215.3원	39.1*	

* 원자력 발전단가는 원전폐로비용 및 중저준위폐기물 및 사용후핵연료 처분비 등 원전 사후처리 비용을 포함한 금액임.

출처: 사용후핵연료공론화 울산토론회, 한수원 팀장 발표 PPT, 2014.10.31.

그러한 예를 한수원 측의 발표자료에서 쉽게 볼 수 있다. 〈표 4-7〉은 한수원 측이 공개자료로 밝힌 발전원별 비율 및 단가이다.

여기서 원자력발전의 발전단가는 kWh당 39.1원으로 나와 있으나 정확한 출처를 밝히지 않아 정확하게 알 수는 없지만 산업통산자원부 제출자료인 2013년 정산단가와 가장 유사하다. 문제는 사적 비용으로 볼 수밖에 없는 발전단가 39.1원에 '원전폐로비용 및 중저준위폐기물 및 사용후핵연료 처분비 등 원전사후처리비용을 포함한 금액'이라고 주를 달아놓았다는 점이다. 이러한 내용이 일반 시민들에게는 '발전원별로 원전이 가장 싸다'는 잘못된 믿음을 심어줄 수 있다.

이러한 점에서 우선 우리나라 원자력발전의 발전원가 계산에 있어서의 가장 문제점은 다음과 같다.

첫째, 우리나라 원자력발전의 발전비용은 한수원이 공표한 단가 외에는 알 수 없다. 둘째, 한수원의 원자력 발전단가 계산의 정확한 근거가 빠져 있다. 따라서 전체적인 발전비용의 내역을 파악할 수 없게 돼 있다. 셋째, 정확하지도 않은 원자력 발전단가를 한수원이나 정부가 무책임하게 대중에게 홍보해왔다는 것이다.

'값싼 원전 발전단가'는 어떻게 만들어지고 있는가?

일본의 방법을 답습한 우리나라의 원전 발전단가 계산법

원자력발전의 발전비용과 전원별 발전비용 원가계산과 관련된 국내 자료가 제대로 공개되지 않은 상태여서 원전의 발전원가를 정확히 계산하기는 매우 어렵다. 따라서 우리나라 원전의 발전원가의 문제점을 지적하기 위해서는 우리나라가 주로 참고해 왔던 일본의 원자력발전의 발전원가에 대한 문제점에 관련 연구를 통해 간접적으로 우리나라 원자력발전 원가계산의 문제점을 지적하고자 한다.

엔슈 히로미(遠州尋美) 오사카경제대학 교수가 펴낸《저탄소사회로의 선택: 원자력에서 재생가능에너지로(低炭素社会への選択−原子力から再生可能エネルギーへ)》(2009)에 소개된 일본 사례를 통해 논리적으로 이해해나갈 수밖에 없을 것 같다. '일본의 경우 1980년 중반부터 다양한 입장에서 원전의 발전원가 시산이 시도됐지만 확실한 것은 없다. 1985년경 간사이전력이 대략 발전원가를 공표했는데 시산근거가 불분명하지만 수력이 kW당 21엔, 원전이 13엔, 석유화력 11엔, LNG화력 9엔, 석탄화력 10엔이었다는 것이다. 1992년 일본 정부(통산성)가 시산결과를 최초로 공표했는데 출력 110만kW 원전 4기, 가동률 70%, 법정내용연수 16년 운전을 가정했을 때 kWh당 9엔으로 LNG화력과 동일하며, 수력 13엔, 석유화력 11엔, 석탄화력 10엔이었다. 1999년 12월 통산성은 재차 시산을 공표했는데 운전기간을 40년으로 높이고, 가동률도 80%로 잡았다. 출력 130만kW라는 대규모 발전소를 40년간 풀가동시키는 조건으로 5.9엔/kWh으로 공표했는데 이후 일본 정부나 전력회사 모두 원전이 가장 싸다고 대대적 선전하기 시작했다는 것이다.

그런데 진짜 발전비용은 누구도 모른다고 말한다. 2000년 5월 일본 '지구환경과 대기오염을 생각하는 전국시민회의(CASA)'가 전문가에 의뢰해 1989−98년 90개 전력회사의 유가증권보고서 재무

자료에서 원전 운전 관련 경비를 바탕으로 발전량 구하는 방식으로 시산한 결과 원전은 통산성 발표비용의 배에 이르는 10.3~10.6엔/kWh, 수력 9.6엔, LNG 및 석탄화력은 모두 9.3엔으로 나타나 실적치로 원전이 가장 비싸다는 결론이 나왔다. 2003년 12월 일본 전기사업연합회의 시산 결과는 가동률 80%에 법정내용연수(16년) 경우 원전 7.3엔/kWh, LNG 화력 7.0엔, 석탄화력 7.2엔, 석유화력 12.2엔, 수력 10.6엔으로 나왔고 40년 가동 가정 시 원전 5.3엔/kWh, LNG 화력 6.2엔, 석탄화력 5.7엔, 석유화력 10.7엔, 수력 11.9엔으로 나왔는데 이에 대한 근거 데이터나 시산식 등은 제대로 공개하지 않았다. 결국 원전의 경우 가동률이 높으면 비용이 내려가고, 신설 원자로를 이상적인 조건에서 운영한다고 가정하면 비용이 내려가지만 현실은 그렇지만은 않다는 것이다.

일본 정부의 시산에 문제점이 많다는 지적이 계속 돼왔다. 통산성 시산의 원전 5.9엔/kWh의 내역은 자본비 2.3엔, 운전유지비 1.9엔, 연료비 1.7엔이지만 특히 연료비는 채굴에서 가공, 재처리, 폐기물처리비용을 포함했다고 하나 전문가들은 신뢰하지 않는다. 2002년 6월 원전 관련 전문잡지가 이를 지적했는데 재처리비용 산정근거가 모호하며, 적절한 수선비가 포함돼 있지 않고, 재처리공장의 해체처리비용이 포함돼 있지 않는 문제가 있다고 지적했고 그해 당시 일본 민주당 의원이 자료요청을 했는데 산정근거에 원전당국이 검은 칠을 해 보내 물의를 빚은 적이 있다. 또한 원전은 24시간 가동중지를 할 수 없기에 원전 가동률을 높이려면 야간전력의 소비촉진이 필요한데 이를 위해 양수발전소를 건설해 가동하는데 이에 대한 발전원가가 매우 높지만 전력회사는 이에 대해 일절 공표하고 있지 않다는 것이다.

〈표 4-8〉은 일본의 전력 발전원가의 시산결과를 비교한 것
이다.

표 4-8 일본 전력 발전원가의 시산결과 비교

발표시기	1985년	1985년	1992년	1999년	2000년	2003년	
발표주체	시민에너지백서 (논문)	간사이 전력	통산성	통산성	환경시민회의 (CASA)	전기사업연합회	
시산조건	건설단가 상승률 5%(엔/kWh)	불명	운전기간 법정내용 연수(원전 16년)	원전내용 연수 40년, 가동률 80%	1989~98년 전력회사 유가증권보고서 활용	운전기간 법정내용 연수(16년)	40년 운전 가동률 80%
수력	24.1	21	13.0	13.6	9.6	10.6	11.9
석유화학	17.0	17	11.0	10.2	9.3	12.2	10.7
LNG화력	19.4	17	9.0	6.4	9.3	7.0	6.2
석탄화력	15.3	14	10.0	6.5	9.3	7.2	5.7
원자력	13.1	13	9.0	5.9	10.4	7.3	5.3

출처: 일본 전력노동운동 긴키센터(2007)

게다가 원전의 경우 폐로비용과 이후 관리비용, 핵쓰레기처리
비용을 감안하면 엄청난 국고를 낭비하는 요인이 되고 있으며 이러
한 것이 반영되면 오히려 재생에너지, 친환경에너지분야의 시장성이
높아진다고 일본 학자들은 말한다.

일본의 전원별 발전원가 '꼼수 시산' 분석

우리나라와 마찬가지로 원전이 가장 안전하고 싼 에너지라고

선전해온 나라가 있다. 바로 일본이다. 그런데 일본의 일부 진보적인 학자들은 일본의 원전비용계산에는 몇 가지 '꼼수'가 있다고 밝히고 있다.

오시마 겐이치는 《원전의 비용》(2011)에서 일본 자원에너지청이 모델원자로를 상정해 계산하여 원전비용이 kWh당 5~6엔이라고 공표해왔지만 일본 경제산업성 자원에너지청의 발전원가 계산에 포함돼 있지 않는 비용에 대해 다음과 같은 몇 가지 문제점을 지적한다.

첫째, 약 1200억 엔의 전원대책비용(입지 지자체에 교부되는 전원3법교부금이 중심), 약 3000억 엔에 이르는 개발비 등 매년 세금으로 충당하는 분은 포함되어 있지 않다.

둘째, 원전의 가동률을 70~85%로 계산하고 있지만 지금까지도 거듭되는 사고은폐가 일어나 가동률은 절반 정도로 떨어지고 있다. 일본의 경우 후쿠시마사고 이후는 54기 원전 중 16기만 영업운전을 하고 있어 2011년 7월의 가동률은 30%대에 불과하다. 원전은 가동률이 떨어지면 떨어질수록 비용이 높아진다.

셋째, 세계적으로 원전건설 붐은 1980년대 중반에 끝났다고 할 수 있다. 1986년 체르노빌사고를 계기로 안전기준이 높아져 원전비용이 높아졌기 때문이다. 일본은 지진이 빈발함에도 불구하고 원전의 안전내진성이나 쓰나미 예측 등에 관한 안전기준이 낮았고 특히 사고은폐 자료날조가 반복돼도 원자력안전위원회 및 원자력안전보안원이 이에 대해 엄격한 규제가 없었다. 만약 안전기준을 높여 필요한 안전투자를 한다면 안전대책비용은 거액으로 상승해 건설비용을 크게 압박하게 된다. 이것도 원자력발전 비용에는 포함돼 있지 않다.

넷째, 사용후핵연료처리비용에 관해서는 일부(롯카쇼무라 재처리공장 비용)밖에 포함돼 있지 않다. 선진 국가에서는 기술적인 전망이 보이지 않고 비용이 너무 높아 포기한 사용후핵연료 재처리정책을 일본이 택하고 있는데 이는 실패라고 할 수 있다. 핵폐기물을 최종 처분할 시설이 없음에도 계속 원전을 신설하고 있는 현상은 연금이나 재정적자와 마찬가지로 부담을 장래로 미루고 있는 형국이다. 장래에 걸친 핵폐기물처리비용을 넣으면 계산불능일 정도의 비용이 들어감에도 불구하고 이러한 원전의 발전비용에는 거의 포함되고 있지 않다.

다섯째, 폐로비용도 일부만 들어가 있다. 후쿠시마원전사고 이전에 행해진 것이지만 사고를 일으켜 노심용융된 후쿠시마원전을 폐로하는 데는 수십 년이 필요하며 얼마나 돈이 들지를 알 수 없다.

여섯째, 만일 후쿠시마원전과 같이 사고를 일으킨 경우에는 배상비용이 든다. 원자력안전보안원에 따르면 후쿠시마원전사고로 방출된 방사성물질은 77만TBq로 체르노빌사고의 약 1할이라고 한다. 체르노빌사고의 방사량은 520만~1400만TBq로 추산되며, 히로시마형원폭 약 200개분에 해당한다고 생각하면 실은 후쿠시마원전사고는 히로시마형원폭 20개분의 방사성 물질을 확산시킨 것이 된다. 후쿠시마사고의 경우 농림수산업에 미치는 피해, 토양오염의 제거에 관한 배상비용은 막대한 금액이 될 것으로 예상되지만 현 단계는 정확하게 예측을 할 수 없다는 것이다.

구마모토 가즈키(熊本一規)는 《탈원전의 경제학(脱原發の経済

学)》(2011)에서 일본 자원에너지청이 1980년경부터 실시해온 전원별 발전원가의 모델시산은 한마디로 요약하면 '원전 전기가 가장 싸다'는 것을 이끌어내기 위한 '꼼수(カラクリ)'였다고 폭로하고 있다. 그 꼼수는 '동일한 높은 설비이용률'과 '산정방식의 변경(산정대상기간의 확대)'이라는 것이다. 이를 요약 정리하면 다음과 같다.

1984년 전원별 발전원가 모델시산의 조작

경제통산성이나 전력회사가 '원전전기가 가장 싸다'고 하는 근거는 1980년경부터 자원에너지청에 의해 발표되고 있는 전원별 발전원가의 모델시산이다. 1984년에 발표된 모델시산은 〈표 4-9〉와 같다.

표 4-9 전원별 발전원가에 관해(1984년도 운전개시 기초)

	건설단가(kW당)	송전단 발전원가(kW당)	
		연료비	비율
일반수력	63만 엔 정도	21엔 정도	
석유화력	14만 엔 정도	17엔 정도	75% 정도
석탄화력	24만 엔 정도	14엔 정도	40% 정도
LNG화력	19만 엔 정도	17엔 정도	65% 정도
원자력	31만 엔 정도	13엔 정도	25% 정도

주: 1. 발전원가는 1984년 전후로 운전개시한, 또는 운전개시 예정인 발전소를 참고로 모델적인 플랜트를 상정해 시산한 것임.
2. 이용률은 70%(수력은 45%)를 전제로 함.
3. 가격은 운전개시 첫 년도 시점가격임.
4. 모델 플랜트는 다음과 같이 상정함.
　　일반수력(댐·수로식)　　1~4만kW급
　　석유화력　　　　　　　60만kW급 4기
　　석탄화력　　　　　　　60만kW급 4기(해외탄 사용)
　　LNG화력　　　　　　　60만kW급 4기
　　원자력　　　　　　　　110만kW급 4기

출처: 일본 자원에너지청, 1984.11.

구마모토 교수는 당시 요시다 참의원의 의뢰를 받아 1984년 모델시산에 관한 비판을 작성해 요시다 의원이 국회에서 질문하도록 하였다. 발전원가의 구성항목은 다음 5가지로 작성되는데 ①건설비의 감가상각비, ②사업보수, ③고정자산세, ④제 경비(인건비, 수선비 등의 유지관리비), ⑤연료비인데 이중 ①~③을 총칭해 '자본비'라고 한다.

석탄화력 $f(a)=(6.70+1.60)\times0.7/a+5.6=5.81/a+5.6$

원자력 $g(a)=(8.27+1.80+3.25)\times0.7/a=9.324/a$

$f(a)$, $g(a)$를 그래프로 나타내면 〈그림 4-1〉과 같다.

동일한 설비이용률로 비교한 경우, 설비이용률 63% 미만에서

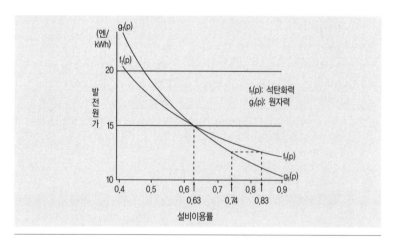

그림 4-1 설비이용률과 발전원가(운전개시 첫해)

출처: 熊本一規, 脫原發の経済学, 綠風出版, 2011. p.87.

는 석탄화력 쪽이 싸고, 63%를 상회하면 원자력 쪽이 싸게 된다. 그러나 실제로 화력은 이미 기술적으로 완성돼 있고, 100만kW급 대형 석탄화력의 설비이용률은 정기점검(12개월 중 2개월)에 의한 감소분만으로 약 83%를 확보하고 있지만 일본의 경우 원자력은 당시 최근 5개년 평균이 약 63%였다는 것이다.

석탄화력의 설비이용률 83%의 발전원가에 대항하기 위해서는 원자력은 설비이용률 74%를 확보하지 않으면 안 되지만 실제로는 63%밖에 되지 않기에 설비이용률 실태에 바탕을 두면 석탄화력 쪽이 싸진다. 따라서 1984년 모델시산에 있어서는 '동일한 설비이용률 70%'를 전제로 함으로써 '원전전기가 가장 싸다'고 하는 결론을 도출했지만 설비이용률의 실태에 바탕을 두면 석탄화력 쪽이 싼 것이었다.

주된 조작은 '동일한 설비이용률 70%'에 있었다는 것이다. 참고로 전력부하의 3종 가운데 '베이스로드(base-load, 기저부하)'에 할당된 전원은 높은 설비이용률을 실현하고, '피크로드(peak-load, 첨두부하)'에 할당된 전원은 출력조정 결과, 각각 낮은 설비이용률, 중정도의 설비이용률이 된다. 이 점에서 베이스로드에는 원자력, '미들로드(middle-load, 중간부하)'에는 석탄화력, 피크로드에는 석유화력을 할당하면 가장 싼 전력이 실현된다. 이것을 베스트믹스(best-mix)론이라고 한다. 요약하면 가장 싼 전원은 설비이용률의 크기 여하에 달라진다. '원자력 전기가 가장 싸다'고 하는 것은 각종 전원 간에 '동일한 높은 설비이용률'에서 발전할 것, 원자력 또한 그 설비이용률을 달성할 것을 조건으로 해 비로소 성립되는 것이며 그들 조건을 충족시키지 못하는 경우에는 성립되지 않는다는 사실이다.

1985년 모델시산의 꼼수

1984년 모델시산은 발전소가 운전 개시한 첫 년도의 발전원가에 의한 모델시산이었다. 그런데 다음해인 1985년 모델시산은 '첫년도발전원가'와 '내용년(耐用年)발전원가'의 2가지 표를 병렬함과 동시에 '내용년발전원가'에서는 '연료가격상승률'이 실질 1%/년과 실질 2%/년의 2가지 경우를 상정하였다는 것이다. 내용년발전원가란 법정내용년수(화력 15년, 원자력 16년)간의 평균 발전원가를 말한다. 내용년발전원가는 법정내용년에 기초해 현재가치환산수지등가법(OECD채용방법에 준거)에 의한다고 돼 있지만 이는 다른 연도의 지출(비용)이나 수입(매전수입)을 현재가치로 할인한 뒤에 지출과 수입이 일치하도록 발전원가를 결정한다는 수법이다. 현재가치로 할인하기 위해서는 할인율이 사용되지만(할인율 5%의 경우 1년 뒤의 105만 원은 현재가치 100만 원이 된다) 1985년 모델시산에서는 할인율을 얼마로 잡았는지는 명기돼 있지 않다는 것이다. 건축비 등의 고정자산은 감가상각에 의해 매년 감소해 법정내용년수 뒤에는 잔존가액만 남는다. 따라서 산정대상기간을 첫 년도부터 내용년으로 변경하면 고정비가 차지하는 비율이 보다 큰 원전 쪽이 화력보다 유리하게 된다.

전원별 발전원가의 모델시산은 1984년도까지 매년, 운전개시첫년도방식으로 발표됐는데 1985년의 모델시산에서 2가지 산정방식이 병렬된 것은 운전개시첫년도방식에서는 석탄화력이 원자력보다도 싸게 되는 것이 예측됐기 때문일 것이라는 것이다. 그런 이유로 산정방식을 병렬할 뿐만 아니라 연료가격상승률까지 도입해 연료가격상승률의 숫자를 조작함으로써 '원자력이 가장 싸다'고 하는 산정

결과를 이후에도 이어가도록 준비했다고 볼 수 있다는 것이다. 이는 1984년도 모델시산에 대해 '실현가능한 설비이용률에 바탕을 두면 석탄화력이 원자력보다도 싸게 된다'는 것을 지적한 요시다 마사오 의원의 질문이 시산방식을 바꾼 하나의 계기가 됐을 가능성도 있다고 구마모토 교수는 지적했다.

1986년~1999년 모델시산의 꼼수

1986부터는 첫년도원가방식은 전혀 발표되지 않게 됐다. 또 모델시산의 발표도 매년이 아니라 7년에 한 번 정도의 빈도로 행해지게 됐다는 것이다. 1999년 시산에서는 산정방식이 다시 운전연수균등화발전원가(LCOE)방식으로 변경됐다. 이는 산정대상기간을 법정내용년수에서 기술적내용년수(원자력·화력 모두 40년)로 늘려 40년간의 평균비용을 산출하는 방식이다. 이 경우에도 내용년발전원가방식과 마찬가지로 할인율을 사용해 40년간의 지출과 수입을 현재가치로 할인한 뒤 양쪽이 일치하도록 발전원가를 산출한다. 산정대상기간이 40년으로 늘어나도 고정자산이 법정내용년 사이에 상각되는 것은 변화가 없다. 따라서 원자력의 경우 운전개시 후 16년 후에 잔존가격 10%가 되고, 그 뒤 24년간 계속 10% 그대로이다. 따라서 운전년수균등화발전원가방식으로 변경하는 것 또한 고정비 비율이 높은 원자력에 유리한 변경이다.

운전개시첫년도에서 내용년으로, 다시 법정내용년에서 기술적내용년으로 간다고 하는 2차례의 산정방식 변경에서 보듯이 모델시산은 그때까지의 산정방식에서 '원전 전기가 가장 싸다'는 것이 위험해지면 보다 원자력에 유리한 산정방식으로 변경해 '원전 전기가 가장 싸다'는 것을 계속 유지하기 위한 노력이었다. '원전 전기가 가장 싸다'는 것을 끌어내기 위한 꼼수로 '똑같이 높은 설비이용률'과 '산정방식의 변경(산정대상기간의 확대)'을 채택했다는 것이다. 발전원가 모델시산에서 백엔드비용이 포함되게 된 것은 1992년부터이다.* 그러나 1992년 시산에서는 '원자력의 발전원가에는 핵연료사이클, 폐로관계, 방사성폐기물처리처분 등의 관련비용을 포함했다', '원자연료에 관해서는 해외농축, 국내가공, 해외재처리, 해외MOX가공의 연료사이클을 가정해 시산했다'라고 주만 달아놓았을 뿐 백엔드비용의 액수조차도 명확하게 돼 있지 않았다. 1999년 시산에서는 핵연료사이클비용으로 제시가 됐지만 금액과 대략의 내역만 있을 뿐 산정근거는 또 다시 불명확했다고 지적한다.

2004년 모델 시산의 꼼수

2004년에 발표된 최신 모델시산은 산정대상기간을 법정내용년수와 기술적내용년수 양쪽, 설비이용률 70~80% 등, 할인율 0~4%라는 등 조건을 다양하게 변화시켜 다양한 발전원가를 산출해 전원별 비교를 복잡하고 곤란하게 만들고 있다. 다만 정부나 전력회사는 다양한 경우 가운데 기술적내용년수(40년), 설비이용률 80%, 할인율 3%의 경우에 바탕을 두어 '원전 전기가 가장 *싸다*'고 선전하고 있다는 것이다.

그러나 산정방식이나 연수(年數), 할인율 또는 연료상승률 등

---

* 핵연료사이클 가운데 우라늄의 채광에서 성형가공까지의 공정을 프론트엔드, 원자로 내에서의 연소 이후 사용후핵연료의 재처리 및 방사성폐기물의 처리처분, 재처리시설의 폐지에 관한 공정을 백엔드라고 하는데 백엔드에 필요한 비용을 백엔드비용이라고 한다.

을 어떻게 바꾼다고 해도 그것은 고정비나 가변비의 크기를 바꾸는 데 불과하다. 고정비를 가변비로 바꾸거나 가변비를 고정비로 바꾸거나 하는 경우는 없다. 화력발전의 기술은 1984년 당시에 비해 훨씬 진척돼 현재 화력발전의 정기점검은 2년에 2~3개월로 돼 있다. 따라서 100만kW급 화력의 설비이용률은 적어도 87.5%를 실현할 수 있다. 한편 일본 원전의 설비이용률은 2010년까지 10개년 평균 67.8%, 5개년 평균 64.7%인 것으로 나타났다는 것이다. 실현가능한 설비이용률에 기초하면 원자력보다 석탄화력이나 LNG화력 쪽이 싸게 되는 것이다. 이처럼 '원전 전기가 가장 싸다'고 하는 것은 그러한 조작을 더한 시산이 행해진 결론이다. 즉 실현가능한 설비이용률에 기초하면 석탄화력이 단연 싸고, 이어서 LNG화력이 원전보다 조금 더 싼 것이기에 '원전 전기가 가장 싸다'는 것은 잘못된 것이라고 지적한다.

또한 2004년 시산에서는 전기사업연합회 작성의 산정근거가 제시됐다. 그에 따르면 백엔드사업이 상정한 스케줄에서 백엔드비용은 발전개시로부터 8~80년 후에 발생하는 것으로 보고 있다. 백엔드비용을 시간에 포함시키게 된 것은 "백엔드를 포함하지 않고 원자력의 발전원가를 작게 하고 있다"는 비판에 대응한 것이라고 볼 수 있는데 백엔드비용을 포함한 것이라고 해도 이는 발전개시로부터 8~80년 후에 발생하는 비용이기 때문에 할인율에 의해 금액을 작게 억제하고 있다는 것을 알 수 있다. 게다가 과거 백엔드비용은 수십 년간에 끝나는 성질의 것이 아니다. 사용후핵연료에 포함되는 플루토늄의 반감기가 2만 4000년이며, 10만 년이 지나도 플루토늄의 방사능은 16분의 1정도로 줄어들 뿐이다. 10만 년이 지났다고 해서

생물에게 안전한 것은 아니다. 잔존하는 플루토늄의 방사능을 고려하면 '10만 년의 관리'는 고준위방사성폐기물을 만들어내는 사람의 최소한의 의무에 불과하다.

그런데 일본에서는 아직 고준위방사성폐기물처분장을 확보해놓지 않았음에도 불과 수십 년 정도의 백엔드비용을 계산하는 것만으로 '원전 전기가 가장 싸다'고 선전하는 것은 거짓말이라는 것이다. '10만 년의 관리'에 기초하면 물론 2004년 모델 시산의 백엔드비용을 설령 인정한 경우에도 실현가능한 설비이용률에 기초하면 석탄화력이나 LNG화력 쪽이 원자력보다 싸다고 구마모토 교수는 주장한다.

오시마 겐이치 교수 또한 '실적치'에 기반을 둬 계산을 다시하면 원자력발전 비용이 가장 비싸다고 강조한다. 오시마는 원전에 드는 비용을 ①발전에 직접 필요한 비용(연료비, 감가상각비, 보수비용 등), ②백엔드비용(방사성폐기물비용 및 폐로비용), ③국가로부터의 자금투입(개발비용, 입지비용), ④사고에 따른 피해와 피해보상비용으로 나눠 ①~③에 관해 상세히 검토해 전원마다 '총단가'를 내고 있다. 이에 따르면 1970~2007년 원자력발전의 총단가는 kWh당 10.68엔이다. 또 원전은 출력조정이 되지 않기에 수요가 적은 야간에 남는 전력을 이용해 물을 뽑아 올려 저수해 주간에 발전하는 양수발전 비용을 더한 '원자력+양수'의 총단가는 12.23엔이 된다. 이에 대해 화력은 9.90엔, 수력은 7.26엔, 일반수력은 3.98엔이 된다. 따라서 일본 자원에너지청이 모델플랜트를 상정해 계산한 원전비용 kWh당 5~6엔은 엉터리라는 것이다. 더욱이 오시마는 자신의 재계산에서도 ②백엔드비용(핵연료사이클과 방사성폐기물처리비용)은 과소평가되어 있기에 실제 원전비용은 훨씬 높다고 주장하고 있다.

우리나라 원자력발전 원가시산의 문제점

이용률과 내용연수에 관하여

우리나라의 경우 이명박 정부 때부터 원자력발전의 경제성이 최근 급격히 높아진 것으로 나타났다. 석탄화력의 발전비용은 원자력발전대비 1992년에는 133%였지만, 2005년에는 102%로 차이가 크게 줄었다. 2000년 중반에는 석탄화력과 원자력발전비용의 차이가 거의 없었다. 그런데 2010년에는 원자력발전대비 발전비용이 217%로 높아졌다. 가스화력도 1998년에는 원자력발전비용과 차이가 138% 수준이었으나 2010년에는 291%로 크게 높아졌다. 즉 화력발전대비 원자력발전의 경제성은 최근 들어 크게 높아진 것이다. 화력발전은 연료비의 비중이 높기 때문에 연료비의 등락에 따라 직접비용에 따른 발전비용이 변동한다. 따라서 연료비의 변동이 적은 원자력발전의 경제성이 최근 높아진 것이다.

그런데 국제에너지기구(IEA)의 발전원별 발전비용을 연도별로 비교하는 것은 세심한 주의가 필요하다고 허가형은 지적한다. 연도별 균등화비용을 산출하는 기준이 다르기 때문이다. 예를 들어 1998년도에는 발전소의 이용률을 당시 기저발전소의 평균 이용률을 적용하여 75%로 산정한 반면 2005년과 2010년에는 이용률을 높여 85%로 적용한 것이다. 이용률이 높아질수록 동일한 설비투자비로 더 많은 전력을 생산할 수 있으므로 설비투자비가 높은 발전원의 발전비용이 낮아지는 것은 당연하다. T. 프라이스(1987)은 1987

년 미국에서 가장 높았던 원자력발전소의 이용률이 90%였지만 전체 평균 이용률은 겨우 60%였으며 같은 해 핀란드의 경우는 91%, 스위스는 84%, 그리고 일본은 79%였다고 밝히고 있다. 반면에 가스화력과 같이 연료비의 비중이 큰 발전소는 이용률과 발전비용의 관계가 연료가격에 따라 달라질 수 있다는 것이다. 고리1호기의 경우 잦은 고장으로 인해 2012년과 2013년에는 365일 가운데 절반을 가동하지 못하고 중지돼 있었다. 이러한 것이 원자력발전 발전원가에 제대로 반영되고 있지 않은 것이다.

여기서 다시 〈표 4-4〉로 돌아가 보자. 2013년 2월 발표된 제6차 전력수급계획에서 사용된 발전원별 발전비용에서는 가장 최근에 건설된 신형 발전소를 기준으로 균등화발전비용(LCOE)평가법을 적용하여 2012년 불변가를 기준으로 6%의 할인율과 90%의 이용률을 가정하고 있다. 이 경우 발전비용은 '원자력발전〈석탄화력〈가스화력' 순으로 커진다는 것이다. 놀라운 사실은 원전의 이용률을 90%로 잡고 있다는 것이다. 1400MW급 원전의 발전비용은 kWh당 41.9원, 1400MW급 석탄발전이 61.9원, 800MW급 가스화력이 117.8원으로 나타났다. 1998년도에는 발전소의 이용률을 당시 기저발전소의 평균 이용률을 적용하여 75%로 산정했다가 2005년과 2010년에는 이용률을 높여 85%로 적용하고, 2012년에는 이용률을 90%로 잡고 있다. 이것은 사실상 불가능한 것이다. '실적치'를 통한 명확한 계산이 필요하다.

내용연한은 현재 대부분 원전의 설계수명연한인 40년을 잡고 있다. 이는 이창훈 외(2013)의 원자력발전 사회적 비용 산정에서도 신고리3·4호기와 같은 1400MW 규모 원전을 지어 40년간 연평균 80%

의 가동률로 운영한 뒤 폐로한다는 가정 아래 발생하는 모든 비용을 현재가치화해 가동기간 중 생산할 전력량에 균등하게 나누는 방식으로 계산됐다는 점에서 알 수 있다.

국제원전발전원가 비교의 허점

허가형(2013)은 IEA가 국제비교를 위해 발전원별 경제성을 비교하기 위해 회원국으로부터 발전원별 건설비와 운영비, 연료비 자료를 제출받아 5년마다 국가별 발전비용을 발표하고 있는데 IEA는 발전단위당 비용을 산정하기 위해 균등화비용법을 사용하고 있다는 것이다. IEA는 발전원별 특성을 고려하여 전주기평준화비용(LCOE)법으로 추정하고 있는데 이 자료에 따라 우리나라의 원자력발전과 화력발전의 발전비용을 직접비용만 비교할 경우 원자력발전이 화력발전에 비해 경제적이었음이 확인된다는 것이다.

그러나 IEA자료는 우리나라에서 제출한 1차 자료에 근거하여 산출한 값이라는 점에서 당시 정부에서 수용하는 발전단가의 수준을 제시한다. 따라서 절대적인 발전비용의 수치보다는 발전원간 차이에 주목할 필요가 있다는 것이다.

하지만 IEA(2010)의 자료도 2010년에 발간됐기에 2011년 3월에 발생한 후쿠시마사고 이후의 변화가 고려되지 않았다는 사실을 간과해선 안 된다. 허가형(2013)도 후쿠시마사고 이후 운영 중인 원전은 안전성 강화비용을 추가하였고, 신규 원전은 안전성이 강화된 신형 원전으로 변경하고 있어 원자력발전비용은 2010년 보고서의 발전비용보다 높아질 것으로 예상된다고 지적하고 있다.

외부비용의 제외 및 축소

원전의 발전비용은 크게 직접비용과 외부비용으로 나누고 있다. 직접비용에는 건설비, 운전유지비, 연료비가 포함된다. 외부비용은 사회적 비용으로 사고위험비용, 안전규제비용, 입지갈등비용, 정책비용, 미래세대비용이 포함된다.

부산일보(2012.2.20)에 따르면 대외경제정책연구원(KIEP) 정성춘 연구위원이 〈동일본 대지진 이후 일본의 에너지 선택: 발전단가 검증위원회 결과분석 및 시사점〉이라는 보고서에서 '일본정부 차원의 검증 결과, 사회적 비용(추가 안전대책비용, 정책비용, 사고대책비용 등)을 포함할 경우 원전의 발전단가는 석탄이나 LNG와 비슷한 수준까지 상승한 반면, 풍력·지열·태양광 등 재생에너지는 기술혁신과 양산효과로 향후 단가가 큰 폭으로 하락할 것으로 추정됐다'고 지적했다. 실제로 '전원 종류별 발전단가 계산결과'를 보면 2010년 기준으로 원자력 발전단가는 kWh당 8.9엔 이상(2004년 kWh당 5.9엔)으로 석탄화력(9.5엔) 및 LNG화력(10.7엔) 등 화석연료와 비슷한 수준까지 상승했다. 반면, 재생에너지의 경우 육상풍력과 지열발전은 원자력과 동등한 수준의 경제성을 지니고 있으며, 태양광은 세계적인 양산효과를 고려할 경우 발전단가가 절반 이하로 하락할 가능성이 있는 것으로 평가됐다는 것이다.

엔도 슈지(2009)는 원자력발전의 외부비용에 대해 실제적인 데이터를 보여준다. 우선 우라늄 채굴 가공비용을 보면 우라늄가격은 2000년 10달러/U308였던 것이 2006년에는 46달러로 무려 약 5배나 올랐다. 원전건설비용을 보면 일본 원전 54기의 건설 총액은 13조 엔이라고 한다. 원전운전비용은 발전단가가 일본정부 발표로 kWh당

5.9엔으로 가장 싸다고 하지만 근거는 모호하며 학계에선 실제는 10엔 이상으로 추정하고 있다는 것이다. 이와 함께 노후화대책, 수명연장, 내진보강 등 안전보완비용은 하마오카원전 1기 보강에만 600억 엔으로 일본 전체 원전을 보강할 경우 약 3조 엔 이상의 비용이 든다고 한다. 또한 가장 골칫거리인 원전쓰레기 처리비용이 일본정부 추정 총사업비가 약 19조 엔(민간 추정 30조 엔)에 이른다. 4개 재처리공장 및 고준위방사성폐기물저장관리센터 건설비만 2조 7000억 엔으로 개당 약 7000억 엔이 소요되며 원전을 모두 해체해 폐로하는 비용만 일본전기사업연합회 추정으로 약 3조 엔에 이른다고 한다. 여기에 원전입지 지자체 지원비 또한 뺄 수 없다. 주부전력 하마오카원전이 소재한 시즈오카현 오마에자키시(인구 약 4만 명)는 22년간(1983–2005) 약 209억 엔, 매년 10억 엔의 교부금이 시재정에 투입됐다. 이 도시의 경우 시재정수입의 약 15%에 이르며 여기에 원전의 고정자산세 및 도시계획세 연 33억 엔을 보태면 시 전체 재정의 약 4할을 차지하는 것으로 알려지고 있다. 문제는 원전의 법정내용년수가 16년이어서 15년을 경과하면 2할 정도 수준으로 감소하기에 재정위기에 봉착해 다시 원전시설을 계속 받아들이는 구조가 돼 원전지원금이 장기적으로 지역경제를 왜곡한다는 지적도 있다. 일본은 또한 원자력입국 정책으로 원자력 관련 연구 교육 홍보비에만 세금에서 5년간(2002–2007) 약 2조 엔을 투입했을 정도로 원전은 '돈 먹는 하마'인 국책사업이기도 하다.

사실 30, 40년간 운전해 노후화된 원전의 해체문제 자체도 엄청난 부담이다. 방사성물질 때문에 실제 해체하는 데도 엄청난 시간이 걸린다. 한수원 기획기술처의 '국내외 원자로 해체현황' 자료

(2011.9)에 따르면 원전 해체방식에 있어 해체기간이 즉시해체의 경우 약 15년, 지연해체의 경우 60년의 장기간이 걸린다는 것이다. 한수원, 원자력환경기술원의 '고리1호기 해체비용 관련 자료'(2005.12)에 따르면 가압수형의 경우 1995년 해체비용 산정 기준연도로 순 해체비용 약 2억 2400만 달러, 부지복구비용 약 6400만 달러 등 총 2억 8800만 달러에 이른다는 것이다.

일본종합에너지조사회가 1985년에 110만kW급 원전 해체비용 추정액이 약 300억 엔이다. 일본 정부 및 전력회사의 폐로비용 적립제도 규정에 따르면 1999년 추정의 경우 비등수형 578억 엔, 가압수형 592억 엔으로 일본의 10개 전력회사의 폐로 준비적립금은 2001년 말 현재 9477억 엔에 이른다고 한다. 실제로 2002년 3월 폐로가 결정된 신형 전환로 '후겐'을 해체모델로 검정한 결과 예산액은 해체비 300억 엔, 폐기물처리비 400억 엔으로 16.5만kW의 소규모 실험로 해체에 700억 엔이 소요되는 것으로 나왔다. 이밖에 언론의 지적은 운전 중에 나온 저준위방사성폐기물 처리에 약 140억 엔, 시설철거까지의 유지비(운전정지 후 25년간 관리)를 포함하면 16.7만kW로 소규모 실험로 해체에만 1200~1300억 엔이 소요되는 것으로 추정되고 있다.

한편 현재 우리나라의 고리1호기 폐로비용에 대해서 IEA에 따르면 2011년 현재 9860억 원으로 돼 있다. 그런데 2011년 6월 말 현재 우리나라 원전의 폐로비용은 4조 9555억 원의 충당부채 잔액으로만 남아 있다.

원전 발전원가, 이래도 싼가?

조영탁의 시산

구 분	비용(원/kWh, 80% 이용률 기준)		
	원전	석탄	가스
발전원가(현재)	47.9	62.4	119.6
과세 및 대기오염 비용 등	19.1	23.5	1.6
지중화 비용	16.2	16.2	0.0
사고위험 비용	12.3~59.8	0.0	0.0
원가 재산정(합계)	95~143	88~102	92~121

* 합계: 셰일가스 효과 반영

자료: 조영탁 한밭대 교수

출처: 한겨레신문, 2013.11.11.

　　조영탁(2013)은 〈발전설비별 원가 재산정 시나리오〉에서 2013년 2월 6차 전력수급기본계획에 따른 현재 발전원별 판매단가는 원전이 kW당 47.9원으로 석탄(62.4원)과 LNG(119.6원)에 견줘 크게 낮지만 여기에 사회·환경적 비용을 추가로 포함시키면 상황은 역전되는 것으로 분석된다고 주장한다. 원전의 단가가 95~143원으로 가장 비싸지고 석탄이 88~102원, LNG의 경우엔 92~121원으로 바뀌는 가격 역전 현상이 벌어진다는 것이다.

　　조영탁은 시나리오별로 변수를 대입했는데 우선 원전과 석탄에 대한 세금 부과와 대기오염 비용 등을 집어넣으면 원전과 석탄, LNG는 각각 19.1원과 23.5원, 1.6원씩의 비용이 추가된다. 그동안 LNG에 대해서는 kg당 60원의 개별소비세와 24.2원의 수입부과금, 4.9원의 안전관리부담금 등이 부과된 반면에 원전과 석탄에 대해서는 기본적인 부가가치세와 전력산업기반기금 외에 별도의 세금이 부과되지 않았던 것이다. 이에 현재 가스에 붙는 세금을 발전에 필요한 열량(kcal) 기준으로 환산해 원전과 석탄에 새롭게 부과할 과세 규모를 추산했다. 또한 2019년 이후 가동될 원전의 송전망 계획이 제대로 이루어지지 않는 점을 고려해 지중화 비용도 포함시켰다. 한국전력공사 자료를 활용한 비용 추가분을 보면, 원전과 석탄에 각각 16.2원씩이 더 들어간다.

여기에 원전의 사고위험 비용 등을 추가한다. 사고위험 비용은 우리나라의 원전에서 사고가 일어날 확률을 토대로 계산한 추정치에서 일본 후쿠시마원전사고를 기준으로 한 손해배상비용을 기준으로 추정한 액수까지, 조건을 어떻게 설정하느냐에 따라 12.3~59.8원이 예상된다. 59.8원은 우리나라 원전 주변에 사는 인구가 일본보다 더 많다는 점이 감안된 액수이며, 한전 쪽에서는 이 비용을 21.7원 정도로 보고 있다. 세제개편과 지중화 비용, 사고위험 비용뿐 아니라 셰일가스 생산량 증가에 따른 가스 수입 비용 25% 하락 등의 조건까지 모두 대입해 원가를 재산정해보면, 원전의 단가는 최저 95원에서 최대 143원까지 올라간다는 것이다. 이 경우 원자력 발전단가는 석탄(88~102원)과 LNG(92~121원)에 비해 훨씬 비싸지는 것이다.

허가형의 시산

허가형(2014)의 〈원자력 발전비용의 쟁점과 과제〉(2014)에서 '원자력발전의 비용 구성' 중에 직접비용인 발전원가는 43.02~48.8원/kWh인데 사회적 비용 중의 하나인 사고위험비용인 총사고비가 58조~343조 원(0.08~59.8원/kWh)으로 발전원가의 배가 넘는 것으로 추정했다. 허가형은 이런 발전원가에는 중대사고 발생에 대한 우려나 사용후핵연료처분, 고압송전선로의 입지, 안전규제 수준 등 사회적 갈등을 유발할 비용이 반영돼 있지 않기 때문에 재산정이 필요하다고 제안했다. 만일 원전 경제성에 대한 재검토가 본격적으로 이루어진다면, 가장 큰 쟁점이 될 항목은 사고위험비용이라는 것이다. 〈2차 에너지기본계획(~2035년)〉 보고서에는 민관합동 워킹그룹의 '원전 경제성 검토결과'가 포함됐지만 6차 전력수급기본계획(2013년 2월 확정)상의 원전 발전비용이 kWh당 46.86원(140만kW급·가동률 80% 기준)인데 사고위험 대응비용과 사후처리비용, 정책비용 등을 고려하더라도 49.73~53.68원에 불과해 원전의 경제성이 유지된다는 내용이 결론이다.

그런데 당시 워킹그룹이 채택한 사고위험 비용은 kWh당 0.08~16.55원에 불과했다는 사실이다. 이는 전 세계에서 원전사고가 일어날 확률(0.00035%)에 기반한 추정치다. 환경단체 측 위원들이 참고자료로 제시한 사고위험비용은 kWh당 23.7~59.8원으로 훨씬 높다. 원전 주변 지역 인구밀도 등을 고려해 실제 원전사고가 일어났을 때 치러야 할 비용을 바탕으로 산출한 액수다. 환경단체 측은 이런 비용을 kWh당 최대 94.9원으로 제시한 바 있다. 일본 후쿠시마의 경우 원전 반경 30㎞ 이내에 사는 주민이 16만 명인데 비해 우리나라는 고리원전 32㎞ 반경에 340만 명, 월성 원전 주변에는 133만 명이 살고 있다는 점을 감안하면 우리나라의 경우 일본보다 훨씬 더 높게 사고위험비용을 추정할 필요가 있다고 봐야 할 것이다.

표 4-8 원자력발전의 비용구성

구 분	세부항목	내 역
직접비용	발전원가	• 43.02~48.8원/kWh
사회적 비용	사고위험비용	• 총사고비 58조~343조 원(0.08~59.8원/ kWh)
	안전규제비용	• 안전규제 강화에 따른 건설비 및 운전유지 비 증가(신규 원자력발전소 안전설계 수준 에 따라 달라짐) • 후쿠시마사고 대응비용 9194억 원(2014~ 2015년)
	입지갈등비용	• 중준위방사성폐기물처분장 입지갈등비용 (~2013) 9395억 원 • 고준위방폐장 입지갈등비용 • 고압송전선로 경과지의 입지선정 시 갈등 • 신규 원전 1기당 송전선로 건설 관련 비용 4037억 원(신규 원전부지에 230km 구간 765 kW 설치 가정)
	정책비용	• 2013년 재정사업비 5169억 원(3.9원/kWh)
	미래세대비용	• 고준위방사성폐기물 처분장의 국토손실 비용

자료: 국회 예산정책처

이창훈 외 시산

한국환경정책평가원 소속 연구원인 이창훈 외(2013)는 〈화석 연료 대체에너지원의 환경·경제성 평가Ⅰ〉에서 사회적 비용을 고려 해 산정한 원자력발전 단가의 평균치를 154.3원/kWh로 추정했다. 이 는 다른 국책연구기관인 에너지경제연구원이 2012년 산정한 석탄발 전 단가(62.3원/kWh)나 LNG발전 단가(119.6원/kWh)를 크게 웃돈다. 앞 서 에너지경제연구원이 원전해체비 등 사후처리비용 증가를 고려해 재산정한 원자력발전 단가는 환경정책평가연구원이 계산한 사적 비용과 같은 kWh당 48.8원이었으며, 한국전력이 2012년 한국수력원자력의 원전에서 생산한 전기를 사오며 지급한 금액은 kWh당 39.2원이었다. 사적 비용에 사회적 비용을 합산한 원자력발전 단가는 kWh당 54.2~254.3원에 이른다.

표 4-9 원자력발전 비용산출 때 고려되지 않은 사회적 비용

비용 구분	단가(원/kWh)
명시적 보조금	2.4
암묵적 보조금	0.2~16.1
위험회피비용(시나리오)	3.0~203.1
위험회피비용(기존 원전)	3.8~6.3
위험회피비용(신규 원전)	52.1~94.9

주: 1. 명시적 보조금: 정부가 예산으로 직접 지원하는 금액.
   2. 암묵적 보조금: '원자력손해배상법'에 따라 원전사업자의 배상책임을 제한함으로써 주는 간접 혜택.
   3. 위험회피비용: 기존 또는 신규 원전으로 인해 발생할 수 있는 사고위험을 피하기 위해 간접적으로 드는 사회적 비용. 시나리오는 프랑스의 원전사고 시나리오를 활용한 추정치임. 기존 원전과 신규 원전의 위험을 회피하기 위해 전기값 상승 지불 의사 등을 국민에게 설문으로 물어 나온 금액.

자료: 한국환경정책평가연구원

환경정책평가연구원의 원자력발전의 사회적 비용 산정은 신고리3·4호기와 같은 1400MW 규모 원전을 지어 40년간 연평균 80%의 가동률로 운영한 뒤 폐로한다는 가정 아래 발생하는 모든 비용을 현재가치화해 가동기간 중 생산할 전력량에 균등하게 나누는 방식으로 계산됐다. 기존에 원전 전기의 생산단가를 계산할 때는 포함되지 않은 사회적 비용 가운데 '명시적 보조금'에는 정부가 예산을 통해 직접 지원하는 원자력 관련 연구개발비와 홍보비 등이 포함됐

다. kWh당 0.2~16.1원으로 계산된 '암묵적 보조금'은 원자력손해배상법이 원전 사업자에게 손해배상 책임과 의무보험 가입액을 제한해줌으로써 제공하는 간접적 혜택이다.*

　　'위험회피비용'은 △국민들이 설문조사에서 응답한 '원전사고를 피하기 위해 지급할 의사가 있는 금액'과 △프랑스의 중대사고 시나리오(ST21)를 이용한 방식 등 2가지로 추정했다. 이창훈 외는 암묵적 보조금과 위험회피 비용은 겹치기 때문에 명시적 보조금에 나머지 3가지 비용(암묵적 보조금, 2가지 방식으로 조사된 위험회피비용) 가운데 1가지를 합산한 것이 실제 사회적 비용으로 보았다. 액수가 가장 큰 시나리오 적용 방식의 위험회피비용은 원자력발전소 운영 중 일본 후쿠시마원전사고와 같은 7등급 이상의 사고가 발생할 확률과 피해액을 바탕으로 계산했다. 이 비용의 최저·최대값 격차가 5배나 되는 것은 사고 확률과 피해액 가정의 차이 때문이다. 사고 발생 확률은 최소 100만분의 1에서 최대 7000분의 1, 피해액은 최저 100조 원에서 최대 500조 원이 적용됐다. 7000분의 1 확률은 세계에서 실제 발생한 사고 기준이고 100만분의 1 확률은 설계기준이다. 피해액 100조 원은 후쿠시마원전사고의 피해액 추정치, 500조 원은 프랑스의 시나리오 추정치에 근거했다는 것이다.

---

*　현재 우리나라에서 원전사고 발생 시 원자력사업자가 배상책임을 부담하는 한도는 '원자력손해배상법'상 3억 SDR(약 4700억 원)로 규정하고 있다. 이에 한수원은 원자력손해배상책임보험으로 한국원자력보험풀에 연간 약 139억 원을, 원자력손해배상 보상계약으로 원안위에 연간 약 47억 원의 보험료를 내고 있다. 김종훈 의원(민중당)은 2018년 9월 2일 한국원자력안전재단이 발주한 〈배상 실효성 확보를 위한 원자력손해배상제도 개선 관련 정책연구〉 보고서(2018.8)를 공개했다. 이 보고서는 '사업자의 배상책임한도를 무한책임제로 변경하고, 원자력손해배상기금을 설치토록 원자력손해배상법(원배법)을 개정할 것'을 제안하고 있다. 우리나라는 사업자 배상책임한도가 2001년 무한책임에서 SDR 3억으로 개정돼 논란이 됐다(연합뉴스, 2018.9.2).

정확한 원전 발전원가 시산을 위한 과제

정확한 자료 공개의 필요성

이러한 자료를 근거로 볼 때 무엇보다 현재 인정하고 들어가는 사적 비용에 대한 전면 재검토가 이뤄져야 할 것이다

허가형(2014)은 정부가 우선적으로 발전원별 직접비용을 공개해야 하며, 사회적으로 쟁점이 되는 외부비용을 반영하여 총 발전비용을 주기적으로 국회에 보고할 필요가 있다고 강조하고, 이를 위해 정부가 (가칭)발전비용산정위원회를 구성해 객관적이고 중립적인 발전비용을 산정할 수 있도록 검토 결과를 국회 산업통상자원위원회에 보고하도록 할 필요가 있다고 제안하고 있다. 그런데 정부 산하 위원회로는 공정성을 담보하기 어려울 것 같다. 따라서 국회 차원에서 (가칭)발전비용산정위원회가 만들어져야 할 것이라고 본다.

전원별 기준의 공정한 비교 분석 필요

현재 전원별 발전단가는 종합적인 비교가 되지 않고 있다. 결과치만 비교돼 있기에 사전 전제를 제대로 알 수가 없게 돼 있다. 그리고 원자력발전의 경우 이용률을 90%로 가정한 시뮬레이션값으로 시산되고 있다는 사실을 고려할 때 이러한 시뮬레이션값이 아니라 실적치를 기본으로 한 조사가 돼야 한다. 그리고 IEA기준으로 비교하는 잘못에서도 벗어나야 한다. 이는 앞에서도 지적했듯이 우리나라에서 올린 단가를 검정 없이 그대로 다른 나라와 비교하기에 객관성이 떨어질 수밖에 없는 것이다. 따라서 전원별 발전단가 기준의 공정한 비교 분석이 필요하다.

충분한 원가비용 추가 필요

현재 우리나라의 원자력발전 원가에는 우라늄가격의 상승분에 대한 반영이 제대로 안 돼 있다. 또한 원전의 부대시설인 양수발전소 건설운영비용도 충분히 반영돼 있지 않다. 그리고 무엇보다 원전사고의 피해보상비용 산정 및 반영이 거의 이뤄지지 않고 있으며, 폐로 및 사용후핵연료처리비용에 대한 실질적인 반영이 이뤄지지 않고 있다. 이러한 점에서 총괄적인 원전 관련 외부비용에 대한 체계적인 원가 추정 및 반영 노력이 필요하다.

발전원가 논쟁의 확대 필요

늦었지만 이제야말로 원자력발전 원가 시산을 위한 논쟁이 시작돼야 할 때이다. 정부나 한수원의 구체적인 산정방법 제시 없는 발전단가의 일방적인 홍보에 대한 비판여론이 일고 있기에, 이러한 일방적인 홍보를 막을 수 있는 조치를 취하도록 해야 한다. 원전의 경우 이들의 최대치를 확정해 원전 얼마에 석탄 얼마, LNG 얼마 하는 식으로 구체적으로 발전원가를 국민들이 알 수 있도록 해야 한다. 따라서 민간전문가 그룹회의 등을 통해 전원별 발전원가에 대한 구체적이고 지속적인 연구 추진이 필요하다.

5

원자력발전의 사회적 비용의 실제

원자력발전의 사회적 비용의 실제는 어떤 모습일까? 원자력발전의 직접비용을 제외하고, 원전의 사고대응비용, 정책비용, 입지갈등비용, 폐로비용, 사용후핵연료처리·모니터링비용 등을 구분해 살펴보기로 하자. 사고대응비용은 후쿠시마원전의 손해배상비용을 통해 그 규모를 어느 정도 추정할 수 있을 것이다. 원전 유치와 관련해 지역지원비용, 모니터링비용 등에 대한 국내외 사례를 알아보기로 한다.

원전사고 피해·보상비용

일본 후쿠시마원전사고의 피해보상비용 추정액

후쿠시마원전사고에 따른 손해액에 대해서는 사고가 나던 2011년 12월 일본 정부위원회가 원전 주변 주민들에 대한 배상금과 원자로 냉각비용 등을 바탕으로 5조 8000억 엔(약 58조원)이라는 금액을 공표한 바 있다. 2014년 3월 11일 일본 NHK뉴스는 도쿄전력 후쿠시마 제1원전 사고로 인한 제염과 배상, 폐로 등 손해액의 최신 전망치를 합하면 11조 엔 이상이 될 것으로 밝혔다.

NHK 뉴스(2016.12.9)는 "후쿠시마원전사고의 사고비용은 종래의 두 배인 21조 엔 이상으로 늘어날 전망"이라고 전했다. '도쿄전력 후쿠시마 제1원전의 폐로비용 등의 부담의 틀을 검토하는 지식인 회의'에서 경제산업성은 배상 및 제염을 포함한 원전사고 관련 비용의 총액이 종래의 배인 21조 엔 이상으로 늘어날 것이라는 전망을 보였다. 비용의 일부는 전기요금의 지불을 통해 국민이 부담하는 형태가 된다는 것이었다.

후쿠시마원전의 폐로나 사고배상, 거기에 제염 등의 비용에 대해 일본 정부는 그 전까지 11조 2000억 엔으로 추산했다. 세부항목을 보자면 폐로비용은 2조 엔에서 8조 엔으로 늘어날 전망이며, 또한 배상은 향후 농업 분야의 피해액의 보상이 증가하기에 5조 4000억 엔에서 7조 9000억 엔으로, 제염 관련 비용도 3조 6000억 엔에서 5조 6000억 엔으로 각각 늘어나 전체로는 기존의 배인 21조 5000억 엔으로 늘어났다는 것이다.

일본 정부는 도쿄전력에 원전사업 등의 재편을 포함한 일단의 경영개혁을 촉구함과 동시에, 배상비용은 원전을 보유한 대기업 전력회사뿐만 아니라 신규 전력사업자를 포함해 모든 전력 이용자에게 부담하도록 하는 시스템으로 만들 방침이라고 밝혔다. 즉 비용의 일부는 전기요금의 지불을 통해 국민이 부담하는 형식이 된다는 것을 의미한다.

산케이Biz(2017.4.4)는 '후쿠시마원전사고처리 총액이 민간 싱크탱크 추정 결과 70조 엔으로 정부의 3배에 이른다'고 보도했다. 후쿠시마원전사고 대응비용에 대해 민간 싱크탱크인 일본경제연구센터가 총액 50조~70조 엔에 이를 것으로 추산 결과를 정리했으며 최대의 경우 경제산업성이 2016년 12월에 공표한 시산 약 22조 엔의 3배 이상이라는 것이다.

일본경제연구센터는 "국민부담이 크게 늘어날 우려가 있어, 정부의 원자력정책의 재검토가 필요하다"고 제언하고 있다. 일본경제연구센터는 대기업이나 대학, 지자체 등이 회원으로 참여하고 있으며, 시산은 특임연구원인 스즈키 다쓰지로(鈴木達治郎) 나가사키대 교수가 했다. 경제산업성이 대응비용을 크게 3가지로 분류해 '제염'에 6조 엔, '폐로'(오염수를 포함)에 8조 엔, '배상'에 8조 엔으로 시산했지만 일본경제연구센터는 제염, 폐로, 배상액을 각각 30조 엔, 11조~32조 엔, 8조 엔으로 잡았다.

일본 정부는 후쿠시마현 내에서 나오는 오염토 등의 폐기물을 최대 약 2200만㎥로 전망하지만 현외 지역의 처분처에 대한 계획도 서 있지 않고 경제산업성 시산에 제염비용이 포함돼 있지 않다. 일본경제연구센터는 아오모리현 로카쇼무라의 매설시설에서 저준위 방사성폐기물 처분단가 수준(1만t당 80억~190억 엔)으로 추산해 최종

처분비용을 총액 30조 엔으로 추정했다.

　　폐로비용도 노심용융이 일어난 후쿠시마원전 1~3호기는 모두 방사성폐기물로 처분한다고 가정했기 때문에 비용이 늘었다. 오염수는 후쿠시마원전 부지 내의 탱크 등 약 100만t이 쌓여 있으며, 일본 정부는 처분방법을 구체화하지 않았다. 일본경제연구센터는 일본원자력연구개발기구(JAEA) 등의 자료를 기준으로 1t당 처리비용을 2000만 엔으로 잡아, 전량분을 20조 엔으로 추정했다. 기준치 이하로 희석해 바다에 방출할 경우 20조 엔까지는 들지 않지만, 현지어업인 보상 총 3000억 엔을 경제통산성의 시산에 더해야 하기에 배상비용을 8조 3000억 엔으로 추산했다고 한다.

프랑스 연구소 IRSN의 프랑스판 원전사고 피해 추정 모델링

　　프랑스의 국가 원자력안전 책임기관인 IRSN(방사능보호 및 원자력안전연구소)이 후쿠시마원전사고 2주년인 2013년 3월 26일, 프랑스원자력안전청(ASN)의 의뢰로 수행한 〈원자력사고의 비용에 관한 최신 과학연구 결과 보고서〉(IRSN, 2007) 전문을 홈페이지에 공개했다. IRSN은 앞서 2013년 2월 후쿠시마원전사고와 같은 유형의 원전사고가 프랑스에 일어날 경우 피해는 약 1200억~4300억 유로(146조 6080억~256조 8900억 원)에 이를 것이라고 발표했는데 IRSN은 2012년 연구에서 피해예상금액이 4600억 유로이며 최대 1조 유로로 추산된다고 밝힌 바 있다.

　　IRSN은 3월 26일자 보도자료에서 이 같은 차이는 "2007년 연구결과는 극단적인 가정을 토대로 매우 초보적인 모델링 결과이며, 2009년 이후 본격적인 연구를 통해 보다 현실적인 시나리오에 근거하여 산출했기 때문"이라고 설명했다.

이들 보고서는 원전중대사고 발생 시 세부비용항목을 크게 사고현장비용, 발전소 외부 방사능피해비용, 이미지 손상에 따르는 비용, 대체전력 확보비용, 방사능 오염지역에서 발생하는 비용 등으로 분류한다. 프랑스의 900MW급 경수로 1기에서 체르노빌원전사고나 후쿠시마원전사고와 같이 INES 7등급 사고가 발생할 경우 피해비용 평균 추정치는 사고현장 비용(80억 유로), 발전소 외부 방사능피해비용(530억 유로), 방사능 오염지역비용(1100억 유로), 이미지 비용(1660억 유로), 전력생산 손실에 따른 비용(900억 유로) 등 모두 4300억 유로라는 것이다. 이는 프랑스 연간 GDP의 20% 이상이라고 한다.[6]

1960년대 일본 과학기술청의 도카이무라원전사고 피해 시뮬레이션

원전의 사고 피해에 대해 어느 정도를 국민이 부담해야 할 것인가에 대해선 2007년 9월에 출판된 후나세 순스케(船瀬俊介)의 《거대지진이 원전을 습격한다(巨大地震が原発を襲う)》라는 책에 이미 1960년대 당시 일본 과학기술청이 극비로 시산한 내용이 소개돼 있다. 워낙 피해규모가 엄청나 1960년대 당시 국회에서도 일부만 보고되고 전체는 극비로 다뤄졌으며 1999년에 이르러서야 과학기술청이 전문을 공개했을 정도이다.

열출력 50만kW(발전효율 30% 정도로 치면 16만kW 정도)로 일본 도카이촌에 최초로 도입된 원전과 거의 일치하는데 20㎞ 이내에 인구 10만 명인 중소도시, 120㎞ 근처에 인구 600만의 대도시가 있다고 가정하고, 인구밀도는 1㎢당 300명으로 잡고 운전개시 4년 후에 사고가 발생한다고 가정한 것이다.

이 경우 방사성물질 방출량은 노심 내 저장량의 0.02%(10만 큐리)와 2%(1000만 큐리) 2가지이며 이밖에 방출된 방사성물질의 구성, 고온·저온의 경우 방사성물질의 입자크기, 맑은 날·우천시 대기 안정도 등을 각각 2가지 경우로 상정했다. 손해액도 인적 피해(사망, 장애, 요관찰)와 물적 피해(대피, 피난·이주, 농업제한)로 구분해 계산했는데 사망보상은 83만 엔이라는 소액으로 당시 교통사고보상 수준에 맞춘 것이었다.

이 가운데 피해자수가 가장 큰 것은 '저온·전방출(全放出)·입자가 가늘 경우'에다 기상이 좋지 않을 경우 전체 피해자수는 400만 명에 이르며 이 경우 최대 피해액은 당시 3조 7300억 엔이라는 천문학적 규모로 나왔다는 것이다. 10만 명의 조기대피, 1760만 명의 피난 이주, 국토의 3분의 1에 이르는 15만㎢의 농업제한 등 전쟁 이외엔 상상할 수 없는 피해규모였다. 이는 당시 일본 국가예산의 2배가 넘는 피해로 지금이라면 약 100조 엔이 넘는 액수라고 한다.

이 시뮬레이션의 대상 원전은 고작 16만kW짜리였다. 가시와자키가리와원전6·7호기나 하마오카원전5호기의 출력이 각각 130만kW가 넘는다. 이들 원전에서 사고가 난다면 일본의 GDP를 능가하는 피해액이 된다는 것이다. 일본원자력산업회의의 이 보고서는 1999년 교토대 원자로실험소 교수가 펴낸 《원전사고에 의한 방사능재해: 40년 전의 피해시산》이란 책에도 나와 있고, 반원전활동가가 인터넷에 올린 자료도 있어 누구나 볼 수 있게 돼 있다.[7]

일본 시즈오카현의 2014년 4월 하마오카원전사고 피난 시뮬레이션

일본의 경우 후쿠시마원전사고 이후 지자체 차원에서 핵발전소의 사고를 상정한 피난 시뮬레이션이 발표되고 있다. 아사히신문(2014.4.24)은 일본 시즈오카현이 2014년 4월 23일 난카이(南海)트로프 거대지진과 쓰나미가 발생해, 주부전력 하마오카원전(오마에자키시 소재)에서 중대사고가 일어났다고 상정한 피난 시뮬레이션을 발표한 내용을 보도했다. 피난지시 후 원전에서 반경 31㎞권에 있는 86만 명이 피난을 마칠 때까지 31~46시간이 걸린다고 한다. 피난지시 18시간 뒤에 폭발한 도쿄전력 후쿠시마 제1원전을 되돌아보면 '일부 주민이 피폭될 가능성이 높다'고 했다.

지진과 원전사고의 복합재해를 상정한 본격적인 시뮬레이션은 시즈오카현이 일본 최초이다. 하마오카원전은 난카이트로프지진의 상정진원역에 자리 잡고 있어 2011년 당시 간 나오토 수상의 요청으로 운전을 정지했다. 현은 국가에 의한 방사성물질의 확산예측을 바탕으로 피난계획의 수립이 필요한 지역을 원전에서 31㎞권으로 하고 있다. 대상지역의 인구로는 전국 원전 가운데 두 번째로 크다. 시뮬레이션에서는 쓰나미로 연안부의 도로가 사용되지 않는 가운데 1세대당 한 대의 자가용 총 28만 대로 피난하는 것을 전제로 현에 의한 규제의 유무 등 12가지 경우로 피난지시에서 피난완료까지의 시간을 시산했다.

피난시간이 최단이 된 것은 규제가 없고, 86만 명이 일제히 피난을 시작한 경우인 32시간 25분, 또 긴급 시 즉시 피난할 필요가 있는 원전 5㎞권 내의 주민 약 5만 명 전원이 31㎞권 외로 나오는 데

24시간 14분이 필요했다. 총 12가지 경우 가운데 피난완료시간이 가장 긴 것은 46시간 15분.

이 시뮬레이션에서는 지진으로 인한 도로의 파손은 상정하지 않았다. 입원환자나 고령자 등 '재해약자'에 대한 대응도 고려하고 있지 않다. 고려하면 피난 시간은 더욱 늘어날 것으로 보인다는 것이다.

이에 앞서 2007년 7월 17일, 텔레비전아사히 계열 와이드쇼 'J-CAST 텔레비전워치'의 '슈퍼모닝'에서 '주부전력 하마오카원전 사고로 도쿄 주변의 200만 명이 사망한다'는 내용이 방영돼 충격을 주었다(www.j-cast.com). 이는 하마오카원전에서 방사능이 대량 누출된 경우에 대해 교토대학 원자로실험소의 고이데 히로아키(小出裕章) 조교수가 실시한 시뮬레이션으로 '200만 명 사망설'은 '급성으로 사망하는 것이 아니라 피폭된 결과, 암과 백혈병으로 사망한다'는 것이다. 이는 그보다 수년 전에 고이데 교수가 미 원자력규제위원회(NRC)의 피해상정에 근거해 '최악의 사태', 지진으로 원전시설에 대폭발이 일어나 방사능이 대량 방출된다고 하는 사례를 일본에 적용한 것이라고 한다.

기상조건과 풍속은 '보통'으로 설정, 풍향을 도쿄 방면이라고 상정했다. 지진으로 교통망이 단절돼 단기간에 주민이 피난하기 곤란하다는 전제도 달았다. 그러면 도쿄를 중심으로 도카이 방면에서 수도권에 걸쳐 총 200만 명이 암이나 백혈병으로 장래적으로 사망하는 영향을 입는다는 결과가 나왔다. 그러나 '즉사'는 원전 주변의 일부에 머문다. 사용한 컴퓨터 프로그램은 고인인 전 동료 세오 다케시(瀬尾健) 씨가 작성한 것을 약 10년 전에 계승했으며 사망이라고 하는 '결과'는 수년 이내에 일어날 것인지 하는 질문에는 "다양한 사례가 있어 확실히 말할 수는 없다"고 했다.

이러한 '최악의 사태'가 일어날 가능성에 대해 일본의 NPO법인 원자력자료정보실 관계자는 "가능성은 높다고 말할 수 없지만 있다"고 말했다. 게다가 "일본정부가 사고는 일어나지 않는다는 전제하에 국민의 불안을 증폭시키고 싶지 않기 때문에 준비하지 않는 것이다"라며 정부에 대해 비판의 목소리를 냈다.

미국핵관리연구소 라이먼 박사의 1999년 일본 원전 대형사고 피해 시뮬레이션

미국핵관리연구소(NCI) 과학부장인 에드워드 S. 라이먼 박사가 1999년 10월에 '일본 원전에 대형사고가 발생할 가능성에 MOX연료 사용이 미치는 영향'이라는 논문을 발표했다.

이는 다카하마원전4호기에서 대형사고가 나면 어느 정도 인적 피해가 발생할 것인가를 시뮬레이션한 것이다. 이 원전에 필적하는 출력 87만kW인 가압수형경수로에 사고발생 시 반경 113km 범위 내 발생하는 급사와 잠재적 암사망자 수를 시뮬레이션한 결과, 대상지역 내 인구밀도를 1km²당 550명으로 잡고, 원자로 내의 플루토늄 누출률을 3.5%(강), 1%(중), 0.14%(약)의 3가지로 시산한 결과 1% 경우 급사자는 75명, 잠재적 암사망자는 1만 1700명에 이르는 것으로 나타났다.

노심 전부에 MOX연료를 장착해 운전할 경우 잠재적 암사망자는 5만 6800명으로 피해규모가 5배 정도 늘어나는 것으로 밝혀졌다.[8]

2011년 〈신동아〉 5월호의 영광1·고리1·월성1·울진1호기 사고피해 시뮬레이션

〈신동아〉가 2011년 5월호에 소개한 고리1호기를 비롯한 국내 핵발전소 사고피해 시뮬레이션 결과가 사실상 우리나라 일반 국민에게 알려진 원자력발전소 사고피해 시뮬레이션으로서는 최초라고 볼 수 있다.

이 프로그램은 미 국방부 산하 국방위협감소국(DTRA)이 개발해 안보당국과 전문 연구소에서 사용하고 있는 컴퓨터 시뮬레이션 모델 프로그램 HPAC(Hazard Prediction and Assessment Capability)으로 본래 핵폭탄 등 대량살상무기가 실제로 사용됐을 경우의 피해규모를 현장 사령부에서 신속히 산출할 수 있도록 돕기 위해 만들어진 것이다. 이 프로그램에는 원자력발전소나 재처리시설 등에서 사고가 발생했을 때의 피해규모를 계산해내는 시나리오도 포함돼 있어 폭발 수준 등의 변수만 설정해주면 결과를 확인할 수 있는 정교한 모델이다.

〈신동아〉는 국내외 관련 전문가들의 자문과 도움을 받아 한국의 주요 원전에서 체르노빌 수준의 사고가 발생하는 경우를 가정해 HPAC 시뮬레이션 작업을 진행했으며 대상이 된 원전은 한국의 4개 주요 원자력단지, 즉 전남 영광, 부산 고리, 경북 월성과 울진 발전소 가운데 가장 연식이 오래된 1호기였다. 원전사고의 규모는 1986년 4월 옛 소련 우크라이나공화국에서 발생한 체르노빌원전 4호기의 폭발사고 수준으로 설정했다.

피해 확산에 큰 영향을 미치는 기상상태는 크게 2가지 시나리오로 나눴다. 우선 바람이 거의 불지 않는 상황을 가정해 폭발이 주변지역에 미칠 수 있는 피해규모를 산출했고, 또한 각 원전에서 수도권을 향해 초속 3m 수준의 바람이 계속해서 부는 상황을 가정해 어느 수준의 방사성물질이 어느 지역까지 영향을 미치는지를 추적했다. 분명히 해둘 것은 이 예측치가 매우 극단적인 상황을 가정한 최대치라는 사실이다. 반대로 HPAC 시뮬레이션에 포함돼 있지 않은 대규모 추가피해도 발생할 수 있다. 저장수조 속의 폐연료봉이 연쇄적으로 추가화재를 일으켜 엄청난 양의 방사성물질을 쏟아낼 수 있지만 이 또한 예측치에는 반영되지 않았다.

첫 번째, 전남의 영광1호기의 피해 시뮬레이션이다. 바람이 거의 불지 않는 상황을 가정해 열흘 동안 방사성물질이 주변지역에 얼마나 퍼져나가는지를 살펴보면, 원전을 중심으로 반경 2.3km 이내에 있던 사람은 현장 사망 수준인 600rem(렘)* 이상의 1단계 방사선에 피폭되고, 3km 범위에는 2단계, 4.5km 범위에는 3단계, 7.2km 주변까지 4단계 수준의 방사성 물질이 퍼져나간다. 5~50rem 수준인 5단계 방사성 물질은 반경 17km, 0.5~5rem(6단계)은 무려 53km까지 퍼져 광주광역시까지 미치는 것으로 나타났다. 이 경우 반경 2.3km 이내에 있는 2118명이 사망하고, 2979명은 사망 확률이 절반에 이른다. 방사성 물질 누적으로 30일 이내에 사망할 수 있는 사람이 7594명, 피폭 후유증으로 10년 이내에 사망하는 사람이 1만 9000명, 사망하지는 않지만 영구적인 후유증에 시달리게 되는 반경 17km 이내 인원이 11만 명이 넘는다. ICRP 허용기준치인 0.5rem 이상의 방사능에 노출되는 인원의 총 규모는 무려 114만 명에 달한다. 다음으로 영

* rem은 방사선이 몸에 흡수되는 강도를 나타낸다. 1rem은 단위질량의 피부에 흡수되는 에너지의 단위로 대개 200kV의 X선 1뢴트겐과 같다. 100rem는 1Sv(시버트)이다.

광에서 수도권을 향해 초속 3m의 바람이 꾸준히 불었을 경우 10년 이내 사망하는 수준의 방사성물질이 고창 지역에 이르고, 지속적인 후유증에 노출되는 범위는 부안, 군산, 서천, 부여, 대천을 넘어 당진에까지 이른다. 수도권 대부분의 지역이 5rem 이상의 방사능에 영향을 받는 것은 물론 휴전선을 넘어 개성 일부와 황해북도, 강원도 북한 지역까지 상당부분 피해범위에 속하는 것으로 나타났다. 수도권 대부분이 포함된 만큼 ICRP의 허용치 이상으로 피폭되는 인원은 2200만 명이 넘는다.

두 번째, 부산 고리1호기에 대한 사고 피해 시뮬레이션 결과이다. 바람이 거의 불지 않는 상황에서 피해면적 자체는 영광1호기의 경우에 조금 못 미치는 정도여서, 1단계가 반경 1.8km, 2단계 2km, 3단계 3.7km, 4단계 5.7km, 5단계 17km, 6단계가 38km에 달한다. 문제는 마지막 6단계의 경우 인구밀집지역인 울산과 부산, 김해 등이 상당부분 포함된다는 사실이다.

이 때문에 오염면적은 영광1호기에 비해 좁지만 HPAC가 도출해낸 인명피해 숫자는 훨씬 크다. 일단 3864명이 사망하고, 5323명이 사망확률이 50%에 달하는 방사선에 피폭되며, 1만 5200명이 30일 이내에 사망할 수 있다. 10년 이내 사망하는 숫자는 무려 3만 9100명, 후유증과 유전질환으로 고통받게 될 경상남도 일대 주민이 24만 6000명에 달한다. ICRP 허용기준치인 0.5rem 이상의 방사능에 노출돼 어떤 식으로든 피해를 입는 인원의 규모가 총 159만 명에 달한다는 것이다.

고리1호기에서 수도권을 향해 초속 3m의 바람이 꾸준히 불 경우를 상정하면 10년 이내 사망할 수 있는 4단계 수준의 방사성물질이 밀양 일부 지역에까지 이르고, 후유증과 유전질환을 남기는 5단계 방사선은 청도와 대구, 칠곡을 넘어 구미에까지 이른다. ICRP 허용치 이상의 방사능은 경북과 충북을 관통해 경기도 동남부의 여주, 이천, 광주 등을 거쳐 영향을 미치고, 바람 방향에 따라 서울 대부분 지역에도 닿을 수 있는 것으로 나타났다. 결론적으로 어떻게든 방사선 피해를 입는 사람의 수는 500만 명이 넘는다. 다만 서울 인근까지 날아오는 방사성물질의 양은 0.5~1rem 수준으로 허용치를 약간 넘는 정도다.

　세 번째, 경북 경주 월성1호기에 대한 사고 피해 시뮬레이션 결과이다. 바람이 거의 불지 않는 상황에서는 사망 수준의 1단계 방사능이 반경 1.5㎞, 50% 치사량의 2단계가 1.9㎞, 30일 이내에 사망할 수 있는 3단계가 3㎞, 10년 이내에 사망하는 4단계가 4.9㎞, 5단계가 12㎞, 6단계가 반경 30㎞에 이른다. 전체적으로 볼 때 동일한 조건하에서도 고리나 영광에 비해 피해범위가 약간 작다. 또한 월성1호기의 피해범위 내에도 도시 지역인 경주와 포항, 울산의 일부 지역이 포함되긴 하지만 이 일대의 인구밀도는 높지 않은 편이다. 이 경우 1397명이 현장에서 즉사하고, 1899명이 현장에서 사망할 확률이 50%에 달하는 방사선에 피폭되며, 30일 이내에 사망할 수 있는 인원이 6304명 수준이다. 10년 이내 사망자 숫자는 1만 5800명, 후유증에 시달리게 될 경상북도 일대 주민이 10만 3000명 내외가 될 것으로 보인다. 바람이 불지 않는 상황이 이어질 경우 ICRP 허용기준치가 넘는 방사능에 노출되는 인원의 규모는 총 59만 9000명이 될 것이라고 HPAC는 분석했다.

　월성에서 수도권을 향해 초속 3m의 바람이 꾸준히 불었을 경우를 상정하면 4단계 수준의 방사성 물질이 25㎞ 이상까지 날아가 경주 시가지 인근에 미치는 것으로 나타났다. 5단계 방사선은 대구와 영천을 거쳐 군위 일부 지역에까지 이르고, ICRP 허용치를 넘는 방사성물질은 경북 서북부와 충북 동북부를 관통해 0.5~1rem 수준의 방사선이 경기도 남부 지역에까지 미치는 것으로 나타났다. 어떻게든 방사선의 영향 범위 내에 놓이는 사람은 도합 250만 명 수준이라는 결론이 나온다.

넷째, 울산시 울진1호기의 사고 피해 시뮬레이션 결과이다. 역시 바람 없는 상태를 설정해 방사성물질이 퍼져나갈 수 있는 범위를 살펴보니 거리 자체는 영광1호기의 경우와 매우 흡사한 수준으로 나타났다. 1단계는 반경 2.3㎞, 2단계는 2.7㎞, 3단계는 4.8㎞, 4단계는 6.9㎞, 5단계는 17.2㎞, 6단계는 54.5㎞ 범위다. 북으로는 삼척과 동해, 동으로는 봉화와 영양, 안동 일부가 포함되는 범위지만 인구밀집지역이나 대도시는 들어있지 않다. 이 경우 HPAC가 도출한 인명피해의 숫자도 가장 적다. 969명이 현장에서 사망하고, 50% 사망확률이 1365명, 30일 이내 사망자가 3497명, 10년 이내 사망자가 8824명 수준이다. 5만 6800명 내외가 후유증과 유전질환에 시달리게 되고, 허용치를 넘는 방사선에 노출되는 인원이 총 47만 명 수준인 것으로 나타났다.

문제는 앞선 경우처럼 수도권으로 초속 3m의 바람이 계속 불었을 경우다. 퍼져나가는 방사성 물질의 양도 많을 뿐더러 전체 원자력단지 가운데 서울과의 거리가 가장 짧아 사실상 수도권 전 지역이 피해범위에 포함되는 것으로 나타났기 때문이다. 우선 4단계 수준의 방사성물질은 40㎞ 가까이 날아가고, 5단계 방사성물질은 영월과 제천을 거쳐 원주 일부 지역까지 이르는 것으로 나타났다. ICRP 허용치 이상의 방사선은 수도권과 서울, 인천 전역을 관통해 서해에 닿는다. 이 경우 방사선의 영향 범위 내에 놓이는 사람의 수가 총 1900만 명 수준이라는 결론이다.

2012년 12월 관서학원대학 박승준 교수의 월성1·고리1호기 사고피해 시뮬레이션

2012년 12월 10일 환경운동연합이 박승준 일본 관서학원대학 종합정책학부 부교수의 연구로 〈한국 월성, 고리원전 1호기 사고피해 모의실험−일본 SEO code(세오 코드) 기법의 한국 원전 적용 두 번째 보고서〉를 펴냈다. 이 보고서는 일본의 원자력발전소 사고평가 프로그램인 세오 코드를 이용해 경제적 피해를 추정한 일본의 〈원자력발전소의 사고피해액 계산〉(박승준, 2002)을 한국의 핵발전소에 적용한 두 번째 보고서이다. 1차는 그해 5월 박 교수가 같은 기법을 적용해 영광, 고리원전사고의 피해 모의실험을 발표했다.

이때 고리1호기 사고로 방사능이 누출되면 장기적인 인명피해가 최대 90만여 명, 피난에 따른 경제적 피해가 최대 628조 원에 이르며, 방사능 유출사고가 발생하면 급성사망이 4만 7580명에 이르고 장기적 암사망으로 인한 피해가 최대 85만 명에 이르는 것으로 예측됐다. 2차 보고서는 이를 보완한 것이다.

첫 번째, 월성1호기에 대한 사고피해 시뮬레이션 결과이다. 월성1호기에 7등급의 대형사고가 발생했을 때, 울산으로 바람이 불고 피난을 하지 않는 경우를 상정하면 약 2만 명이 급성사망하고 암사망은 약 70만 3000여 명, 인명피해로 인한 경제적 피해는 362조 원에 이른다. 월성1호기에서 가장 가까운 도심이 울산이지만 월성1호기와 가장 가까운 북구까지 17.5㎞ 가량 떨어져 있어서 계획예방구역(8~10㎞)에 포함되지도 않고 행정구역이 다르기 때문에 일상적인 피난훈련은 물론 사고대비를 전혀 하지 않고 있다는 점, 도시라서 신속한 피난을 하기 어렵다는 점 때문에 빠르게 피난하기는 어려워 보인다. 피난을 할 경우 15일이 걸리는데 그럼에도 불구하고 급성사망자가 4313명, 암사망자는 약 9만 1000명으로 대폭 줄어들어 인명피해에 의한 경제적 손실액은 줄어든다. 하지만 피난으로 인한 인적·물적자본의 손해가 급증해 전체 경제적 피해는 1019조 원(2010년 명목GDP의 87%)으로 대폭 늘어난다. 울산과 부산 두 도시에 피해를 끼치는데다가 울산의 현대자동차, 석유화학단지 등 울산산업단지의 경제적 피해가 크기 때문이다.

거리가 80여 ㎞ 떨어진 대구시 쪽으로 바람이 부는 경우, 인구밀집지역이 다소 거리가 떨어져 있기 때문에 피난을 하지 않더라도 급성사망과 위독한 급성장애는 발생하지 않을 것으로 예상된다. 하지만 장기간에 걸친 암사망이 29만 명을 포함해서 유전장애 등의 만성장애로 백만 명이 넘는 인구가 고통을 받을 수 있으므로 피난조치를 취하게 되면 인명피해는 12만 명 정도로 줄어든다. 반면에 피난을 하지 않으면 인명피해로 인한 경제피해가 162조 원인데 피난을 하게 되면 경제피해가 779조 원으로 대폭 늘어난다.

월성1호기가 속한 경주시로 바람이 불 경우, 피난을 하지 않으면 급성사망 426명을 포함한 급성장애로 27만여 명이 고통을 받고 장기간에 걸친 암사망, 유전장애 등의 만성장애로 62만여 명의 인명피해가 예상된다. 15일 이내에 피난할 경우에는 급성사망자와 암사망자가 줄어드는 등 급성장애와 만성장애가 줄어들기는 하지만 피난을 하지 않을 때의 인명피해 등으로 인한 경제적 손해 194조 원이 피난할 경우 470조 원으로 늘어나게 된다.

월성1호기로부터 36㎞ 가량 떨어진 포항시 쪽으로 바람이 불고 피난을 하지 않을 경우 인구가 적어 급성사망자수가 68명으로 줄어들지만 암사망자 수는 20여만 명에 이른다. 피난조치를 취하게 되면 사망자수와 급성장애, 만성장애를 대폭 줄일 수 있다. 반면에 111조 원의 인명피해와 농업손해가 피난을 했을 경우에는 252조 원으로 늘어난다.

월성원전 인근에는 대도시가 여럿 위치해 있어서 어느 쪽으로 바람이 불든 대규모 인명피해는 물론 경제적 피해를 감수해야 한다. 특히 월성원전이 행정구역상 속해 있는 경주시보다 가까운 인근 울산시의 피해가 가장 크다. 울산은 월성1호기로부터 17.5㎞밖에 떨어져 있지 않아서 바람의 방향과 상관없이 큰 피해를 입을 가능성이 높다. 피난을 하게 되면 인명피해를 줄일 수 있지만 줄어든 인명피해로 인한 경제적 이익보다 피난으로 예상되는 인적·물적 자본의 손해가 엄청나다. 피난조치에 대한 딜레마가 발생할 수 있다. 그렇다고 해서 경제적인 이유로 인명피해를 방관해서는 안 된다는 것이다.

두 번째, 고리1호기에 대한 사고피해 시뮬레이션 결과이다. 고리1호기에서 대형사고가 발생했을 때 남풍이 불어 북쪽으로 바람이 부는 경우를 가정하면 부산시는 피해를 입지 않지만 울산시가 가장 큰 피해를 받는다. 고리1호기에서 거대사고가 발생했을 때 울산으로 바람이 부는 경우를 가정하면 피난구역은 146㎞까지 확대된다. 피난하지 않을 경우 급성사망자가 889명 발생하고 암사망자는 39만 8000명가량 발생해서 인명피해로 인한 경제적 피해액이 490조 원에 이른다.

울산이라도 2일 이내에 먼저 피난하고 다른 지역은 15일 이내에 피난할 경우 급성사망자는 없고 암사망자가 4만 2000명가량 발생하는 것으로 인명피해는 줄어들지만 경제적 피해액이 869조 원에 이른다. 하지만 인근 대도시인 울산도 다른 지역과 마찬가지로 15일 이내에 피난할 경우 급성사망자는 166명, 암사망자가 5만 3000명가량이며 경제적 피해액이 875조 원(2010년 명목 GDP의 74.6%)에 이른다. 피난조치를 취하게 되면 급성장애나 장기간에 걸쳐 나타나는 만성장애의 발생수를 줄일 수 있지만 2일과 15일의 피난기간 차이로 인한 만성장애 감소는 별로 크지 않다. 피난기간 2일로는 방사성물질로 인한 피폭을 충분히 피할 수 없기 때문에 피난이 필요하다고 판단되면 신속한 피난이 중요함을 보여준다.

또한, 피난조치로 인한 경제적 피해가 급증하는 이유는 울산과 포항시가 영향권에 있기 때문인데 두 곳 다 산업체들이 많이 분포해 있기 때문이다. 현대자동차, 석유화학단지, 포항제철 모두 피해를 입어 산업의 근간에 영향을 미칠 것으로 보인다.

이 분석에서는 인적 피해를 중심으로 인적 피해의 경제적 환산가치와 피난비용과 피난으로 인한 인적·물적 자본, 소득상실비용만 경제적 피해로 산출했다. 1차 분석 때와 달리 어업피해는 산정하지 않았다. 원전사고가 발생하기 전 상태로 회복하기 위한 방사능오염 제거작업(제염작업)이나 사고수습비용, 폐로비용, 사고로 인해 발생한 방사능오염수나 폐기물비용은 계산에 포함되지 않았다. 그럼에도 불구하고 최대 인명피해가 지난 1차 분석 때의 90여만 명보다

적은 72만 명이지만 경제적 피해 최고액은 지난 1차 실험 때 최고 손해액인 628조 원보다 높은 1019조 원이 예상된다. 부산보다 상대적으로 적은 인구밀도지만 산업단지가 피해를 입기 때문이다.

선행 연구된 독일, 일본의 결과와 비교해 보면 집단피폭량과 그에 따른 인명피해가 대부분의 경우에서 비슷한데 한국이 고리원전의 경우 대도시, 부산에 있기에 인명피해가 더 크다. 그럼에도 불구하고 피해금액이 전반적으로 더 낮은 이유는 한국의 통계적 생명가치(VSL)가 이들 국가들보다 낮기 때문이라는 지적이 있다.

2018년 1월 산업조직학회의 후쿠시마 규모 상정 한국 원전사고 시 사고비용 추정

"우리나라에서 일본 후쿠시마원전사고와 같은 사고가 일어날 경우 최대 2492조 원의 피해가 발생한다는 한국전력 연구용역보고서가 2018년 10월 2일 공개됐다. 국내 원전부지별 사고 시 발생하는 손해비용이 추산된 것은 이번이 처음이다. 이를 토대로 산정된 '사고위험비용'은 현재 원전 발전원가에 포함되지 않고 있다. 이를 제대로 반영할 경우 '원전=값싼 에너지'라는 보수야당과 일부 보수언론의 주장은 설득력을 잃게 될 것으로 보인다."

경향신문(2018.10.3)은 이러한 머리말과 함께 더불어민주당 이훈 의원이 이날 공개한 한국전력의 〈균등화 발전원가 해외사례 조사 및 시사점 분석〉 보고서*를 토대로 일본경제연구센터(JCER) 기

---

* 이 보고서는 한국전력공사가 산업조직학회에 의뢰한 것으로 2018년 1월에 작성됐으며, 보고서 내용을 대외적으로 발표하거나 활용, 인용 및 복사하고자 할 때는 한국전력공사의 사전승인을 받아야 한다는 주의문이 붙어 있어 여기서는 경향신문(2018.10.3)의 보도내용을

준으로 분석했을 때 중대사고 발생 시 고리원전의 총 손해비용은 2492조 4000억 원, 월성원전 1419조 8000억 원, 영광원전 907조 원, 울진원전 864조 7000억 원, 4개 지역 평균 피해액수가 1421조 원이라고 밝혔다.

방사성폐기물처리비용을 빼고 추산하더라도, 고리원전 1911조 4000억 원, 월성원전 838조 8000억 원, 영광원전 326조 원, 울진원전 283조 7000억 원 등 4개 지역 평균 840조 원의 손해비용이 발생하는 것으로 나타났다.

보고서에 따르면 원전의 균등화발전비용(현 발전원가에 환경오염·사고비 등 외부비용을 합친 것)은 79.80~89.51원(원/kWh, 2017년 기준)으로 추산됐다. 하지만 이 비용도 방폐물처리비용(kWh당 23.1원)은 제외된 채 산정됐다. 이 의원은 "원전사고 발생 시 제염(방사성물질 제거작업)만 하고 방폐처리를 안 하는 것은 러시아 체르노빌같이 방치를 하는 것"이라며 "방폐물처리비용 역시 원전 발전원가에 반영해야 한다"고 지적했다. 그러면서 "(방폐물처리비용 반영 시) 현재 발전단가는 66원대에서 56.49원이 더 오른 122.5원으로 2배 가까이 띈다"고 밝혔다.

이러한 비용은 일본경제연구센터의 분석방식에 따라 추산됐다. 후쿠시마와 같은 중대사고 발생을 전제로 하되, 원전지역의 인구밀집도·지역총소득·지역평균임금 등을 보정한 것이다. JCER은 일본의 민간 싱크탱크로, 2017년 4월 두 번째 후쿠시마사고비용 전망 결과를 발표한 바 있다.

중심으로 소개한다.

보고서는 "후쿠시마사고는 최근의 사고이면서도 구체적인 손해비용 관련 자료들이 비교적 체계적으로 집계돼 원전사고위험 산정에 가장 중요한 사례"라고 밝혔다.

주목할 만한 부분은 국내 원전 지역의 인구밀집도다. 부산 고리원전 반경 30㎞에 거주하는 인구는 344만 명으로, 같은 범위에 거주하는 후쿠시마의 인구(14만 명)보다 무려 24배 많다. 원전사고 발생 시 국내 피해 규모는 더 클 수밖에 없다. 이훈 의원은 "한전의 추산보다 더 큰 사고비용을 감당해야 할 수 있다"고 밝혔다.

보고서는 그러면서 사용 목적에 따라 계산법이 달라질 수 있는 균등화발전비용에 사고위험비용 등 '외부비용'이 당연히 포함돼야 한다고 지적했다. 원전은 연료비는 저렴하지만, 손해비용을 토대로 산출한 사고위험비용 등 '사회적 비용'이 발전원가를 좌우한다. 이 비용이 제대로 반영된다면, 원전의 발전원가는 지금보다 크게 오를 수 있다. '싸고 깨끗한 에너지'라는 원전의 이면이 드러난 것이다. 이러한 한전 보고서는 원전의 사회적 비용, 특히 원전사고 비용을 반영한 결과이다. 그동안 우리나라에서 한전을 비롯한 공식적인 기관이 원전의 사고비용을 추정해 발표한 경우는 없다(경향신문, 2018.10.3).

한국전력의 연구서가 의미가 있는 것은 원전사고의 손해규모 산정을 위해 후쿠시마사고 사례의 손해규모를 우리나라에 적용하는 보정방식 및 보정계수를 국내 원전의 입지여건에 설정하여 분석하였다는 점이다. 이를 위해 한일 양국 간 원전 주변지역 인구, 지역총소득, 지역평균임금 등의 자료를 수집하여 반영하였으며, 또한 후쿠시마 손해규모 견적과 관련하여 기존 일본의 비용산정에 사용된 원자료들의 검증을 위해 후쿠시마원전 사례의 반경 30km 내 인구 관련 다수 집계자료의 비교검토, 주기적 변수인 계절영향의 반영, 후쿠시마 총손해규모 견적에서 그간 일본 원자력손해배상기구 자료에서 누락되어 온 항목들을 반영한 점이 돋보인다.

표 5-1 일본경제연구센터(2017.4) 기준 원전부지별 중대사고 시 총손해비용(단위: 조 원)

	울진	월성	고리	영광	4개 지역 평균
손해배상액	39.9	595.0	1,667.6	82.2	596.2
폐로	94	94	94	94	94
제염	138.4	138.4	138.4	138.4	138.4
(경주반입기준)	(719.4)	(719.4)	(719.4)	(719.4)	(719.4)
행정경비	11.4	11.4	11.4	11.4	11.40
합계	283.7	838.8	1,911.4	326	840
(경주반입기준)	(864.7)	(1,419.8)	(2,492.4)	(907)	(1,421)

출처: 산업조직학회, 균등화 발전원가 해외사례 조사 및 시사점 분석, 한국전력공사, 2018.1. p.130. 경향신문, 2018.10.3. 재인용.

원전재해의 이론적 피해범위

핵발전소사고 발생 시 이러한 피해 수치의 예측도 중요하지만 정작 중요한 것은 주민의 입장에서 이러한 피해에 어떻게 대처할 수 있을까 하는 것이다.

시미즈 슈지(淸水修二) 후쿠시마대학 부학장은 《원전에 또 다시 지역의 미래를 맡길 것인가(原發になお地域の未來を託せるか)》(2011)라는 책에서 원전의 경우 피난과 대피 시 주민들의 심리적, 윤리적 문제가 크다는 점을 지적한다.

첫째, 피난을 둘러싼 갈등이 있다. 가족의 소재 확인이 어려운 경우 혼자만 도피하기도 어렵고, 독거노인의 경우 피난이 사실상 불가능하다. 결국 정부 지시가 없으면 피난하기 어렵기에 당국에 대한 신뢰가 무엇보다 중요하다. 둘째, 방사선 허용량이 어느 정도인가 하는 것이다. 실제 허용치는 안전치와 다르기에 원전당국이 말하는 허용치를 그대로 받아들일 수 있는가 하는 문제로 연결된다. 셋째, 농업인이 안고 있는 고뇌는 훨씬 심각하다. 토염된 토양에 작물을 재배해야 할지 결심이 안 서는데다 농산물 판매가 사실상 불가능해지기 때문이다. 넷째, 지역 이미지 피해와 인권의 문제가 있다. 실제로 후쿠시마원전사고 이후 후쿠시마현 출신이 외지에서 입주를 거부당하는 사례가 빈발했고, 피폭자의 경우 사회적 차별을 받고 있는 것으로 언론에 드러났다. 다섯째, 원전사고 현장의 작업종사자 문제도 심각하다. 실제로 사고현장 수습에 누가 투입될 것이며, 그들의 안전을 누가 책임질 것인가 하는 문제가 있다. 여섯째, 공식정보를 믿지 않는다는 문제가 있다. 특히 후쿠시마원전사고 당일에 TV에서 후쿠시마1호기 원자로 건물이 날아갔는데도 원전당국이 전혀 딴 소리를 하고 있었다는 것이다.

시미즈 후쿠시마대학 부학장은 '원전재해의 이론적 피해범위'를 정리했는데 이는 〈표 5-2〉와 같다.

표 5-2 원전재해의 이론적 피해범위

(1) 피난 대피의 계속으로 사업소나 농어업의 영업상 손실
(2) 사업소의 휴업으로 인한 임금수입 단절
(3) 발전소의 휴업 내지 폐지로 인한 고용의 상실
(4) 관련 기업(혹은 기타 입지기업)의 퇴출로 인한 고용 상실
(5) 피난에 따른 지출(지자체 사무소 포함)

(6) 현장작업에 종사한 지역노동자의 건강피해
(7) 피난 및 대피 스트레스에 기인한 주민의 건강장애
(8) 대기오염대책에 필요한 제 물자(물과 비상식량)에 대한 지출
(9) 이미지 저하로 인한 농업 손실
(10) 일손 지체로 인한 농업 손실
(11) 토양 방사능오염으로 인한 장기적 농업피해
(12) 해양오염에 의한 어업피해
(13) 지역 이미지 실추로 인한 관광객 감소
(14) 쓰나미피해로부터의 복구(농지의 염해 제거 등) 지연·저해 등에 따른 손실
(15) 지역 대학에 대한 입학자 감소
(16) 학교의 휴교·중단으로 인한 교육상 손실
(17) 지자체의 기능 이전 및 기능 저하의 영향
(18) 방사선 모니터링 기기 및 인원의 정비에 소요되는 지출
(19) 발전소로부터의 세수(특히 고정자산세)의 대폭 감소로 인한 행정서비스의 저하
(20) 법인소득 및 개인소득의 감소에 따른 세수 감소
(21) 방사능오염이나 이미지 저하 등에 의한 부동산가치의 저하

출처: 清水修二, 原發になお地域の未來を託せるか, 自治体研究社, 2011, p.28.

　　이러한 원전사고에 대한 피해 보상은 일본이 타산지석이다. 일본의 경우 1961년 일본 '원자력 손해 배상에 관한 법률'이 제정됐고, 1999년 발생한 JCO사고 이후 배상상한액이 인상돼 현재에 이르고 있다. 이 법률의 핵심은 '원자력사고의 손해를 배상할 책임이 전력회사 등 원자력 사업자에 있다. 다만 사고 원인이 사회적 난동이나 천재지변, 지진 등의 경우는 배상하지 않아도 좋다'는 것이다. 지불능력 확보를 위해 법률이 원자력사업자에게 요구하고 있는 것은 사업자당 상한액 600억 엔의 배상책임보험 가입뿐이다. 천재지변, 지진 등의 원인이나 손해액이 600억 엔을 초과할 경우 원자력 사업자는 '원자력손해배보상계약'을 정부와 체결해 결국 대형사고의 보상은 정부가 책임을 지게 돼 있고, 국민이 세금을 부담하게 돼 있다

는 것이다.[9]

　우리나라에는 아직 정부 또는 지자체 차원에서 원전사고 전
개과정이나 피해에 대한 시뮬레이션이 발표된 적이 없다. 이는 국
민들에게 원전사고에 대한 불안감을 주는 측면도 있다고 하지만 정
작 중요한 것은 사고 발생가능성을 인정하고 이에 따른 대책을 마
련하는 일이다.

원전의 정책비용

　원전의 정책비용은 원자력발전을 유지하기 위해 정부가 재정
사업으로 지원하는 각종 사업비를 말한다. 개별사업으로는 원자력
발전의 안전성 및 성능 향상을 위한 연구개발비, 원자력발전에 대한
수용성을 높이기 위한 주변지역 지원사업, 홍보사업, 원자력 관련
기관 운영비 등이 있다.

　우리나라는 원자력발전을 위한 재정이 일반회계와 원자력연
구개발기금, 전력산업기반기금, 방사성폐기물관리기금 등을 통해 지
원되고 있다. 기금의 여유자금을 제외하고 일반회계와 3개 기금에
서 지원하는 금액이 2009년 5897억 원이며 2013년에는 8125억 원으
로 38%가 증가했다. 이 중 원자력연구개발기금과 방사성폐기물관리
기금은 원자력발전 사업자가 100% 부담한다. 이는 원자력발전 비용
의 직접비용 중 운전유지비에 포함돼 있기도 하다. 정책적으로 원자
력발전을 지원하기 위한 사업비는 방사성폐기물관리기금과 원자력
연구개발기금을 제외한 일반회계와 전력산업기반기금으로 지출한

원자력 관련 사업의 합으로 2009년 3447억 원이었으며, 2013년에는 5169억 원으로 연평균 10.7%가 증가했다. 2013년의 사업비는 전체 원자력 관련 재정지출의 56%에 해당했다.

〈표 5-3〉은 원자력 관련 재정지원 현황을 잘 보여주고 있다.

표 5-3 원자력 관련 재정지원 현황(단위 억 원, %)

		2009	2010	2011	2012	2013	2014
	합계	5,732	5,398	7,709	8,632	9,774	7,280
정책비용	일반회계	660	711	1,070	1,535	1,972	2,214
	미래부 소관사업	442	462	597	767	1,054	1,238
	원안위 소관사업	–	–	73	295	431	477
	한국원자력안전기술원	1,529	1731	2,222	278	269	308
	한국원자력통제기술원	654	762	1,778	195	218	192
	전력산업기반기금	1,441	1,395	1,735	1,627	1,892	1,521
	발전소주변지역지원사업	831	755	636	564	804	490
	원자력융합원천기술개발	610	640	957	924	963	–
	원자력수출산업화지원	–	–	34	44	41	37
	원자력대국민홍보	–	–	98	85	77	64
	국제원자력기능인력교육원	–	–	10	10	8	7
	원자력융합핵심기술개발	–	–	–	–	–	923
	에너지자원사업특별회계	1,347	970	1,157	1,246	1,305	1,357
	한국원자력연구원	1,347	970	1,157	1,246	1,305	1,357
	소계	3,447	3,076	3962	4,408	5,170	5,093
	(비중)	(60)	(57)	(51)	(51)	(56)	(59)
직접비용	방사성폐기물관리기금	456	566	1,960	2,434	2,008	1,517
	원자력연구개발기금	1,828	1,757	1,787	1,790	2,100	2,027
	소계	2,284	2,323	3,747	4,223	4,108	3,544
	(비중)	(40)	(43)	(49)	(49)	(44)	(49)

주: 원자력연구개발기금과 방폐기금의 여유자금운영분, 원자력안전위원회 등의 정부기관 운영비는 포함하지 않음. 공공기관은 정부 출자금만 포함.

출처: 허가형, 원자력 발전비용의 쟁점과 과제, 국회예산정책처, 2014.3. p.94.

일반회계는 원자력 관련 기초연구개발사업과 국가 원자력의 위상을 제고하기 위한 국제협력활동 지원사업, 원자력 관련 공공기관에 대한 출자금에 지원되고 있으며, 2013년의 지원액은 2654억 원이다. 출자금이 지원되는 공공기관은 원자력안전기술원, 원자력통제기술원, 원자력연구원이다. 원자력안전기술원과 원자력통제기술원은 안전규제 관련 기관으로 2013년 각각 269억 원과 218억 원이 지원됐다. 원자력연구원은 차세대 원자로 개발을 위한 연구기관으로 2013년 출연금은 1305억 원이었다.

원자력발전의 정책비용을 발전량에 비춰보면 얼마 정도될까? 국회예산정책처(2013)에 따르면 원자력발전의 정책비용은 〈표 5-4〉와 같다.

표 5-4 원자력발전의 정책비용

	2010	2011	2012	2013
정책비용 (백만 원)	307,580	396,200	440,805	516,942
발전량 (GWh)	140,876	147,167	140,557	132,465
발전량당 정책비용 (원/kWh)	2.18	2.69	3.14	3.9

출처: 허가형, 원자력 발전비용의 쟁점과 과제, 국회예산정책처, 2014.3. p.95.

2010년의 재정사업 규모는 약 3076억 원이며 발전량은 14만 876kWh로 발전량 kWh당 정책비용은 2.18원이었다. 2013년의 경우 재정사업은 5169억 원으로 증가했으나 부품 안전성의 문제로 발전량은 예년보다 낮은 13만 2465GWh로 발전량당 정책비용이 3.9원/kWh

으로 증가했다. 이는 후쿠시마사고 전인 2010년과 2013년의 발전량당 정책비용을 비교해 보면 3년 만에 무려 79%나 증가했음을 알 수 있다(허가형, 2014).

정책비용은 정부의 원전정책에 따라 유동적인 면도 많다. 최근 사용후핵연료 재활용기술인 파이로프로세싱과 소듐냉각고속로(SFR) 연구개발을 둘러싼 논란처럼 정부의 의지에 따라 정책비용이 현저히 늘어나거나 줄어들 수 있다. 뉴스1(2018.5.1)은 정부가 원전에서 나오는 사용후핵연료 재활용기술인 파이로프로세싱과 소듐냉각고속로(SFR) 연구개발을 재개하기로 최종 결론을 내렸다고 밝히고 있다. 이것은 2018년 3월 사업재검토위원회가 내놓은 권고 사항을 받아들이기로 한 것이다. 재검토위는 연구를 수행해 왔던 한국원자력연구원 관계자와 이에 반대하는 탈원전 시민단체 구성원 등을 포함해 양측 패널들의 주장을 검증하는 공론화 과정을 거쳤다. 하지만 반대 측 패널들이 제대로 참여하지 않은 상태에서 내린 결론이어서 이번 공론화 자체가 무의미했다는 지적이 나온다.

과학기술정보통신부가 2020년까지 해당 연구개발사업을 지원하기로 결정했다고 밝힘에 따라 2018년에는 국회가 사전에 조건부 확정한 예산 406억 원이 지원된다. 파이로프로세싱은 원전에서 나오는 고준위 방사성폐기물인 사용후핵연료에 포함된 고독성·장반감기 핵종을 분리해 차세대 원자로인 SFR의 연료로 재처리하는 기술이다. 사용후핵연료의 부피를 20분의 1로 줄이고 방사능도 1000분의 1로 줄일 수 있는 것으로 알려졌다. 정부는 이 사업에 1997년부터 현재까지 6794억 원을 투입했다. 그러나 탈원전 시민단체 등은 파이로프로세싱이 원전 운영을 전제로 하는 기술이라는 점과 안전성을 담보할 수 없다는 점, 핵무장에 활용될 수 있다는 점 등을 들어 연구개발 중단을 요구해 왔다. 국회에서도 기술의 실현가능성, 투자 대비 효용성에 의문을 제기했다.

　　오시마 겐이치(2013)는 원자력은 기술적으로 미완성인데다 지역사회로부터는 받아들여지기 어려운 에너지원이기에 원자력발전은 국가로부터의 재정지출이 없으면 장기적으로 계속할 수 없다고 강조한다. 국가가 자금면에서 지지하고 있기에 원자력발전은 유지가 능하다는 것이다. 일본의 경우 전원에 대한 정책비용은 목적에 따라 두 종류가 있는데 ①기술개발비용 ②입지대책비용이 그것이다. ①기술개발비용은 일본원자력연구개발기구의 운영비 등으로 이것은 전형적인 예로 고속증식로 몬주의 연구개발비로 나가고 있다. ②입지대책비용은 전원3법에 바탕을 둔 전원입지지역에 대한 교부금이 중심이 돼 있다. 이 교부금은 지역지자체의 반대를 누그러뜨려 원전의 유치를 이끌어내 왔다. 이 교부금 없이 원전을 유치하는 지자체는 없다고 해도 좋을 정도로 일본의 원자력개발을 지탱하는 시스템이 돼 있다.

　　예를 들면 출력 135만kW의 원전이 신설되면 입지 지자체나 주변 지자체, 광역지자체에 대해 전원입지지역대책교부금과 원자력발전시설입지지역 공생교부금이 교부되게 돼 있다. 여기서 전원입지지역대책교부금 가운데는 원자력발전시설 등 입지지역장기발전대책교부금 상당부분, 전력이출현 등 교부금 상당부분, 원자력발전시설 등 주변지역교부금 상당부분, 전원입지촉진대책교부금 상당부분, 전원입지 등 초기대책교부금 상당부분이 포함돼 있다. 이처럼 1974년에 전원3법시스템이 만들어진 이래 다양한 교부금이 추가에 추가를 더

한 결과 다종다양한 교부금이 생겨 너무 복잡하기에 전원입지지역대책교부금으로 통일됐다.

일본의 지자체는 환경영향평가 대상이 된 다음 연도부터 이들 교부금의 대상이 된다. 건설기간을 10년으로 잡은 경우 운전개시까지 449억 엔이 지자체(교부금에 의해 시정촌에 들어가는 것도 있고 현에 들어가는 것도 있다)에 교부된다. 그 뒤에는 지역지자체에는 주로 고정자산세를 중심으로 한 세수가 주어진다. 운전개시 후에도 연간 20억 엔 정도의 교부금이 주어지고 운전개시 후 30년을 넘어 원전이 노후화하면 새로이 원자력발전시설입지지역공생교부금이 추가되고 30~34년째는 30억 엔 정도가 지자체에 들어간다. 이들을 모두 합하면 원전 1기당 1240억 엔이 45년간에 교부된다.

전원3법교부금은 전원개발촉진세를 재원으로 한다. 이 세금은 전기요금에 부과돼 징수되기에 재정수요가 없이도 자금적으로는 매년 확보된다. 이 때문에 입지가 잘 진척되지 않을 때에는 예산이 남아돌아 1980년대에는 예산소화율이 3할대를 기록했을 정도이다. 특히 2003년도부터는 지역산업 진흥, 지역사업, 외국인강사 채용에 의한 외국어수업까지 지원 대상이 됐다.

과거 교부금의 용도는 공민관이나 체육관, 온수풀장 등 공공시설의 건설 등에 한정됐지만 이는 지금도 교부금의 주된 용도이다. 이처럼 기술개발비용, 입지대책비용은 원자력발전에 불가결하다. 따라서 오시마는 이를 원전비용의 일부로 보아 정책비용을 계산한다.

정책비용=(기술개발비용+입지대책비용)÷발전량

이에 따라 계산을 하면 1970~2010년도 기간에 원자력에 대해 기술개발비용에 kW당 1.46엔, 입지대책비용에 0.26엔이 들었다. 이에 대해 화력은 각각 0.01엔, 0.03엔, 수력은 각각 0.08엔, 0.02엔에 불과하다. 결국 원자력은 화력에 비해 43배, 수력에 비해 17배의 정책비용이 든 것이다. 원자력은 다른 전원에 비해 특별우대조치를 계속 받아왔다고 지적한다.

오시마가 발전의 직접비용과 정책비용의 계산결과를 정리해 작성한 원전의 실제 비용(1970~2010년도 평균)은 〈표 5-5〉와 같다.

표 5-5 원전의 실제 비용(1970~2010년도 평균)

	발전의 직접비용	정책비용		합계
		연구개발비용	입지대책비용	
원자력	8.53	1.46	0.26	10.25
화력	9.87	0.01	0.03	9.91
수력	7.09	0.08	0.02	7.19
일반수력	3.86	0.04	0.01	3.91
양수	52.04	0.86	0.16	53.07

출처: 大島堅一, 原発のコスト: エネルギー転換への視点, 岩波書店, 2011, p.112.

여기서는 가장 싼 것이 일반수력이었다. 양수발전은 전력수요의 조정을 위한 전원이기에 이것을 빼고 생각하면, 실적치에서는 원자력이 가장 비싸다. 국민적 부담이라는 점에서 보면 원자력발전이야말로 경제성이 나쁜 전원이었다고 말할 수 있다.

안전규제비용

원전의 안전규제비용은 원자력발전에 대한 안전성을 높이고 사회적 수용성을 제고하기 위해 각종 안전규제가 강화되고 있는데 그로 인한 추가 안전설비 보강 및 운전관리비의 증가에 따라 발생하는 비용을 의미한다. 동일한 부품이라도 안전성 확보를 위해 시험 인증서를 첨부하게 되면 해당 부품의 가격이 높아지는데 이러한 비용은 규제로 인해 발생하기 때문이다.

문제는 안전규제비용을 외부비용으로 분류해야 하는가에 대해서는 견해가 다를 수 있다. 규제가 정해지는 순간 직접비용 중 건설비나 운전유지비에 포함되기 때문이다. 그러나 기존의 규제로 인한 비용은 직접비용에 포함되지만 아직 시행되지 않은 규제 혹은 선택되지 않은 규제로 인한 비용은 시장가격에 반영되지 않았다는 점에서 외부비용으로 볼 수 있다.

2011년 후쿠시마사고 이후 안전설비 보강비용으로 인한 원전 운전유지비가 매우 상승하고 있다. 우리나라는 2018년까지 7조 5000억 원을 안전설비 보강비용으로 지출할 예정이다.* 후쿠시마 후속대책 46개 개선사항에 대해 장기가동원전의 주요설비 교체 등 안전설비 보강에 드는 돈이다. 우리나라뿐만 아니라 전 세계 원전의 안전설비 보강비용도 매우 늘어나고 있다. 미국은 2018년까지 102기의 원전을 대상으로 약 27조 원의 안전설비투자를 할 예정이며, 프

---

* 한수원 자료에 따르면 2018년 8월 현재 한수원 전체의 후쿠시마 후속조치비용은 6527억 원(목표년도 2020년)으로 현재 총 56건 중 48건에 2598억 원을 집행했다. 이와 별도로 박근혜 정부 당시 2013년 4월 가동원전 스트레스테스트 안전개선비용이 3265억 원(목표년도 2021년)으로 현재 총 71건 중 31건이 조치 완료됐다.

랑스도 2018년까지 58기 원전을 대상으로 약 14조 4000억 원을 투자할 예정이다.

한수원이 계획한 안전설비 보강비용은 호기당 3260억 원으로 미국과 프랑스에 비해 호기당 투자비는 더 많으며 신형 원전 건설비의 10%에 상당하는 금액이다.

우리나라를 비롯한 각국의 원전 안전설비 보강비용을 정리한 것이 〈표 5-6〉이다.

표 5-6 세계 각국 원전 안전설비 보강비용

	대상 호기	안전설비 보강비용	호기당 비용	투자기간	비용내역
한국	30기	7조 5000 억 원 (1조 1000억 원)	3260억 원 (480억 원)	2013~2018 (2012~2016)	후쿠시마 후속대책 46개 개선사항 및 장기가동 원전 주요설비 교체 등 안전설비 보강
미국	102기	27조원 (4조 2000 억 원)	2650억 원 (400억 원)	2013~2018	이동형 발전차량과 같은 FLEX설비 등 후쿠시마 후속대책, 기타 NRC기준에 따른 안전설비 보강
프랑스	58기	14조 4000 억 원	2500억 원	~2018	후쿠시마 후속대책비용을 포함한 안전설비 보강
일본	50기	17조 5000 억 원	3500억 원	불명확	일본원자력규제위원회 신안전기준에 따른 안전설비 보강

주: 한국의 안전설비 보강비용 중 ( ) 내용은 2011년 5월 후쿠시마 후속 안전개선대책 발표에 따른 투자비임.

출처: 한국수력원자력 제출자료. 허가형, 원자력 발전비용의 쟁점과 과제, 국회예산정책처, 2014.3. p.70. 재인용.

입지갈등비용

입지갈등비용은 원자력발전과 관련된 시설의 입지 선정과정에서 발생하는 비용이다. 입지 선정과정에서 의견 충돌로 인해 발생하는 사회적 소요의 비용, 입지를 선정하는 데 합의가 이루어지지 않아 사업이 지연돼 발생하는 비용, 합의를 이루기 위한 행정지원비용 등이 포함된다. 입지가 결정된 이후에는 주변지역에 대한 지원은 주변지역지원사업을 통해 재정으로 지원되거나 발전사업자의 특별지원금 등으로 발전소의 운영유지비에 포함되므로 입지갈등비용은 입지를 선정하는 과정에서 발생하는 각종 비용을 의미한다. 입지를 선정하는 과정에서 발생하는 갈등비용은 직접비용에 포함되지 않기에 외부비용에 속한다.

고준위방사성폐기물 처분장의 입지갈등

원자력 관련 시설의 입지 선정은 사회적 합의가 어려운 대표적인 시설이다. 특히 문제가 되는 것은 사용후핵연료를 포함한 고준위방사성폐기물이다. 사용후핵연료 처분방식과 입지의 결정과정에서 사회적 갈등비용이 발생할 가능성이 높다. 고준위방사성폐기물 처리장의 입지선정은 중저준위방사성폐기물 처리장의 입지선정 과정을 통해 갈등비용을 예상할 수 있다.

우리나라의 사용후핵연료는 원자력발전소 내 임시저장되고 있으나 2016년부터 처분용량이 포화되기 시작했다. 월성(중수로)원전이 2018년, 한빛원전이 2019년, 한울원전이 2021년에 각각 포화될 예정이다. 단기적으로 저장조 용량 증대 혹은 조밀저장 등으로 사용후핵연료를 소내저장하는 것은 가능하다. 그러나 궁극적인 해결방안으로 사용후핵연료의 최종처분은 심층저장이나 순환핵연료주기 시스템 완성이 필요하다.

우리나라의 방사성폐기물에 대한 처분은 1984년 '방사성폐기물 관리대책 특별전문위원회'부터 시작했다. 그해 10월 개최된 제211차 원자력위원회에서 방사성폐기물 관리 3대 원칙*을 의결하고, 1988년 7월 개최된 제220차 원자력위원회에서 영구처분장을 1995년까지 건설하기로 의결했고 방사성폐기물처리장 부지선정사업을 시작했다. 하지만 후보지로 선정된 지역마다 주민들은 방사성폐기물처리장의 기술적 안전성 및 정부의 정책 신뢰성을 문제 삼아 결사적으로 반대했고, 결국 20년 동안 수많은 정책실패를 경험하고 2005년에야 경주에 입지선정을 마무리할 수 있었다. 2004년 12월 제253차 원자력위원회는 중저준위방사성폐기물 처리장을 우선 건설하고 사용후핵연료의 처분은 중저준위특별법 제18조에 의거해 충분한 논의를 거쳐 국민적 공감대하에서 추진하기로 의결했다.

우리나라에서 중저준위방사성폐기물 처리장의 입지선정의 역사를 둘러보면 정말 지난했다. 정지범(2010)에 따르면 제1기는 1986년 '원자력법' 개정을 통해 방폐물 처리에 대한 법적 기반을 마련하고 원자력연구소를 중심으로 비공개 조사를 통해 후보지를 선정하는 과정을 거쳤다. 가장 먼저 후보지로 선정된 곳은 충남 안면도였으나 주민반대로 철회됐고, 2차 후보지는 강원 고성·양양, 경북 울

---

* 첫째, 중저준위방사성폐기물은 육지처분을 원칙으로 한다. 둘째, 중저준위방사성폐기물의 영구처분장을 원전부지 외부에 집중적으로 건설한다. 셋째, 방사성폐기물 관리에 소요되는 경비는 폐기물을 발생하는 자가 부담한다.

진·영일, 전남 장흥, 충남 안면 등 6곳이었으나 주민반대로 모두 실패했다.

　　제2기는 '방사성폐기물 관리사업의 촉진 및 그 시설 주변지역 지원에 관한 법률'을 제정해 입지 주변지역에 대한 지원근거를 마련해 경제적 보상을 법제화했다. 경남 양산, 경북 울진에서 신청했으나 주민반대시위로 무산됐고, 이후 지역주민의 높은 찬성률을 이유로 경기도 굴업도를 후보지로 발표했으나 주민반대 및 활성단층 발견으로 백지화됐다. 이에 1998년 9월 원자력위원회는 방사성폐기물처리장 입지선정을 정부주도방식에서 유치공모방식으로 변경해 지자체 유치공모를 통해 2003년 2월 경북 영덕·울진, 전남 영광, 전북 고창 등을 후보지로 발표했으나 지자체장의 반대로 백지화됐다. 이에 정부는 그해 3월 국무회의를 통해 지자체에 대한 특별지원금 3000억 원과 한수원 본사 이전, 양성자가속기사업 연계 추진 등 보상정책을 발표했고 부안군수가 유치를 신청했으나 주민반대로 백지화됐다.

　　제3기는 2003년 12월 정부는 부지선정과정에 주민투표 도입 방침을 발표하고, 2004년 12월 원자력위원회가 중저준위폐기물과 고준위폐기물의 분리방침을 명확히 해 2005년 '중저준위방사성폐기물 처분시설의 유치지역 지원에 관한 특별법' 제정과 함께 공모에 나서 경주, 군산, 영덕, 포항이 지역의회 동의를 통해 방사성폐기물 처분시설의 유치 신청에 나서 지역주민투표를 실시한 결과 찬성률이 가장 높은 경주시가 최종부지로 선정됐다.

　　이처럼 방사성폐기물처리장 입지선정은 단순히 갈등비용을 지불하는 문제가 아니라 정치적 의사결정과정의 문제로 매우 어려운 면을 갖고 있다. 더욱이 고준위방사성폐기물 처리장 입지문제의 경우 전 세계적으로 풀어나가는 데 큰 애로를 겪고 있다.

중저준위폐기물 처분장의 입지갈등비용에 대한 국회예산정책처의 자료는 〈표 5-7〉과 같다.

표 5-7 중저준위폐기물 처분장의 입지갈등비용

항 목	비 용
중저준위폐기물 처분단가(백만 원/㎥)	65.52
주요 국가의 방사성폐기물 처분단가(백만 원/㎥)	15.31
처분단가의 차이(백만 원/㎥)	50.21
누적 중저준위폐기물 발생량(㎥)	18,712
총 추가비용(백만 원)	939,459

주: 주요 국가의 방사성폐기물 처분단가는 미국, 프랑스, 영국, 스웨덴의 중저준위폐기물 처분단가의 평균임.

출처: 한국수력원자력 제출자료. 허가형, 원자력 발전비용의 쟁점과 과제, 국회예산정책처, 2014.3. p.88. 재인용.

중저준위폐기물 처분장의 입지갈등비용에 대해선 우리나라와 주요 국가의 중저준위방사성폐기물 처분단가의 차이를 비교해 가늠할 수 있을 것이다. 우리나라의 중저준위폐기물 처분단가는 1㎥당 6552만 원으로 미국, 프랑스, 영국, 스웨덴의 중저준위폐기물 평균 처분단가인 1531만 원보다 4.3배나 많다. 이를 누적된 중저준위폐기물 발생량에 곱하면 지금까지의 총 추가비용이 9395억 원에 이른다.

송전선로의 입지갈등비용

원자력발전은 냉각수를 필요로 하는 입지제한으로 인해 내륙의 대규모 전력 수요지까지 장거리 송전을 필요로 하고 기존 원전부지에는 신규 원전을 건설할 부지가 부족하거나 집적도가 높아져서 새로운 원전을 건설하기 위해서는 송전선로의 건설이 불가피하다. 더욱이 최근 신규 원전이 대형화되면서 고압 송전선로 입지를 둘러싸고 지역갈등이 증폭되고 있다. 미국 에너지정보청은 발전비용을 평가하면서 발전원별 송전비용을 포함하고 있는데 비해 우리나라는 송전선로의 건설을 한국전력공사가 담당하고 있기 때문에 발전비용에 포함하고 있지 않다. 송전선로 건설을 둘러싼 입지갈등이 신규 원전 건설의 제약요건으로 떠오르고 있다.

현재 계획 중인 송전선로에 대해 2013년 3월 현재 한국전력이 산정하고 있는 사업비는 765kV 고압 송전선로의 경우 1km당 57억 원, 345kV는 1km당 22억 원이다. 이는 종래 구간별 1km당 46.9억 원이던 송전선로 건설단가와 비교하면 20% 이상 증가한 비용이다.

특히 밀양 송전선로 건설과정에서 주민과의 갈등비용은 우리 사회에서 송전선로문제가 얼마나 심각한 사회문제인지 온 국민에게 각인시켜주었다. 2001년 시작된 신고리−북경남 구간의 765kV 송전선로는 신고리3호기와 4호기를 연결하기 위해 계획됐으나 주민들의 거센 반대로 송전탑 공사가 중단과 재개를 10여 차례나 반복했고, 2013년 12월 '송변전설비 건설 관련 주변지역 지원 및 보상에 관한 법률'이 마련되고 공사가 재개됐으나 아직도 지역갈등이 해소됐다고 보기엔 어려운 상처를 남기고 있다.

새롭게 제정된 이 법률에 따르면 과거 한국전력 내규에 의해 765kV 송전선로 좌우 3m 범위와 철탑부지의 땅만 보상하던 데 비해 송전선로 좌우 33m까지 범위를 확대하고 송전선로 경과지 180m 이내의 주택에 대한 매수청구권을 인정했다. 이 법을 적용할 경우 제6

차 전력수급기본계획에서 확정된 송전선로의 건설에 추가로 반영돼야 하는 비용은 1조 3176억 원이다. 기존의 보상액 5313억 원과 합하면 총 보상액은 1조 8849억 원이다.

이 법률 제정 이후 송전선로 보상액과 표준건설단가를 합하면 765kV는 1km 건설에 70억 원, 345kV의 경우 약 40억 원이 소요될 것으로 예상된다. 만약 신규 원전부지까지 230km 구간의 765kV 송전선로를 건설하게 되면 총구간의 건설비와 보상비는 약 1조 6146억 원이 된다. 신규 원전 4기당 1개의 765kV가 필요하기에 원전 1기당 약 4037억 원의 송전선로 비용이 추가될 수 있다. 물론 지형조건이 나쁠 경우 선로당 건설기간과 건설비는 높아질 수밖에 없다.

이에 대해 지역주민들은 고압송전선로를 지중선로로 건설하는 대안을 요청하기도 한다. 5차 전력수급기본계획에서 확정한 신경기-신울진 구간의 지중화 공사비는 케이블 공사비 9조 906억 원과 터널공사비 3조 4854억 원을 합해 12조 8760억 원에 이른다. 여기서도 변전소 및 설계 감리비 등의 비용은 별도라고 한다. 송전선로 입지갈등비용은 이러한 고압 송전선로의 지중화비용까지 고려해야 할 수도 있다.

발전소 주변지역에 대한 지원사업

우리나라의 경우 발전소나 댐 및 수자원과 관련해 각각 개별 법에 의해 해당 지원목적에 따라 지원대상 및 지역, 재원조달 방법을 달리 하고 있다. 특히 '발전소 주변지역 지원에 관한 법률(약칭 발주법)'은 발전소 주변지역에 대한 지원사업을 효율적으로 추진하고 전력사업에 대한 국민의 이해를 증진하여 전원(電源) 개발을 촉진하고 발전소의 원활한 운영을 도모하며 지역발전에 기여할 목적으로 1989년 6월 제정된 이후 10여 차의 개정을 거쳤다.

《2016년 원자력발전백서》(2016.12)는 발전소 주변지역에 대한 지원사업을 '기금지원사업' '특별지원사업비' '사업자지원사업'으로 크게 나누고 있다.

1989년 발주법 제정 이후 2015년까지 전기사업법 제49조에 따라 전력산업기반기금으로 고리, 한빛, 월성, 한울 4개 원전의 주변지역에 약 1조 2099억 원 규모의 지원사업이 시행됐다.

한수원의 연도별 기금지원사업 지원금액은 〈표 5-8〉과 같다.

표 5-8 한수원의 연도별 기금지원사업 지원금액(단위: 억 원)

구분	'90~'05	'06	'07	'08	'09	'10	'11	'12	'13	'14	'15	합계
고리본부	1,919	519	130	172	161	162	160	163	162	145	121	3,814
한빛본부	1,272	112	125	127	119	119	122	121	120	111	105	2,453
월성본부	1,372	96	104	104	98	96	87	84	92	90	64	2,287
한울본부	1,394	126	122	121	378	378	267	196	168	144	153	3,545
합계	5,957	853	481	524	755	755	636	564	542	490	443	12,099

주: 원자력문화재단 출연금, 기타 사업 제외, 발전소 주변지역 지원사업계획 기준.
출처: 2016년 원자력발전백서. 2016.12.

전력산업기반기금은 전기요금의 3.7%를 전기요금에 부과하여 마련되고 있다. 2006년에는 발주법 개정을 통해 위 기금을 재원으로 하는 기본지원사업비 규모를 대폭 확대했다.

이러한 직접적인 지원사업 이외에도 2006년부터 발전량 1kWh당 0.5원 규모의(2015년부터 1원) 지역자원시설세(지방세)를 원전 소재 지자체에 납부하고 있는데 그 규모는 2015년까지 8378억 원에 이른다.

　　2005년 7월에 대대적으로 발주법을 개정한 뒤 2006년도부터 지역지원사업 중 기본지원사업비의 산정방식을 발전소의 발전량 기준으로 변경하였는데 이는 지원사업 규모를 이전과 비교하여 약 2.5배로 대폭 확대시킨 것이다. 공공시설사업, 소득증대사업, 육영사업으로 구분되었던 기본지원사업에 기업유치지원사업, 원전 육영사업의 시행주체를 발전사업자에서 지자체로 변경하였다. 2005년 7월 제5차 발주법 개정을 통하여 2006년도부터 발전사업자(한수원)의 자체자금으로 기금지원사업과 동일 규모의 사업자지원사업을 시행할 수 있는 법적 근거도 마련했다. 2015년도에는 공공시설, 소득 증대, 육영사업 등 기본지원사업에 총 503억 원을 지원했다. 기본지원사업 중 전기요금보조사업은 2006년 2월 시행요령 개정을 통해 원자력발전소 시설용량에 따라 1000MW 미만~7000MW 이상까지 8단계로 구분하여 주택용은 100~170kWh까지의 해당요금을 보조하고 산업용은 계약전력 200kW까지 kW당 1500~2900원까지 전기요금을 보조할 수 있도록 보조금 단가를 인상하여 지역주민의 실질소득 증대 및 기업 유치에 기여할 수 있도록 했다.

　　발전소 건설을 촉진시키기 위하여 지원되는 특별지원사업은 지방자치단체의 장이 사업을 선정하여 시행한다. 다만 사업의 효율적인 시행을 위하여 지방자치단체의 장과 발전사업자가 협의하여 정하는 사업은 사업자가 시행할 수 있다. 지원 대상 지역은 원전 주변지역이 속하는 지방자치단체의 관할지역이다. 특별지원사업비는 건설비에서 부지구입비를 공제한 금액의 1.5%(자율유치지역 및 다수호기 지역은 0.5% 가산 지원)로 조성되며 주로 대규모 숙원사업을 해결하기 위해 사용되고 있다.

한수원의 연도별 특별지원사업비 지원금액은 다음과 같다.

표 5-9 한수원의 연도별 특별지원사업비 지원금액(단위: 억 원)

구분	한도 금액	교부금액											
		'90~'05	'06	'07	'08	'09	'10	'11	'12	'13	'14	'15	합계
신고리#1,2	704	306	398	-	-	-	-	-	-	-	-	-	704
신고리#3,4	1,147	1,147	-	-	-	-	-	-	-	-	-	-	1,147
신고리#5,6	1,634	-	-	-	-	-	-	-	-	-	-	95	95
한빛#5,6	556	556	-	-	-	-	-	-	-	-	-	-	556
월성#2~4	156	156	-	-	-	-	-	-	-	-	-	-	156
신월성#1,2	697	697	-	-	-	-	-	-	-	-	-	-	697
한울#3~6	648	647	-	1	-	-	-	-	-	-	-	-	648
신한울#1,2	1,245	-	-	-	-	355	212	90	20	-	-	185	862
천지#1,2	380	-	-	-	-	-	-	-	-	-	260	120	380
합계	5,542	3,509	398	1	-	355	212	90	20	-	260	400	5,245

출처: 산업통상자원부·한국수력원자력(주), 2016년 원자력발전백서, 2016, p.633.

또한 기금지원사업과는 별도로 2006년도부터 신설된 사업자
지원사업을 통해 발전사업자인 한수원의 자체자금으로 원전 지역에
총 5005억 원을 지원했다. 이와는 별도로 원자력·수력 발전사업자
인 한수원의 자체자금으로 기본지원사업과 동일 규모의 지원사업
을 시행할 수 있도록 '사업자지원사업제도'를 새로이 도입하였다 이
를 통해 2015년까지 5005억 원을 지원했다.

한수원의 연도별 사업자지원사업 지원금액은 〈표 5-10〉과
같다.

표 5-10 한수원의 연도별 사업자지원사업 지원금액(단위: 억 원)

구분	지원금											주요 특성화 사업
	'06	'07	'08	'09	'10	'11	'12	'13	'14	'15	합계	
고리본부	102	125	209	152	162	160	163	162	145	121	1,502	지역 우수인재 육성 사업 등
한빛본부	105	119	119	114	119	121	121	120	111	105	1,155	성산-계마리 선진화 사업 등
월성본부	96	98	98	94	96	87	84	92	90	64	899	경주국제마라톤, 동 리문학상 등
한울본부	117	116	117	116	165	177	176	168	144	154	1,450	울진 뮤직팜 페스 티벌 등
합계	420	458	543	476	542	545	544	542	490	444	5,005	-

출처: 산업통상자원부·한국수력원자력(주), 2016년 원자력발전백서, 2016, p.634.

중저준위방사성폐기물 처분시설 경주시 유치 관련 지역지원

국내 중저준위방사성폐기물 처분시설의 경주시 유치와 관련해 우리 정부가 추진한 지역지원 사례가 대표적이라 할 수 있다.

2015년 11월 중저준위방사성폐기물 처분시설 입지가 경주시로 확정되면서 정부가 유치지역에 대한 지원을 목적으로 사업을 추진했다. 법적 근거는 '중·저준위방사성폐기물 처분시설의 유치지역지원에 관한 특별법'이며, 유치지역지원사업은 4개 특별지원사업과 55개 일반지원사업으로 구분된다.

4개 특별지원사업은 ①특별지원금(3000억)-특별법 제8조(2010년 12월 지급완료), ②지원수수료-특별법 제15조(방사성폐기물 반입시 부과)(200ℓ드럼 당 63만 7500원이 발생하며, 이 중 75%인 47만 8125원은 유치지역 지자체인 경주시에, 25%인 15만 9375원은 관리사업자(한국원자력환경공단)에게 귀속), ③한수원(주) 본사이전-특별법 제17조(2016년 4월 이전완료), ④양성자가속기사업-국무회의 의결(2012년 3월 완료)

로 나뉘어진다.

55개 일반지원사업으로는 ①유치지역지원위원회에서 확정된 사업으로, 10여 개 정부부처에서 각 부서의 일반회계 예산을 톱다운(Top-Down) 방식으로 편성하여 집행, ②국도대체 우회도로(현곡~외동) 5290억 원(국토부), 경주~감포간 국도건설 3280억 원(국토부), 국도31호선(양북 대종교~감포전촌) 확·포장 2476억 원(국토부), 신라 황룡사지 복원 2900억 원(문체부), 신라궁성 월성유적 발굴·복원 2790억 원(문체부), 한옥보존지구 정비 500억 원(문체부) 등 총 55개 사업(10개 부처) 3조 4290억 원(2016년 현재 1조 9432억 원 예산 확보)에 이른다.

일본 아오모리현 롯카쇼촌 원자연료사이클시설 지역지원 사례

1984년 전기사업연합회로부터 입지협력 요청을 받아 1985년 4월 아오모리현이 요청을 수락해, 사업자 일본원연(주)이 추진하였다. 건설사 발주액 2조 4662억 엔(2007년까지) 중 4341억 엔(18%)을 지역이 수주한다. 근거는 '전원입지촉진대책교부금'으로 발전용 시설의 설치공사가 개시되는 연도부터 운전개시 5년 후까지 관계 지자체에 교부한다. 롯카쇼촌 및 주변지자체 교부금 총액은 1988년부터 2009년까지 총 445억 3500만 엔이다. 이를 구체적으로 살펴보면 ①우라늄농축공장(1992년 운영개시), 저준위방사성폐기물 저장센터(1992년 운영개시) 86억 8400만 엔, ②재처리공장(2009년 준공예정 불구 계속 지연) 336억 엔, ③저준위방사성폐기물 매설센터2호 폐기물매설시설, 고준위방사성폐기물 저장관리센터 2기(1995년 운영개시) 증설 22억 5100만 엔이다.[10]

일본 전원3법교부금 교부실적액 외에 사업자인 일본원연 (JNFL)의 경우 홍보활동비, 온천시설 운영 등을 통해 지역지원을 하고 있는데 이에 대한 지원비용의 규모를 파악하기는 어렵다. 1988년부터 2016년까지의 교부금 총액은 589억 2937만 엔으로 나타났다. 전원3법교부금사업 실적개요는 〈표 5-11〉과 같다.

표 5-11 전원3법교부금사업 실적개요(단위: 엔)

종류	시설명/사업명		총사업비	교부금액	건수	주요사업
	도로		5,273,229,899	4,866,187,000	71	국도 건설
	공원		1,789,236,229	1,710,933,000	21	관광공원, 야조관찰 공원 등
	수도		4,738,599,350	4,545,624,000	46	배수지증설, 간간이 수도 등
	통신시설		2,507,104,372	2,468,235,000	9	방재행정용 개별무선방송 수신시설 등
	스포츠·레크리에이션 시설		2,765,012,091	2,542,658,000	14	야구장 개수, 실내온수 수영장 등
	환경위생시설		1,543,049,400	1,509,592,000	18	일반폐기물 최종처분장, 수도관 갱신
	교육문화시설		10,005,551,098	9,411,283,000	45	문화교류플라자, 국제교육연수센터, 학교급식센터 등
	의료시설		5,724,064,954	4,077,271,000	16	의료소 의료기기, 진료소, 지역의료센터 등
	사회복지시설		3,684,508,594	3,563,200,000	21	지역교류홈, 노인복지센터 온천시설 등
	소방시설		287,928,000	278,270,000	4	대형 화학소방차
	국토보전시설		258,135,560	234,000,000	6	하천개수, 환경유지
산업진흥에 기여하는 시설	농림수산업		6,275,064,600	5,679,657,000	64	농업진흥사업, 어장관리 레이더 등
	관광업		363,952,981	357,956,000	8	이벤트관장, 관광안내판 정비 등
	상공업 기타		715,470,000	685,914,000	2	고구마술 제조공장
소계			45,930,907,128	41,930,780,000	345	

홍보조사사업	49,811,360	49,200,000	1	원자력 관련 시설 등
지역활성화사업	9,466,565,092	8,495,298,000	113	보육소 운영, 학력향상 추진, 보건위생, 교육용 PC 도입사업 등
농림수산진흥지 원사업	512,264,275	511,697,000	18	종묘방류사업 등
기업입지지원사업	120,000,000	120,000,000	1	클리스탈발레 관련 산 업진흥사업
지역진흥계획 작성사업	37,977,738	37,000,000	3	마을만들기 비전작성 지원사업
원자력입지급부 금 가산	7,005,867,866	6,916,328,460	34	마을 내 가정, 기업 등 에 원자력입지급부금
홍보조사 등 교부 금(사이클)	660,269,720	646,751,555	33	원자력 관련 시설 등에 시찰연수, 견학회, 홍보 전단 작성 구입 등
홍보조사 등 교부 금(도쓰)	143,493,177	137,921,000	36	원자력 관련 시설 등에 시찰연수, 견학회, 홍보 전단 작성 구입 등
소계	18,109,015,554	16,998,595,361	245	
합계	64,039,922,682	58,929,375,361	590	

출처: 롯카쇼촌 홈페이지(http://www.rokkasho.jp).

일본 아오모리현 무쓰시 사용후핵연료 중간저장시설 지원금[11]

일본 국내 최초의 중간저장시설로 아오모리 무쓰(むつ)시에 2010년 착공해 2013년 8월 금속제 건식캐스크방식으로 완성됐다. 리사이클연료저장(주)(RFS)가 2005년 11월 자본금 30억 엔(도쿄전력 80%, 일본원전 20%)으로 도쿄전력 4000t, 일본원전 1000t, 총 5000t 의 사용후핵연료 중간저장시설을 건설하는 것으로 1차 1개동 3000t 규모의 중간저장시설을 완성했다. 그러나 원자력규제위원회의 신규 제기준 적합성을 확인하는 검사가 끝나지 않아 당초 계획보다 수년째 가동이 미뤄지고 있다.

이 시설은 2개동 건설을 목표로 하고 있으며 시설마다 공용개시로부터 50년을 잡고 있고, 건설비는 약 1000억 엔(약 1조 원)이다.

무쓰시 중간저장시설 지원금 내역은 다음과 같다. 2000년 도쿄전력이 입지기술성조사설명회를 통해 2001년부터 도쿄전력이 입지가능성조사 개시 후 '전원입지 등 초기대책교부금' 1억 4000만 엔을 교부했다. 2002년 무쓰시는 지역설명회를 17곳에서 갖고 중간저장시설을 5000~6000t으로 잡고 전원3법교부금의 하나로 조업개시 5년까지 '전원입지추진대책교부금'을 총 35억 엔으로 추정했다. 무쓰시는 2003년에는 3000t 규모의 중간저장시설 2개소를 건설하는데 동의하고 교부금 총액은 50년간 사용할 경우 총액 322억 엔이 될 것이라고 시의회에서 설명하였다.

일본의 경우 중간저장시설 건설과 관련하여 문헌조사기간에는 연간 10억 엔, 최대 20억 엔(약 2년 소요), 개요조사기간에는 연간 20억 엔, 최대 70억 엔(약 4년 소요)을 지급할 수 있도록 하고 있다. 지원방법은 정부가 전원개발촉진세(375엔/1000kWh)에서 지자체에 지급한다. 무쓰 중간저장시설 지역지원은 2001년부터 5년간 7억 엔씩 모두 35억 엔은 지원했으며, 시설 가동 시 50년의 운영기간 중 매년 24억 엔, 총 1200억 엔을 지원할 예정이다.

일본 후쿠시마원전사고 이후 원전입지 지자체 방재방호대책 비용 교부금 지원*

현재 일본의 원자력재해대책본부는 경계구역 및 계획적 피난구역 등의 피난지시구역의 재검토를 하고 있으며 현재 주민의 귀환이 본격화되고 있는 상황에서 피난지시가 해제된 지역 및 해제가 예상되는 지역 지자체에 대해 후쿠시마현을 통해 모니터링 관련 경비를 교부하고 있다.

원자력시설사고영향조사에 필요한 경비로 2013년 개산요구액이 31억 7000만 엔(실제 반영 18.5억 엔)이다. 후쿠시마원전사고 이후 환경 속의 인공방사능의 환경방사능 수준에 관한 조사를 실시하고 있다. 우선 원자력규제위원회는 항공기에 의한 방사성물질의 지표면에 대한 침착상황조사(광역), 방사성물질분포지도, 환경관측용 테이프를 통한 방사성물질 확산상황의 해석, 관계기관에 의한 환경모니터링 결과의 데이터베이스화, 환경모니터링데이터를 실시간 공표하기 위한 홈페이지 강화 등이다. 농림수산성은 농지토양 등의 방사성물질의 분포상황 등의 추이에 관한 것이고, 수산성은 먹이연쇄를 매개로 한 방사성물질의 동태파악이 필요하다.

원자력발전시설 등 긴급시 안전대책교부금은 2013년 개산요구액이 139억 6000만 엔(실제 반영 62억 3000만 엔)으로 원자력발전시설 등 입지광역지자체 등에 교부됐다. 후쿠시마사고 이후 원전시설 등의 주변 지역주민에 대한 원자력방재대책을 강화할 필요성에

---

* 후쿠시마원전사고 이후 원전입지 지자체의 방재방호대책비용에 대한 정부 지원이 확대되고 있다. 이는 일본 원자력규제위원회가 발간한 〈2013년도 원자력규제·방재대책의 중점참고자료〉(2013.1)에 구체적인 방재대책과 그에 소요되는 예산의 정도가 잘 나와 있다.

서 4가지 사업을 실시하고 지자체의 원전방재대책을 지원하고 있다. 이 경우 대상지역은 원전 입지 UPZ(긴급보호조치계획구역) 30㎞권 내의 광역지자체를 말한다. 이 교부금으로 우선 긴급시 연락망정비 등 사업을 실시한다. 입지 광역지자체 등과 소재 기초지자체 등을 연결할 긴급시 전화나 팩스 등 연락망의 유지 관리, 긴급시 신속 방사능 영향예측네트워크시스템(SPEEDI)의 설치 유지·관리 등에 필요한 비용을 지원하고 있다. 방재활동기자재 등 정비사업은 방사선측정기 등의 방재기자재, 피폭 의료설비 등에 필요한 비용을 지원하는 것이다. 예를 들면 방사선측정기와 방호복 위성전화, 안전요드제, 신체 전체를 측정할 수 있는 홀바디카운터(Whole Body Counter), 제염텐트의 설치를 들 수 있다. 긴급시 대책 조사·보급 등 사업은 원전방재 훈련이나 방재관계기관과의 정보 교환·검토회 등의 실시에 필요한 경비를 지원하는 것이다. 그리고 긴급사태응급대책 거점시설정비사업은 오프사이트센터(Off Site Center)와 관련되는 원전재해법 시행령 개정을 토대로 이전하는 시설에 관해서는 건설비를, 계속 사용할 시설에 관해서는 방사선방호책에 필요한 비용을 지원하고 시설기반의 강화를 기하는 한편 시설의 정비 등을 지원하는 것이다.

원자력시설 등 방재대책교부금으로 2013년도 개산요구액이 31.6억 엔(실제 반영 27.4억 엔)이었다. 후쿠시마 인근 미야기현의 오프사이트센터는 쓰나미로 파괴됐고, 후쿠시마의 오프사이트센터는 현재도 고선량의 방사선으로 시설 사용이 어려운 상황이라고 한다. 이에 이 센터의 복구정비사업 및 대체센터 내진 증·보강정비사업이 필요하다는 것이다.

원전시설 주변지역 방재대책의 충실 강화와 관련해 2012년도에 추가로 총 129억 엔이 광역지자체에 보조 지원됐다. 원전재해대책시설 등 정비비보조금이 111억 엔, 원전시설주변지역방재대책교부금이 18억 엔이었다. 원전재해대책시설 등 정비비보조금의 경우 즉시피난지역에 있어 원호가 필요한 사람 등 실내 대피시설 확보사업에 사용된다. 긴급시에 즉시피난이 곤란해 원호가 필요한 사람이나 주민 등을 안전하게 피난시키기 위해 특히 반도지역에 있어서 요원호자시설 및 공공시설(공민관, 병원, 학교, 체육관 등)에 방사선방호기능을 부가해 일시적인 실내 대피시설을 확보하기 위한 비용을 지원하는 것이다. 그리고는 대체오프사이트센터 방사선방호대책사업을 들고 있다. 재해 시에 이 센터를 사용할 수 없는 경우를 대비해 지정하는 대체센터에 관해서는 방사선방호대책에 필요한 비용을 지원하고 있다. 원전시설주변지역 방재대책교부금은 방재중점구역 주민의 방호대책 강화사업을 말한다. 지침에 따라 아주 섬세한 모니터링을 통해 주민 등의 피폭방호조치를 적절하고 신속하게 강구하기 위해 간이서베이미터 등의 방사선측정기를 공공시설 등에 배치하기 위한 비용을 지원하고 있다.

원전시설 등 긴급시 대책기술운영비교부금으로 2013년 개산요구액이 40억 8000만 엔이다. 이는 독립법인 원자력안전기반 기구 운영비교부금으로 긴급시 대책거점의 통신설비 등의 정비·유지·관리에 사용된다. 긴급시 대책거점이 되는 총리관저, 원자력규제청 긴급시대응센터(ERC), 오프사이트센터 등에 있어 통신설비, 기자재 등에 더해 플랜트 정보의 수집과 사고진전예측 등을 행할 긴급시 대책지원시스템(ERSS)의 정비·유지·관리를 행하는 것이다. 그리고 원자력방재훈련 및 연수의 기획·실시 지원에 사용된다. 국가나 지자체 등 원자력방재 관계자의 대응능력의 향상을 목적으로 각 기관이 행하는 원자력방재훈련이나 공통기초적인 연수의 기획 실시를 지원하는 것이다.

원자력방재전문 인재육성사업 운영비로 2013년 개산요구액이 5억 엔이다. 그 내용을 보면 우선 긴급피폭의료연수를 들고 있다. 의사, 간호사, 지방공공단체 직원, 소방, 경찰 등의 긴급피폭 의료관계자에 대해 방사선 등의 지식 및 역할에 따른 대응능력을 습득하기 위한 연수를 실시하는 것이다. 그다음이 환경방사능분석연수이다. 환경방사선모니터링을 행하고 있는 각 광역지자체의 실무담당자를 대상으로 환경방사능에 관한 연수를 실시하고 분석측정에 관한 충분한 지식과 경험을 양성 훈련해 분석담당자의 기술적 능력의 유지 향상과 동시에 분석결과의 정확성·신뢰성의 확보를 도모하자는 것이다. 그리고 중요한 것이 모니터링 실무연수이다. 모니터링센터에 종사하는 지자체 직원의 기술향상을 위해 지금까지의 조사와 연수에서 얻은 지식이나 노하우를 활용해 새롭게 기초부터 실천에 이르기까지 모니터링 현장활동에 필요한 지식과 스킬을 습득하는 장을 제공하자는 것이다. 이 경우 정부가 민간단체에 위탁해 연수를 실시하는 방법을 택하고 있다.

이상과 같이 일본 원자력규제위원회의 원자력규제·방재대책비용 요구예산 가운데 방재대책 부문만 별도로 정리하면 〈표 5-12〉가 된다. 원자력규제위원회의 원자력규제·방재대책비용 요구예산을 합하면 총 347억 7000만 엔에 이른다.

표 5-12 일본 원자력규제위원회의 원자력규제·방재대책비용 요구예산

원자력방재대책 분야	개산요구액	비 고
원자력피해자 환경방사선 모니터링대책 관련 교부금	31억 7000만 엔 (실제 반영 18억 5000만 엔)	신규(교부금)
원자력발전시설 등 긴급시 안전대책교부금	139억 6000만 엔(실제 반영 62억 3000만 엔)	원전시설 등 입지 광역지자체 등에 교부
원자력시설 등 방재대책 교부금	31억 6000만 엔(실제 반영 27억 4000만 엔)	
원전시설 주변지역 방재대책의 충실 강화	129억 엔	원전재해대책시설 등 정비비보조금 111억 엔, 원전시설 주변지역 방재대책교부금 18억 엔
원전시설 등 긴급시 대책기술 운영비교부금	40억 8000만 엔	
원자력방재전문인재육성사업 운영비	5억 엔	신규(위탁비)

출처: 일본 원자력규제위원회, 2013년도 원자력규제·방재대책의 중점 참고자료, 2013.1.

일본의 핵연료세

일본의 핵연료세는 핵연료에 대해 과세하는 것으로 일본의 '법정외보통세'의 하나이다. 전원3법과 나란히 '원전머니'의 하나이다. 도도부현이 조례로 정한 세금으로 원자력발전소의 원자로에 삽입하는 핵연료의 가격을 기반으로 원자로 설치자에 부과된다.

핵연료재처리시설이 입지하는 이바라키현(도카이촌에 입지)과 아오모리현(롯카쇼촌에 입지)에서는 각각 '핵연료 등 취급세'와 '핵연료물질 등 취급세'로서 원전뿐만 아니라 재처리시설에서의 취급 등에도 과세하고 있다.

핵연료세의 세율도 변해왔다. 최초로 후쿠이현이 1976년에 도입한 이래 현재 전국 13개 도현이 도입하고 있다. 후쿠이현의 경우 1976년 창설 당시 5%에서 1981년 7%, 2001년 10%, 2006년 12%를

거쳐 2016년 이래 17%의 핵연료세를 과세하고 있다. 후쿠시마현을 비롯해 이바라키현, 에히메현, 사가현, 시마네현, 시즈오카현은 모두 5%에서 시작해 현재 최대 17%에 이르고 있다. 미야기현, 니가타현, 홋카이도, 이시카와현은 당초 7%에서 시작해 현재 최대 17%에 이르고 있다. 아오모리현은 최초 10%에서 시작해 현재 13%에 이르고 있다.

특히 2016년 6월부터 후쿠이현이 폐로에도 과세하는 조례를 최초로 가결해 그해 11월부터 실시가 되고 있다(日本經濟新聞, 2016.6.25). 니혼게이자이신문에 따르면 후쿠이현의 새로운 핵연료세 조례가 2016년 6월 24일 의회를 통과해 일본 전국 최초의 폐로에 대한 과세가 11월에 시작될 전망이며, 현은 '운전과 폐로는 한몸'이라는 생각에서 최장 30년 정도 걸릴 폐로작업 중 안전대책 등으로 재정수요가 발생한다고 판단했다는 것이다. 1976년에 창설한 핵연료세는 5년마다 갱신하고 있는데 현행 조례는 핵연료가 장전될 때 부과하는 '가격비율'과 운전정지 중에도 원자로의 열출력에 따라 과세하는 '출력비율'의 2가지였다. 새 조례는 출력비율에 대해 폐로작업 중인 원전에도 반액(1/2)을 과세하는 것 외에 5년 이상 현에 저장된 사용후핵연료에 대한 과세제도를 새롭게 담았다.

후쿠이현의 경우 최근 몇 년간 핵연료세 수입은 연간 60억 엔 정도이다. 새 조례 시행 후 지금처럼 원전정지가 계속되면 연간 90억 엔 정도가 될 전망이다. 후쿠이현은 1976년 11월 일본에서 선도적으로 법정외보통세인 핵연료세를 창설하여 원전입지에 따른 안전대책 및 민생안정·생업안정대책 등의 여러 시책에 활용해왔다.

후쿠시마원전사고의 교훈을 얻어 발족한 원자력규제위원회에 의한 새로운 규제기준 아래, 2015년에는 미하마1·2호기 및 쓰루가1호기의 폐로가 결정됐다. 인구감소가 뚜렷한 레이난(嶺南)지역에 기간산업인 원전의 폐로는 지역경제에 영향을 주기 때문에 산업전환대책의 필요성 등 새로운 문제가 생기고 있다.

운전과 폐로는 한몸으로 원전의 특수성에서 운전을 정지해 폐로가 돼도 바로 원자로를 해체·철거해 새로운 땅으로 만들 수가 없다. 사업자는 장기에 걸쳐 폐로조치를 안전하고 원활하게 추진할 의무가 있다. 그리하여 폐로조치 중에도 방사성물질의 확산방지조치 등을 할 필요가 없어질 때까지 가동 시부터 지속적인 원자력안전대책, 민생·생업안정대책 등을 시행할 필요가 있기 때문에 폐로조치 중 원자로에 대해서도 과세(출력비율)를 도입하자는 것이 핵연료세 도입의 취지였다.

또 사용후핵연료문제에 대해서도 2014년 4월에 수립된 에너지기본계획에서 미래세대에게 미루지 않는 대책을 확실히 추진할 것을 명확히 밝혔다. 전력사업자 스스로도 사용후핵연료대책추진계획을 수립해 사용후핵연료를 현외로 반출하겠다는 방침을 명확히 하고 있다.

이러한 배경에서 사용후핵연료의 현내 저장이 장기간에 걸쳐 '상태화(常態化)'하지 않도록 하는 시스템을 도입해 사업자의 노력을 강하게 촉진하는 정책세제(반출촉진비율)를 도입하고자 하는 것이다.

후쿠이현의 신설(갱신) 핵연료세의 개요를 정리한 것이 〈표 5-13〉이다.

표 5-13 후쿠이현의 신설(갱신) 핵연료세의 개요

과세단체	후쿠이현
세목명	핵연료세(법정외보통세)
과세객체	1. 가액비율: 발전용원자로에 핵연료 삽입 2. 출력비율: 발전용원자로를 설치해 실행하는 운전 및 폐로와 관련된 사업 3. 반출촉진비율: 발전용원자로 시행에서의 사용후핵연료 저장
과세표준	1. 가액비율: 발전용원자로에 삽입한 핵연료의 가액 2. 출력비율: 발전용원자로의 열출력 3. 반출촉진비율: 발전용원자로에 5년을 지나 저장된 사용후핵연료와 관련된 원자핵분열을 시키기 전의 핵연료물질의 중량
납세의무자	발전용원자로의 설치자
세율	1. 가액비율: 100분의 8.5 2. 출력비율: 18만 3000엔/1000kW/년(폐로조치 중은 2분의 1) 3. 반출촉진비율: 1000엔/kg/년
징수방법	신고의무
수입전망액	(초년도)14억 7700만 엔 (평년) 143억 1700만 엔
비과세사항	-
징세비용전망액	-
과세시행기간	5년간(2016년 11월 10일~2021년 11월 9일)

출처: 후쿠이현

국내에서 현재 의원입법 발의 법률안 가운데 핵연료세와 관련된 것은 지방세법 일부개정법률안(김영춘 의원 대표발의, 의안번호 2699, 2016.10.19, 36인 발의), 지방세법 일부개정법률안(강석호 의원 대표발의, 의안번호 3980, 2016.11.30, 11인 발의), 지방세법 일부개정법률안(이개호 의원 대표발의, 의안번호 5378, 2017.2.1, 11인 발의), 방세법 일부개정법률안(유민봉 의원 대표발의, 의안번호 7747, 2017.7.3, 11인 발의)의 4건이다.

이들 법안은 원전을 통해 전력을 생산·판매하는 원전사업자에게 핵연료 사용에 따른 지방세를 부과함으로써 방사능사고 예방 및 대비, 신재생에너지 개발 및 보급, 원전 주변지역 주민에 대한 지원에 쓰이도록 하자는 취지에서 더 나아가 원자력발전 사업자가 원자력발전으로 인하여 발생한 방사성폐기물을 발전소 내에 저장하는 경우 지역자원시설세를 부과하도록 함으로써, 지방자치단체가 재난예방 등 안전관리사업과 환경보호·환경개선 사업 등에 필요한 재원을 확보할 수 있도록 하려는 것이다. 일본의 핵연료세 도입 취지와 일맥상통하고 있으며 특히 최근 후쿠이현의 핵연료세 신설(갱신)안의 취지를 그대로 반영하고 있다.

지방세법상 세목에 '핵연료세' 신설, 과세대상, 핵연료세의 납세의무자, 납세지 등은 일본의 핵연료세와 거의 동일하며, 핵연료세의 과세표준과 세율은 검토 여지가 있겠지만 전체적으로 법리적으로 큰 무리가 없어 도입이 필요하다고 본다.

지방세법 일부개정법률안(강석호 의원 대표발의, 의안번호 3980, 2016.11.30, 11인 발의)의 경우 발전소 내 저장 방사성폐기물에 대해 '지역자원시설세'를 부과하자는 취지이지만 내용은 '핵연료세'와 거의 동일하다고 볼 수 있다.

원전해체비용

'방사성폐기물을 사용해온 원전의 폐지 또는 폐로(decommissioning)는 오랜 기간 동안 거의 무시되어온 반면 원자력산업은 급성장을 거듭해왔다. 그러나 노동비용이 증가하고 방사성폐기물처분비용이 상승함에 따라 원전 폐로비용은 원자력산업의 전체 수명비용에서 중요한 고려사항이 돼버렸다. 1980년 중반 일부 국가에서 원전산업은 상당한 건설비용의 폭등을 경험했고 이는 전력회사들로 하여금 심각한 재무문제를 야기했다. 규제기관들은 만일 현재 운영 중인 원전회사들이 유사한 재무적 위협을 겪을 경우 방사성폐기물을 사용하는 원전설비의 안전한 폐로 및 사후처리가 설비소유주 및 납세자 그리고 정부기관 모두에게 재무적 부담이 될 수 있음을 인지하게 됐다. 원전 관련 안전규제가 강화될수록 폐로비용이 늘어나는 경향이 있지만, 강제성을 가진 국제규정이 아직 적용되고 있지 않다. 따라서 폐로비용은 국제적 논의나 규정보다 국내 원전정책에 의해 좌우될 수 있는 측면이 있다.'

이근대·박정순의 〈사후처리비용과 원자력발전의 경제성 평가〉(2005)의 머리말 요지이다. 이 보고서는 OECD(2003)의 원전철거비용 분석 연구를 바탕으로 노형별 철거비용을 분석한 결과, 원전철거비용은 국가·설비용량에 따라 약 10배에 이르는 큰 편차를 보이며, 철거비용 수준은 약 kW당 93~909달러였다. 즉 고리1호기(58.7만kW)를 기준으로 하면 610억~5965억 원 정도라고 볼 수 있다. 원자로 유형에 따라서 가압수형(PWR)의 평균 철거비용이 kW당 320달러, 비등수형(BWR)의 경우 420달러라고 한다.

폐로비용의 문제도 심각하다. 세계적으로는 100만kW급 원전 1기의 평균 건설비용을 4조 원 정도 잡는데 실제 폐로비용이 1조 이상 드는 것으로 보고 있다. 그러다 보니 건설비용의 약 4분의 1이 폐로비용인 셈이다. 그런데 우리나라의 경우 원전 폐로비용을 낮게 잡고 있고 그것도 제대로 적립해놓지 않고 있는 것이 문제이다. 더욱이 이러한 폐로비용과 사용후핵연료처리비용이 엄청난데도 이런 것이 원전 발전원가에 거의 반영이 안 돼 있다. 이러한 데서 폐로와 관련된 법적이고 경제적인 문제를 사전에 충분히 검토해야 할 것이다.

한수원·원자력환경기술원의 '고리1호기 해체비용 관련 자료' (2005.12)에 따르면 가압수형의 경우 1995년 해체비용 산정 기준연도로 순 해체비용 약 2억 2400만 달러, 부지복구비용 약 6400만 달러 등 총 2억 8800만 달러(약 3200억 원)에 이른다. 문제는 2011년 6월 말 현재 원전해체충당금으로 4조 9555억원이 잡혀 있지만, 이 비용이 실제 적립되지 않고 장부상 부채로 충당되고 있어 실제 재정지출 시점에서 재정압박이 우려된다는 것이다. 따라서 최대 9860억 원에 이르는 고리1호기 해체 충당금을 장부상 부채가 아닌 바로 쓸 수 있는 적립금으로 전환하도록 해야 한다는 지적이 나왔다.

외국의 사례를 보아도 실제 폐로에 들어갔을 때 작업 자체도 어렵지만 비용과 시간이 예상외로 많이 든다는 것이다. 독일의 경우도 약 20년 전에 폐로에 들어간 뷜갓센원전의 경우 제작 때 폐로를 고려하지 않았기에 건설 당시 도면과 실제 공사가 일치하지 않아 로봇으로 해체작업을 하고 있지만 예상외 시간과 돈이 들어가고 있다고 한다. 해체작업은 계획보다 7년 더 늦어졌고 비용도 당초 9000억 원 정도를 잡았으나 실제로는 약 1조 3000억으로 늘어났다고 한다.

영국 사례로는 원전 1기 폐로에 90년 걸리는 경우도 있어 폐로가 사실은 건설보다 어렵다는 말이 나올 정도다. 세계 최초 폐로작업이 진행중인 영국 웨일즈지방의 트로스퍼닛드원전(출력 23.5만

kW) 작업현장의 경우 1993년 작업개시부터 20년이 걸렸는데 책임자는 99% 방사성물질을 제거했다고 설명하지만 시설을 완전히 해체하려면 70년이 더 걸린다고 한다. 1965년에 운전 개시해 26년 가동한 뒤 1991년에 운전정지를 했고 사용후핵연료는 1995년에 꺼냈다. 그러나 압력용기 주변이나 중간저장시설 내 저준위방사성물질의 방사선량이 아직도 높아서 2026년까지 일단 작업을 중지한 뒤 방사선량이 낮아지길 기다려 2073년에 폐기물 최종처분 등 폐로작업의 최종단계에 착수할 것이라고 한다. 트로스피닛드원전은 소규모로 가동 중 큰 사고 없어 폐로작업으로 전환 가능했음에도 불구하고 폐로에 90년이 소요되고 총비용은 약 6억 파운드(약 9000억 원)가 들 것이라고 한다. 이러한 비용을 고리1호기에 적용한다면 약 2조 2000억 원이 드는 셈이다. 26년 가동한 원전을 해체하는 데 90년이 걸릴 수도 있다는 말이다.

한수원은 2018년 8월 현재 국내 원전해체비용으로 호기당 7515억 원으로 잡고 사내충당을 하기로 하고 있다. 한수원은 2016년에는 호기당 해체비용을 5750억 원으로 잡았다. 발전단가로 치면 kWh당 3.79원이다. 2017년에는 호기당 해체비용을 6920억 원으로 잡았다. kWh당 4.90원으로 원가대비 9.2%에 해당한다. 2016년에 비해 2년 뒤인 2018년의 원전해체비용은 30% 이상 올랐다. 한수원이 2002년 12월에 밝힌 원자력발전 사후처리충당금 적립현황을 보면 2001년 말 원전철거비용이 1조 3740억 원이며 2002년 충당금은 2052억 원으로 발전단가로 보면 kW당 1.79%에 불과했다. 이런 추세라면 앞으로 원전해체비용은 얼마나 상승할지 모른다.

매일경제(2018.8.1)는 '속도 내는 탈원전 … 원전 해체기금 조성

한다'는 제하의 기사에서 '원전 1기당 해체비용 7000억 … 한수원 충당금 장부에만 존재, 월성1호기 조기폐쇄 등 해체 본격화로 현금 필요성 커져'라는 부제를 달았다. 원전업계에 따르면 최근 에너지경제연구원은 이와 관련해 '원전 해체충당금 기금조성 추진방안'이라는 연구용역을 발주한 것으로 나타났다. 에너지경제연구원은 "현재 원전 해체충당금은 원전 사업자인 한수원이 부채형식으로 적립해 관리하고 있으나 해체비용이 본격 투입되는 2020년대 초반에 대비하기 위해 기존 충당금 제도의 문제점을 분석하고 제도 변경 검토를 위한 연구가 필요하다"고 밝혔다.

　　한수원은 원전의 설계 수명이나 모델에 상관없이 일괄적으로 1기당 7515억 원을 해체비용으로 책정하고 있다. 이에 따라 '원자력발전소 사후처리복구충당부채' 명목으로 2017년 말 기준 13조 72억 원을 적립한 상태다. 새 정부 들어 원전해체기준을 강화하면서 2016년 말 10조 1960억 원에서 2조 8112억 원(27.6%)이나 증가했다. 그러나 원전 사업자가 해체비용을 현금으로 적립하는 미국과 달리 한수원은 장부상 부채로만 잡아놓고 있다. 실제 현금으로 보유하고 있는 금액은 2017년 말 기준 원전 1기 해체비용을 약간 웃도는 7620억 원에 그친다. 탈원전 여파로 원전 가동률이 떨어지면서 한수원의 당기순이익은 2017년 8618억 원에서 2018년에 125억 원으로 급감할 전망이다. 만약 한수원 경영이 악화되면 해체비용 조달이 어려워질 수도 있는 상황이다. 그동안 한수원은 해체비용을 기금으로 묶어두기보다는 신규 투자에 활용하고 필요할 때 확보하는 게 바람직하다는 입장이었다. 그러나 탈원전정책으로 노후 원전 수명연장이 더 이상 불가능해지면서 2020년 초반부터 원전해체가 몰릴 것으로 예상되기 때문에 안정적인 비용 마련을 위해 해체충당금을 기금화해야 한다는 목소리가 높다는 것이다.

한편 폐로와 관련해 현재 정부가 '원자력해체기술종합연구센터' 건립사업을 추진 중이다. 원자력해체기술종합연구센터는 2015년부터 2019년까지 사업비 1473억 원(국비 1034억 원, 지방비 339억 원, 민간 100억 원)을 투입해 7550㎡ 규모의 해체기술 실증 장치·시설 등이 집적된 연구기반 시설을 구축하는 사업이다. 문제는 여기에 부산, 울산, 대구, 경북, 광주, 전남, 전북, 강원 등 8개 지자체가 유치 경쟁을 펼치고 있어 당초 2014년 말 예정이던 유치 결정이 미뤄졌으며 새 정부 들어서도 지역갈등이 재현될 조짐을 보이고 있다.

사용후핵연료처리비용

폐로에 들어가면 고준위방폐물, 즉 사용후핵연료의 처리문제가 심각하다. 사용후핵연료는 원자로에서 꺼낸 뒤 5~6년 정도 수조에 넣어 열을 식힌 뒤 별도 처리해야 한다. 그런데 현재 우리나라는 사용후핵연료 영구처분장은 물론 중간저장시설도 확보하지 못한 상태이다. 고준위방폐물 관리정책은 원전 등에서 발생된 사용후핵연료를 재활용하는 재처리와 폐기물로 심층처분하는 직접처분으로 크게 나뉘는데 우리나라에선 현재 재처리를 하지 않기에 우리나라의 경우 고준위방폐물처리는 곧 사용후핵연료처리와 같은 의미로 쓰인다.

정부는 사용후핵연료와 관련해서 2004년엔 2016년부터 임시저장고가 포화상태가 된다고 했다가 원전을 계속 지어야 하니까 2012년에 들어서는 어떻게 든 노력하면 2025년까지는 저장이 가능하다고 했다. 국민 입장에선 혼란스럽다. 그래서 2013년 말 산업통상자원부 산하 민간기구로 사용후핵연료공론화위원회(제1차 공론화위원회)라는 걸 만들어 사용후핵연료 처리대책을 논의한 결과 논란 끝에 공론화위원회의 권고 내용을 반영한 것이 2016년 7월 수립된 '고준위방사성폐기물 관리 기본계획'으로 '2028년 부지 선정을 거쳐 2053년께 영구처분장을 짓는다'는 계획이다. 문재인 정부 들어서 산업통상자원부가 2018년 5월 4개월간 운영기간을 갖고 '고준위방사성폐기물 관리정책 재검토 준비단'을 출범했으나 앞으로 어떻게 전개될지는 불투명한 상태이다.

문제는 우리나라에 영구처분 또는 중간저장시설을 할 적절한 땅을 확보할 수 있느냐 하는 것이다. 그런데 1차 공론화위원회에서는 계속 원전을 건설하기 위해 원전 내부에 그 위험한 고준위폐기물인 사용후핵연료의 임시저장을 중간저장시설 이름으로 더 늘이든지 아니면 경주방폐장 유치 때와 같이 지역개발지원비를 준다고 하면서 특정지역에 고준위폐기물인 사용후핵연료 임시저장소를 건설하려고 사회적 분위기를 띄우는 작업만 했다는 사실이다. 이러한 중저준위나 고준위의 방사성폐기물 처리의 책임기관이 한수원(주)인데 그 동안 고준위방사성폐기물 처분장 확보 없이 계속 원전증설정책만 펴온 것은 잘못된 것이라는 지적이 높다.

사용후핵연료처분장은 공론화 과정을 밟고 있지만 지역에 반발을 사고 있다. 사용후핵연료 공론화는 단순히 임시저장시설 확보 문제가 아니라 우리나라 핵발전정책 전반에 대한 반성이 있어야 하고 적어도 사용후핵연료 영구처리가 안 되는 상황에서는 핵발전량을 줄이는 정책이 전제가 돼야 한다. 그리고 사용후핵연료 공론화의 경우 형식적인 절차만이 중요한 것이 아니라 적어도 한수원이나 산자부를 넘어 범정부적 차원에서 탈핵에너지전환정책을 바탕으로 사용후핵연료 및 폐로 정책 등 종합적인 대책을 내놓고 국민, 특히 지역주민의 수용성을 물어야 하는데 이런 것이 제대로 이뤄지지 않고 있다.

사용후핵연료처리문제는 원전증설정책만 세웠지 폐로정책이나 사용후핵연료처리에 대해서 안일하게 대처해온 정부의 무능과 무책임이 드러난 문제이다. 10만~30만 년의 방사능 기준을 관리할 수 있는 정부는 없다. 또한 현재 영구처분장 건설을 고민하고 있는 핀란드, 스웨덴 등은 대부분이 원전증설 중지 또는 탈핵선언 국가라는 사실이다. 고리1호기 자체 임시저장시설은 만들 때부터 3분의 1 정도밖에 수용할 수 없을 정도로 턱없이 부족한 시설을 갖고 있는데 이는 설계 잘못이다. 지금 매년 신고리1호기로 사용후핵연료 이동보관을 하고 있는데 이러한 돌려막기를 계속 허용해선 안 된다.

정말 문제는 국내에 사용후핵연료 처리장을 지을 곳이 있느냐 하는 것이다. '중저준위방폐장 건설지역에 사용후핵연료 관련 시설을 지을 수 없다'는 조항의 적용을 받는 경주, 신울진3·4호기 부지선정과정에서 핵폐기장 및 핵발전소 추가 정책 포기 문서화 보장을 명시한 14개 선결조건에 합의한 울진, 핵폐기장 건설 반대 주민의사가 강한 영광 등 우리나라 원전입지 지역에 영구처분이나 중간 저장시설 부지를 결정할 수 있는 곳은 사실상 없다고 생각된다. 영구처분 방식은 여러 가지가 기술적으로 있으나 결국은 심지층처분

외에는 없는 것으로 나오고 있다. 그런데 우리나라에 이러한 영구처분을 할 만한 지역이 있을까? 영구처분을 할 곳이 없기 때문에 정부가 임시방편으로 내놓고 있는 것이 중간저장방식인데 이들 지역이 이러한 조건을 충족시키고 있을지는 의문이다. 사용후핵연료 핸드북에 따르면 미국 네바다사막에도 불가능한 것이 영구처분장이다. 네바다주 유카마운틴을 최종처분장 부지로 2002년 선정하였으나 2010년 철회했다. 일본의 경우도 고준위폐기물 처분장 마련을 위해 관련법을 제정해 2002년부터 부지공모 중이나 유치신청이 없어 부지확보가 난항이라고 한다.

현재 우리나라의 사용후핵연료관리는 방사성폐기물관리법에 근거해 사용후핵연료 관리사업을 수행하는 데 필요한 사업비를 2년마다 재산정해 원전사업자에게 부과하고 있다. 한국원자력환경공단의 〈사용후핵연료 관리 총사업비 개요〉(2018)에 따르면 우리나라는 2012년 원전 34기 운영을 전제로 관리사업에 필요한 총사업비 약 53조 3000억 원을 현재 가치화해 다발당 부담금 단가를 부과해왔다. 부담금 단가는 경로가 다발당 3억 1981만 원, 중수로가 1320만 원이다. 2016년 5월에는 고준위방폐물 관리기본계획을 기준으로 총 36기 원전 운영을 전제로 관리비용을 약 64조 1000억 원으로 재산정했다. 중간저장시설 약 26조 4000억 원, 지하연구시설 약 2조 8000억 원, 처분시설 약 34조 9000억 원 등 총사업비를 64조 1000억 원으로 산정했는데 이는 2012년도에 비해 약 10조 8000억 원, 20% 증가한 수치이다. 이유는 중간저장시설의 경우 관리물량 증가와 지상 건물형 방식 적용으로 비용이 늘어났고, 연구용 지하연구시설 비용을 반영해 비용이 증가했으며, 처분물량 증가와 기술개발 현실화로 전체적인 비용이 증가한 것이다.

한수원 자료(2018.8)에 따르면 중저준위폐기물처리비용은 200ℓ 드럼당 1373만 원으로 한수원이 원자력환경공단에 납부한다. 2016년 중저준위폐기물처리비용은 432억 원으로 kWh당 발전원가는 0.28원이었는데 2017년엔 2055억 원으로 늘어났다. kWh당 4.04원으로 원가대비 2.7%를 차지하고 있다. 사용후핵연료처리비용은 다발당 경수로는 3억 2000만 원, 중수로는 1320만 원으로 방사성폐기물 관리기금으로 납부하고 있는데 2016년 사용후핵연료처리비용이 5866억 원, 발전원가로 보면 kWh당 3.86원이었던 것이 2017년에는 5715억 원, kWh당 4.04원으로 발전원가대비 7.6%를 차지하고 있다.

그런데 문재인 정부 들어서 원전정책의 변경으로 신규 원전 6기가 건설 취소돼 전체 운영원전이 30기로 줄어들 것으로 예상된데다 국정감사에서 사회적 비용을 반영할 것을 요청하는 지적*이 제기돼 현재 한국원자력환경공단이 '고준위방폐물 관리를 위한 사회적 비용 산출용역'을 추진하고 있다.

사용후핵연료처리비용을 포함한 고준위방폐물 관리비용은 다음과 같은 변수들에 따라 규모가 달라질 수 있다(한국환경경제학회, 2018)

고준위방폐물 관리비용은 각국의 정책에 따라 고준위방폐물을 저장 또는 처분하는 시나리오가 다양하게 존재하며 이에 관리 시나리오에 따라 관리비용 규모가 달라진다. 또한 관리대상량에 따

---

* 2017년 10월 국정감사에서 이훈 의원은 "사용후핵연료 관리비용에 처분장 폐쇄 후 관리비용, 사고비용, 갈등비용 등 사회적 비용이 반영돼 있지 않다"고 지적하고 "대책을 세울 것"을 요구했다.

라 관리비용의 규모가 일차적으로 결정되며, 고준위방폐물 관리사업에 소요되는 비용은 국가별 경제 규모가 고려되는데 예를 들면 시설 건설과 운영 등에 필요한 인건비와 비용 도출 시점의 환율에 크게 좌우된다. 그리고 국가별 관리기술 확보 수준에 따라 사업의 불확실성을 반영하는 예비비 등의 비율 차이로 인해 관리비용에 차이가 발생된다. 고준위방폐물인 사용후핵연료의 경우 중간저장시설을 둘 것인지 아니면 재처리를 할 것인지에 따라 비용이 달라진다. 우리나라는 현재 사용후핵연료의 재처리사업은 추진하지 않고, 직접처분을 지향하고 있으나 현실적인 문제로 중간저장시설 건설을 고민하고 있다.

한국환경경제학회가 한국원자력환경공단의 의뢰를 받아 실시한 〈고준위방폐물 관리시설 확보를 위한 사회적 비용산출연구 중간보고서〉(2018.7)에서 세계 각국의 고준위방폐물 관리사업비 비교내역을 정리해놓았는데 〈표 5-14〉와 같다.

표 5-14 재처리 국가를 포함한 고준위방폐물 관리사업비 분석결과

국가명	정책	대상물량 (톤)	SF 타입	관리사업비	기준연도	단위비용 (억원/톤)	비고
스웨덴	직접처분	12,000	PWR BWR	11조 937억 8000만 원	2016	9.24	습식 중간저장
핀란드	직접처분	5,500	PWR (VVER) BWR	4조 7287억 2500만 원	2010	8.60	중간저장 비용 미포함
미국	직접처분	141,423	PWR BWR	80조 9946억 7100만 원	2012	5.73	콘크리트 중간저장

캐나다	직접 처분	68,000	PHWR	16조 7900억 1400만 원	2015	2.47	중간저장 비용 미포함
프랑스	재처리	21,739	PWR GCR	34조 714억 6600만 원	2011	15.67	재처리비 용 미포함
벨기에	Wait & See	1,613	PWR	1조 7234억 4900만 원	2012	10.68	중간저장 비용 미포함
스위스	직접 처분	2,932	PWR BWR	14조 884억 4700만 원	2016	48.05	재처리비 용 포함
일본	재처리	40,000	PWR BWR	26조 8120억 2000만 원	2015	6.70	중간저장 비용 미포함
한국	직접 처분	47,117	PWR PHWR	56조 6651억 8200만 원	2012	12.03	금속겸용 중간저장

출처: 한국환경경제학회, 고준위방폐물 관리시설 확보를 위한 사회적 비용 산출 연구 중간보고서,
한국원자력환경공단, 2018.7., p.38.

　　세계 주요 원전운영 국가 가운데 프랑스와 일본이 재처리를
하고 우리나라를 포함해 미국, 캐나다, 스웨덴 등 대부분의 나라
가 직접처분정책을 취하고 있다. 관리사업비 총액은 미국이 약 81조
로 가장 높고, 벨기에가 1조 7000억 원 정도로 가장 낮다. 우리나라
는 2012년 현재 56조 원대로 26조 원대인 일본보다 두 배 이상의 관
리사업비가 드는 것으로 돼 있다. 단위비용으로 보면 우리나라의 경
우 고준위방폐물처리비용이 t당 12억 원 정도로 48억 원인 스위스,
15억 원인 프랑스보다는 낮지만 6억 원대의 일본, 5억 원대의 미국,
2억 원대인 캐나다보다는 높은 편이다. 물론 이러한 비용은 처분방
식이나 대상물량, 원자로형, 기준연도 등 각국의 사정에 따라 다르
기에 참고수준을 넘어서기는 어렵다.
　　사용후핵연료처리시설은 직접처분을 하더라도 봉인 이후 아

주 오랜 기간 존속하며 지역사회에 영향을 주기에 고준위방폐물에 대한 모니터링시스템이 필요하다는 목소리도 높다. 모니터링시스템은 만의 하나 발생할 수 있는 사고를 대비하고 사회의 신뢰를 통해 갈등비용을 줄인다는 측면에서 고려해야 하기에 사용후핵연료처리 비용에 고준위방폐물 관리시설 모니터링비용도 포함해야 한다. 문제는 세계적으로 고준위 방폐장을 건설해 운영하는 사례가 없기에 비용 추정에 어려움이 있으나 모니터링 활동의 특성상 방사선과 방사능의 환경감시를 주로 한 제반 감시활동인 만큼 현행의 중·저준위 방폐장의 모니터링시스템을 참고할 수 있을 것이다.

고준위 방폐장 관리시설 모니터링 비용은 프랑스의 경우 시제오(Cigéo) 고준위 계획 모니터링 안의 연간 모니터링 비용 산정안은 29억 3300만 원(세금 및 부과금 포함 시 49억 7200만 원) 정도이다. 일본 원자력정비기구(NUMO) 내부자료(2018.2)는 고준위방폐물 관리시설 모니터링(작업환경안전성, 품질확인, 환경회복, 환경안전확인모니터링 등) 비용을 1조 2114억 엔(약 12조 원)으로 추정하고 있다. 이 경우 모니터링 기간은 1000년을 가정하고 있다(한국환경경제학회, 2018). 우리나라의 경우 현행 모니터링 시스템상의 여러 기관의 독립적인 교차 감시 구조를 반영해 방폐장 자체 검사 외에도 민간감시기구 등 제3기관의 비용 등을 추가해 고준위방폐장 관리시설 모니터링 비용을 산정할 필요가 있을 것이다.

6

탈원전에너지전환의
가능성과 사회적 비용

탈원전에너지전환을 하는 데도 비용이 필요하다. 탈원전에너지전환을 위한 사회적 비용은 얼마나 될까? 에너지전환의 필요성과 가능성에 대해서도 다시 한 번 살펴볼 필요가 있다. 탈원전에너지전환에 나름 성공한 독일의 사례를 어떻게 볼 것인가? 탈원전에너지전환의 경제적 효과는 실제로 어떠할까? 일본의 사례를 통해 불황일수록 에너지전환에 대한 투자가 효과적이라는 사실을 알 수 있다. 탈원전에너지전환정책으로 어떠한 것들이 있을까? 에너지전환을 위해서는 의식, 생활양식, 제도 차원에서 개선이 절실하다.

에너지전환의 경제적 효과

에너지전환의 필요성

세계 각국에서 재생가능에너지가 중요시되는 것은 다음 2가지 특성이 있기 때문이다.[12]

첫째, 재생에너지는 바이오매스자원을 수입하는 경우 등의 일부 예외를 제외하고 기본적으로 지역에 뿌리내리고 있어 '순국산' 에너지이다. 둘째, 재생에너지는 에너지이용에 있어 기본적으로 화석연료를 사용하지 않기 때문에 온실가스의 배출이 없다. 방사성물질을 사용하는 것도 아니기에 중대사고나 방사성폐기물의 우려도 없다. 물론 이용할 때 주변주민이나 환경에 대한 배려가 충분히 행해지지 않으면 안 되는 것은 다른 에너지원과 마찬가지지만 화석에너지나 원자력에 비해 인간이 컨트롤할 수 있는 범위에 있다는 것이 매우 중요하다.

세계 각국에서 재생에너지는 미래를 담당하는 에너지원으로서 가장 중요시돼 보급대책이 강구되고 있다. 가령 유럽연합에서는 역외, 특히 러시아의 가스 의존을 줄이거나 온실가스 감축을 가장 중요한 과제로 인식해왔다. 재생에너지는 이들 과제에 대응하기 위한 기간에너지원으로서 자리매김하고 있다. 에너지 환경문제에 관한 유럽연합의 구체적 목표는 2020년까지 소비전력에서 차지하는 재생에너지의 비율을 20%로 하고, 에너지소비효율을 20% 향상시켜 온실가스를 20% 감축(유럽20·20이라고도 불린다)한다는 것, 특히 2030년에는 온실가스를 40% 감축, 에너지소비에 차지하는 재생에너지의 비율을 27%로 하고 에너지소비효율을 27% 향상시키는 것이다.

이 때문에 재생에너지의 보급을 위해서는 '재생가능에너지법령'이 제정돼 회원국마다 법적 구속력을 가진 달성목표가 정해지고 이에 따라 지금까지 재생에너지 개발에 적극적이지 않았던 국가에서도 재생에너지 보급을 위한 법제도가 정비되게 돼 재생에너지가 급속히 확대되고 있다. 또 자유화된 전력시장과 계속 증대하는 재생에너지를 통합하는 시책이 요구된다.

일본의 경우는 2012년 7월부터 고정가격매수제(FIT)*가 시행돼 재생에너지를 중심으로 하는 분산형에너지의 도입이 급속히 추진되고 있다. 한편 2016년 4월부터 일본은 전력의 소매가 전면 자유화되고, 2020년에는 발전과 송전분리가 실시되며 총괄원가주의에 바탕을 둔 전기요금제도도 폐지된다. 이러한 일련의 전력시스템개혁을 추진해 계통(송전망)을 전국 규모에서 적절히 운영하기 위한 기관으로서 광역전력 운영추진기관이, 또 전력시장에서의 경쟁을 촉진하기 위한 기관으로서 전력거래 등 감시위원회(2016년부터는 전력가스거래 감시 등 위원회)가 설치됐다. 지금은 재생에너지의 확대와 전력시스템 개혁의 수행이 에너지정책 가운데서도 가장 중요한 정책과제가 돼 있다. 공급면에서의 패러다임의 전환이 일어나고 있는 것이다.

전체적으로 환경적으로 지속가능한 에너지시스템으로 나아가고 있다. 에너지의 공급과 수요라는 2가지 측면에 에너지이용이 환경에 미치는 영향에 대한 관심이 높아졌다. 후쿠시마원전사고 이전에는 원자력발전이나, 방사능, 방사성폐기물에 대한 일반시민의 관심이나 이해가 거의 없었으나 후쿠시마원전사고 이후 세계 각국 시

---

* 우리나라에서는 FIT를 일반적으로 발전차액지원제도라고 한다.

민들의 시각은 완전히 달라졌다.

또한 장기적으로 인간사회에 대해 심각한 영향을 주는 것으로 기후변화문제를 빼놓을 수 없다. 제21차 기후변화협약 당사국회의(2015년 12월)에서 채택된 '파리협정'에서는 지구평균기온의 상승을 2℃ 미만으로 억제할 필요성이 제기됐으며, 2018년 10월 우리나라에서 열린 IPCC 회의에서는 '1.5℃' 이하로 억제하자는 특별 보고서가 채택됐다. 이러한 '파리협정'에 정해진 배출감축을 달성하기 위해서는 에너지시스템을 근본적으로 개혁할 필요가 있다. 대규모 중앙집중형 에너지시스템을 재생에너지중심의 지역분산형 에너지시스템으로 바꿔가는 것이 효과적인 대책으로 보고 있다. 동시에 온실가스의 대폭 감축을 진전시키기 위해서는 산업, 민생업무, 민생가정, 운수라고 하는 에너지 최종소비부문에 있어서 철저한 에너지절약을 추진하는 것, 더 나아가 마을만들기나 지역사회의 틀 그 자체를 바꾸는 것도 필요하다.

재생에너지 보급과 에너지절약 추진은 단지 에너지이용이 바뀌는 것 이상의 큰 사회적 효과가 있다. 재생에너지는 소규모로 분산적으로 운용되기에 설비의 건설, 운용, 유지관리에 이르기까지 관련된 고용이 지역에서 생기는 것은 물론 지역주민이 스스로 사업을 추진해 운영해가는 것도 가능해 지역자원에서 얻어지는 이익을 지역에 환원할 수도 있다. 현재 독일이나 덴마크 등 재생에너지 이용이 선진적으로 추진되는 나라에서는 협동조합이나 지자체에 의한 지역에너지공급이 추진되고 있다. 지역분산형 에너지에 대한 투자는 지역의 고용을 창출하고 중장기적으로도 안정적이고 값싸고 지속가능한 에너지에 바탕을 둔 사회를 만들어 지역경제를 활성화시키는 데

효과적이라고 할 수 있다.

　문재인 정부 들어서 추진하고 있는 에너지전환정책이 제대로 방향을 잡아가려면 지역분산형 에너지구조와 이에 걸맞는 전력개혁이 이뤄져야 하고, 무엇보다 탈원전, 탈화석연료발전을 통해 온실가스배출 억제를 도모해야 한다. 그리고 이러한 탈원전에너지전환이 지역경제 활성화와 연결되어야 한다.

재생에너지로의 전환가능성[13]

　에너지전환의 필요성과 함께 중요한 것이 기존의 원전, 화석연료에서 재생가능에너지로 전환가능성이 어느 정도인가 하는 것이다. 먼저 후쿠시마원전사고 이후 일본부터 살펴보자.

　후쿠시마원전사고의 영향으로 일본 전역에 계획정전이 실시되고 국가에너지정책의 재검토, 재생가능에너지로의 전환을 요구하는 목소리가 높아지고 있다. 그러나 일본의 경제산업성 관계자는 "재생에너지만으로는 불충분하기에 원자력은 필수"라고 말해왔다. 그래서 원자력발전을 점차 줄이고 재생에너지로 전환하는 것은 비용이 많이 들 것이라고 우려하는 목소리도 많다. 한 연구소에 따르면 일본이 203GW의 전력을 태양광으로 충당하려면 약 1조 100억 달러 상당의 비용이 들 것이며, 풍력이라면 일본 국토의 50%를 사용해 3750억 달러를 들여 시설을 건설한다 해도 152GW의 전력밖에 공급할 수 없다는 이야기도 나온다. 또한 비용과 함께 일본의 모든 원전을 천연가스와 석탄으로 대체하면 이산화탄소 배출량은 현재보다 10% 증가할 것이라는 주장도 있다. 마치 문재인 정부 들어 원전추진파들이 보수언론 등을 통해 떠드는 내용과 별 차이가 없다.

그러나 영국 왕립국제문제연구소는 현재 원자력발전이 세계 발전량에서 차지하는 비중은 불과 6%이며, 관련 국가는 30개국 가운데 미국, 프랑스, 일본, 독일, 러시아, 한국 등 6개국에 불과하다며 일본의 경우 원자력이나 화석연료에 의존하지 않는 방법을 찾아낼 경우 국제적으로 큰 영향력을 가지게 될 것이라고 강조하고 있다.

그런데 문제는 국가 차원에서 볼 때 에너지수요가 향후 더욱 증가할 것으로 예상되는 반면, 신뢰성이 높고 비용 효율적이며 저탄소 에너지원을 필요로 하고 있다는 것이다. 따라서 재생에너지는 듣기에는 매력적이지만, 높은 비용, 신뢰성이 부족하고, 경관 침해나 소음 등 특유의 환경비용을 지불해야 하며, 전력소비를 줄이기란 일견 불가능해 보이기도 하기 때문이다. 그러나 일본의 후쿠시마 원전사고 이후 비록 계획정전이 있었지만 일본 국민의 실제 삶의 질을 크게 손상시키지 않고 전력소비를 줄일 수 있었다는 게 중요하다는 사실이다.

이런 면에서 에너지도 '선택'할 수 있다. 일본 기업은 공장의 야간 조업을 실시하는 등 사용량이 적은 전력을 이용한 생산체제를 모색하기 시작했고, 일본 정부는 효율적인 수요제어와 부하 분산을 위해 피크 시 전기요금 인상방안을 내놓기도 했다. 서머타임(여름철에 새벽 5시도 밝기 때문에 시간을 1시간 앞당기는 것을 말함) 도입방안도 다시 검토되고 있다.* 후쿠시마원전사고 이후 도쿄의 자판기의

---

* 일본은 2020년 도쿄올림픽 기간 중 폭염대책으로 표준시간을 2시간 앞당기는 '서머타임'을 도입하기 위한 본격적인 검토에 들어갔다. 2019년과 2020년에 한해서 서머타임이 도입될 공산이 크며 일본 여당은 2018년 가을 임시국회에 의원 입법으로 제출하는 것을 목표로 하고 있다(산게이신문, 2018.8.6.).

조명은 모두 사라졌다. 자판기의 소비전력이 극적으로 감소한 것이다. 이와 같이 에너지정책 결정에는, 기술적인 면보다는 정치적인 면이 중요한 경우도 있다.

위기상황에 직면한 사람들이 전력소비를 크게 줄일 수 있는 것을 보면 원래 원자력발전이 필요했는가 하는 의문이 생길 수도 있다. 일본에서 신재생 에너지의 이용을 늘 강조해왔던 이이다 데쓰야(飯田哲也) 환경에너지정책연구소(ISEP) 소장은 〈비계획정전에서 전략적 에너지시프트로〉라는 논문에서 "지진, 쓰나미, 원전사고라는 3가지 재해가 겹친 동일본대지진으로 일본은 1868년의 메이지유신, 제2차 세계대전의 종결에 이어 세 번째 역사적인 재설정을 경험하고 있다"고 말했다.

이이다 소장의 주장의 핵심은 모두가 에어컨을 틀게 되는 여름 몇 달 동안의 전력수요는 늘어날 것으로 예상되기 때문에 다양한 응급조치를 받을 수 있겠지만, 현실적이고 장기적으로 2050년까지 전력을 100% 재생에너지로 충당하도록 에너지전환을 추진하는 길 외엔 다른 길이 없다는 것이다. 그 목표를 달성하기 위해 일본은 에너지효율 향상과 절전 대책을 통해 전력소비를 2010년 대비 50%까지 줄일 필요가 있으며, 중기적인 목표로 2020년까지 전력소비를 20% 줄이고 재생에너지에 의한 전력공급을 2010년의 10% 수준에서 2020년에는 30%로 끌어 올릴 것을 제안하고 있다.

그는 원전을 서서히 줄이는 것을 권장하는데 발전량에서 원전이 차지하는 비중을 현재의 25%에서, 2020년에는 10%, 2050년에는 제로로 하는 것을 목표로 제시하고 있다. 또한 천연가스는 2020년까지 25%로 지금과 비슷하게 유지하고, 석탄과 석유는 40%에서 15%

로 줄여야 한다고 강조한다. 이이다 소장은 2008년 일본풍력발전협회, 일본지열학회, 태양광진흥협회 등과 함께 자연에너지정책 제안을 했는데 그중 하나가 2050년 자연에너지 비전 발표에서 전력수요의 67%를 재생에너지로 충당하자고 했다. 이 과정에서 풍력발전협회는 일본 홋카이도와 도호쿠 지방을 중심으로 시설의 절반을 해상에 건설하면 50GW(2010년의 3GW에서 증가)를 공급할 수 있다는 전망을 보여주었다.

그러한 에너지전환의 최대 걸림돌은 일본 정부와 전력업계라고 단언한다. 일본 정부는 지금까지 에너지에 관한 결정은 기존 원자력과 집중형 에너지시스템에 치우쳐왔으며, 그것이 전력산업의 터전을 지키기 위한 것이기 때문이라고 강조했다. 도쿄전력을 포함한 주요 전력회사 10개사는 재생에너지원의 개발에 대해서는 그다지 노력하지 않았다. 가령 도쿄전력의 장기목표가 2020년까지 홋카이도와 도호쿠 지역에 400MW의 재생에너지(주로 풍력)를 생산하는 것이었다. 그 결과 일본은 신재생에너지 경쟁에서 다른 선진국에 크게 뒤지고 있다고 지적했다.

우리나라 한수원도 새 정부 들어서 '친환경에너지기업' '신뢰받는 글로벌 에너지 리더'를 표방하면서 2017년 현재 0.18GW에 불과한 신재생에너지 설비용량을 2030년에는 약 7.8GW로 늘리겠다는 목표를 세웠다. 한수원의 신재생에너지 설비용량 확대목표는 〈표 6-1〉과 같다.

최근 많은 연구에서 2030~2050년 사이에 전 세계가 신재생에너지로 전환할 수 있다는 결론이 나오고 있다. 스탠포드대학의 연구진은 〈사이언티픽 아메리칸〉(2009년 11월) 저널에 연구 성과를 발

표 6-1 한수원의 신재생에너지 설비용량 확대목표

구분	태양광	풍력	연료전지	소수력	바이오	합계
2017	0.06GW	0.00075GW	0.11GW	0.011GW	–	0.18GW
2030	5.51GW	1.7GW	0.34GW	0.011GW	0.22GW	7.78GW

출처: 한수원(2018.5)

표했는데 "20년 내에 세계의 전력을 100% 청정에너지(원자력 제외)로 조달하게 된다"고 주장했다. 스탠포드대학 마크 제이콥슨(Marc Jacobson) 교수는 자신의 글로벌모델을 기준으로 하면 일본의 경우 남부를 중심으로 풍력과 태양력으로 전력충당이 가능하다는 것이다. 제이콥슨 교수는 미국 캘리포니아에서 2년간 99.8%의 경우 시간별 수요를 재생에너지로 충당할 수 있었고, 0.2%에 해당하는 만큼의 백업이 필요했다고 설명했다. 그는 일본의 경우 재생에너지의 비율을 올리고 송전망을 넓히고 전기자동차를 늘리며, 풍력발전의 야간이용을 늘리기 위해 전력공급을 할 수 없는 것을 수소로 전환해, 재생에너지 발전설비용량을 충분히 활용하고, 잉여분을 수소로 돌려 고온처리 및 운반에 이용하는 것이 필요하다고 강조했다. 그는 일본에서는 재생가능자원의 개발가능성이 충분하지 않은 것 아니냐는 질문에 100% 재생에너지로 전환하는 것이 불가능하지는 않은데 이것은 기술의 문제가 아니라 의지의 문제라고 강조했다. 문제는 시민의 관심과 화석연료와 원자력에 집중된 정부 보조금 지원이 오히려 걸림돌이 되고 있다는 것이다. 대신에 재생에너지와 같은 청정에너지에 보조금을 지급함으로써 이러한 문제를 해결할 수 있다고 강조했다. 세계는 2050년까지 지구 전체의 전력수요를 100% 재생에너지로 충당할 수 있는데 그 목표의 절반은 에너지효율 향상과 에너지절약으로 달성하는 것이 전제가 돼야 한다는 것이다.

어느 나라든지 원자력은 단기 해결책일 뿐, 폐로와 결과적으로 발생하는 방사성폐기물의 처리비용 등을 감안할 때, 매우 장기간에 걸쳐 문제가 계속될 것이다. 사용후핵연료처분장문제를 제대로 해결하고 있는 나라는 없다. 이런 면을 고려할 때 에너지전환은 기술문제가 아니라 그 나라의 정치적, 사회적 의지의 문제이다. 우리는 일본을 타산지석으로 삼아야 한다. 재생에너지로의 전환은 필요하고, 또한 가능하다.

독일의 에너지전환 사례 분석

독일은 이미 1990년대부터 재생에너지를 촉진해왔다. '에너지전환(Energiewende)'은 독일에서 가장 중요한 경제정책이자 환경정책의 과제였다. 에너지전환이란 에너지공급을 석유, 석탄, 천연가스, 원자력에서 재생가능에너지로 전환시키는 것을 말한다. 독일은 2050년까지 전력공급의 80%와 총에너지공급의 60%를 재생에너지로 조달하는 것을 목표로 갖고 있다. 이에 따라 2022년까지 단계적으로 모든 원전을 정지하고, 2025년까지 전력공급의 40%에서 45%를 재생에너지로 충당하기로 했다. 독일은 2000년 재생가능에너지법(EEG)[14]을 제정했다.

독일 연방정부는 2000년에 오는 2022년까지 탈핵에너지전환을 독일의 에너지기업과 합의했다. 2011년 일본의 후쿠시마원전사고에 대한 성찰에 힘입어 결정한 것이었다. 독일은 그동안 석탄, 석유, 천연가스의 수입에 연간 약 800억 유로를 지출했다. 이 금액이 향후 단계적으로 신재생에너지 분야의 국내 투자로 바뀌는 것이다. 이를 통해 수출 기회가 생기고, 더 많은 일자리가 창출될 것으로 보고 있다. 또 하나의 중요한 과제는 에너지전환의 2개의 기둥이 '에너지절약'과 '효율적인 이용의 촉진'이라는 사실을 중시했다. 노후 건물의 에너지효율 향상을 위해 연방정부가 지원을 하고 있다. 이산화탄소 배출량의 약 40%가 건물 분야에서 발생하고 있기 때문이다. 전력소비도 2007년 이후 다소 후퇴하고 있다고는 해도 계속 하락하고 있다. 에너지구상의 원래 목표인 2020년까지 10% 삭감을 목표로 노력을 하고 있다고 한다.

에너지전환이 목표로 하는 것은 원자력발전 사고위험을 줄이는 것뿐만 아니라 기후변화에 대응하면서 에너지 공급의 안정을 도모하는 것이기도 하다. 신재생에너지의 역동적인 강화를 통해 전원구성에서 이산화탄소를 배출하지 않는 에너지의 비율을 크게 증가시킬 수 있었다. 친환경전력은 2014년 총전력생산의 26%를 차지하고, 2015년 상반기의 총전력소비량에서 차지하는 비율이 32.5%였다. 화창한 평일에는 태양광발전은 전력수요의 최대 25%를 차지할 수 있으며 일요일과 공휴일에는 오히려 50%에 이르는 경우도 있다. 모든 신축주택의 38.7%는 이미 재생에너지에 의한 난방시설을 갖추고 있다. 이렇게 해서 2015년 초에는 정격출력이 약 38.5GW인 150만 태양광발전 장치가 설치돼 있다고 한다.

독일이 재생에너지의 선진국이 된 것은 재생가능에너지법 (EEG)이 있었기 때문이다. 이 법은 2014년에 개정되었는데 개정의 목적은 시민과 경제에 부담을 줄이고 공급의 안정성을 보장하기 위한 것이다. 배경은 친환경전력 확충에 따라 증가하는 비용을 소비자가 부담하는 이른바 EEG분담금이 태양광발전 시설의 대폭적인 확충과 계산방법의 변경으로 인해 2009년 이후 크게 상승했던 것이다. 이에 따라 친환경전력 공급과 에너지전환에 대한 사회적 논의가 일어났고 2015년에 이 분담금이 처음으로 줄어들었다. 또한 연방정부는 풍력발전과 태양광발전량이 증가해도 안정된 공급을 보장하는 새로운 전력시장 모델을 구축하기 위해 노력하고 있다고 한다. 석탄화력발전소보다 이산화탄소 배출량이 적고, 유연한 투입이 가능한 천연가스발전소의 사용을 보장하는 것도 중요하다.

에너지전환에 필요한 것은 친환경 발전소의 확충만이 아니라 안정적인 공급을 위해 전력망을 보완해야 한다. 가령 수천 km에 이르는 고압송전선의 증설이 계획돼 있는데 독일 또한 북부 독일에서 얻을 수 있는 풍력발전에 의해 생산된 전기가 경제활동이 활발한 소비중심의 남부지역으로 송전되고 있기에 분산된 지역에서 공급되는 태양광전력을 받을 수 있도록 각 지역의 전력망을 확충해야 한다. 전력망 확충은 새로 계획된 송전선이 거주지 근처를 지나는 지역 주민의 저항을 받을 수도 있다. 그래서 독일의 경우 비용은 많이 들어도 이러한 갈등해소를 위해 송전선을 지하케이블로 설치하는 것을 추진해 왔다고 한다.

독일의 에너지전환에 대한 자체 평가는 매우 긍정적이다. 하인리히뻴재단이 독일의 에너지전환정책이 실제 어떠한지를 국내외에 알리기 위해 관련 논점을 정리해 소개한 내용은 다음과 같다.[15]

첫째, 독일의 에너지전환은 야심적이지만 실현 가능하다. 독일 전력의 재생에너지의 비율은 단 10년 사이에 6%에서 25%로 늘었다. 최근 추정에 따르면 전력에 차지하는 재생에너지의 비율은 2020년까지 40%를 넘을 것으로 알려지고 있다. 많은 독일의 연구기관 및 정부 관련기관이 그 숫자를 분석하고 재생에너지 중심의 경제에 대한 탄탄한 시나리오를 개발하고 있다.

둘째, 독일의 에너지전환을 주도하는 쪽은 시민단체나 지역사회라는 사실이다. 독일 국민들은 깨끗한 에너지를 스스로 만들고 싶다고 생각하고 있다는 것이다. '재생가능에너지법'은 재생에너지에 의해 발전된 모든 전기를 우선적으로 전력망에 연결하는 것을 보장하고 적절하게 이익을 얻을 수 있도록 설계돼 있다. 2011년까지 재생에너지에 대한 투자의 절반 이상은 소규모 투자자에 의한 것이다. 에너지전환은 중소 규모의 비즈니스를 강하게 하고 지역사회와 시민 스스로 에너지를 생산하는 권리를 갖는 것으로 독일 전역에서 에너지혁명이 일어나고 있다.

셋째, 에너지전환은 독일 전후 최대의 인프라사업으로 독일의 경제와 신규고용을 강화하고 있다. 재생에너지를 중심으로 한 경제로 이행하려면 2000억 유로를 웃도는 규모의 투자가 필요해 재생에너지가 기존 에너지에 비해 비용이 많이 드는 것으로 보이지만 재생에너지 비용은 점차 낮아지는 반면, 기존 에너지 비용은 점차 높아지고 있다. 이미 재생에너지 부문에서 38만 개의 일자리가 독일에서 창출되고 있는데 이는 기존 에너지의 고용을 능가하는 규모이다. 제조업은 물론 그보다 많은 사람들이 설치 및 유지 보수 업무에 종사하고 있다. 이러한 것이 독일이 다른 국가보다 경제 위기를 잘 극복할 수 있는 힘이 되고 있다는 것이다.

넷째, 독일은 에너지전환을 통해 친환경적인 미래에 맞는 산업기반을 유지하고 있다. 2012년, 풍력, 태양에너지의 가격은 도매전력시장에서 10% 이상 하락하고 있다. 철강 및 요업, 시멘트 등의 산업이 싼 에너지 가격의 혜택을 누리고 있으며, 태양광패널, 풍차, 바이오매스, 수력발전, 축전시스템, 스마트그리드 설비, 에너지효율화 기술 등의 수요가 증가하고 있다.

다섯째, 규제와 열린 시장은 투자의 확실성을 확보하고 중소기업이 대기업과 경쟁할 수 있는 환경을 만들고 있다. 재생가능에너지법으로 재생에너지 전력은 전력망 연결이 보장되고, 가족기업 또는 소규모 법인이 대기업과 경쟁할 수 있는 환경을 만들고 있다. 발전차액지원제도(FIT)로 발전 사업자는 고정가격으로 전력망에 전기를 판매할 수 있다. 소비자는 전력 공급회사를 선택할 자유가 있고 저렴한 전력을 구입할 수도 있다.

여섯째, 독일은 기후변화대책과 탈원전을 같은 것으로 보고 실천하고 있다. 독일은 2011년 봄에 8기의 원전을 중지한 뒤에도 전년대비 2%의 온실가스 배출량을 감축했다. 전력공급은 기록적인 수준에서 안정돼 있었다. 폐쇄된 원전설비는 새로운 재생에너지와 기존의 백업전원 및 에너지효율 향상에 의해 대체됐다. 재생에너지는 연간 약 1억 3000만t에 이르는 독일의 온실가스 배출 감소에 기여하고 있다. 독일은 2012년까지 1990년 대비 온실가스를 21% 감축했고, 오는 2020년까지 40% 감축을 목표로 하고 있다.

일곱째, 독일의 에너지전환은 단순히 재생에너지 전력에 대해서뿐만 아니라, 교통부문과 가정부문 등 다양한 에너지 이용에 대해서도 논의를 하며 추진하고 있다. 전력은 독일 에너지 수요의 20%를 차지하는 데 그치고, 40%는 열 이용, 나머지 40%는 교통부문이 차지하고 있다. 아마도 가장 어려운 것이 교통부문의 대책일 것인데 독일은 자가용승용차나 대형차에서 소형차나 전기자전거로 이동함으로써 에너지 소비를 줄이고 있다는 것이다.

여덟째, 독일의 에너지전환은 정착되고 있다는 사실이다. 독일이 정책 전환을 하는 일은 없을 것으로 보고 있다. 독일도 한때는 4대 전력회사(Eon, RWE, Vattenfall, EnBW)가 재생에너지로의 전환을 미루며 기득권 지키기에 애를 쓰고 반대한 적이 있다. 그러나 Eon과 RWE는 국제적으로 원전 건설을 중지했다. 다국적기업인 지멘스 또한 국제사업에서 원전에서 손을 떼고 풍력과 수력에 힘을 쏟고 있다. 독일 국민들은 정치지도자에게 에너지전환에 도전하도록 요구하고 있다. 정치적 견해 차이는 있지만, 독일의 모든 정당이 에너지전환을 지지하고 있는 것은 명백한 사실이다. 압도적인 국민지지 여론이 있기 때문이다.

아홉째, 에너지전환은 독일에게 경제적으로 합리적인 것이며 다른 나라는 더 저렴하게 추진할 수가 있을 것으로 보고 있다. 독일은 세계 최대의 국내 태양광발전시장을 창출하고 있다. 독일의 명확한 정책과 중국의 대규모 생산이 세계 재생에너지의 비용 감소를 만들어내고 있다. 독일에서는 태양광패널 설치시스템 가격이 2006년부터 2012년 중반 사이에 66%나 급락했다. 이러한 비용감소로 인해 앞으로 재생에너지에 투자를 시작하는 다른 나라는 더 저렴한 비용에 효과를 얻을 수 있을 것이다. 게다가, 다른 많은 국가는 독일보다 태양에너지자원이 더 풍부하다. 일조조건이 좋은 국가는 같은 태양광패널을 독일보다 2배 이상 발전시킬 수 있는 곳도 있을 것이다.

이러한 독일의 에너지전환 사례는 매우 고무적이다. '에너지전환 독일'의 사례를 보다 심도 있게 벤치마킹해 우리 실정에 맞게 적용할 필요가 있다.

에너지전환의 경제적 효과

탈원전에너지전환이 이뤄지면 경제는 어떻게 될까? 전력요금의 인상으로 인해 경제에 악영향을 미칠까?

오노 요시야스(小野善康) 오사카대 사회경제연구소 교수는 《에너지전환의 경제효과(エネルギー転換の経済効果)》(2013)라는 책에서 "불황일수록 이러한 에너지전환이 오히려 경제를 활성화하고, 보다 풍요롭고 안심·안전한 사회 만들기의 길잡이가 된다"고 강조한다. 경제가 불황이면 경기를 자극하기 위해 새로운 수요창출이 필요하다고 하는데 에너지전환을 통한 새로운 지출이란 이와 같은 신수요이며 새로운 시장과 고용을 만들어 경기를 자극한다는 것이다. 그렇게 되면 부담으로 보아온 에너지비용의 증가는 실은 부담이 아니라 의미 있는 고용을 낳는 중요한 지출로 오히려 바람직한 정책이라는 것이다. 즉 에너지전환정책이야말로 산업구조의 전환을 가져올 수 있다고 강조한다. 에너지전환은 경기라고 하는 경제적인 문제만이 아니라 산업전환을 동반하는 정치적인 문제이기도 하다는 것이다.

오늘날 에너지논쟁은 흔히 ①비용은 들지만 안심하고 안전한 재생가능에너지로 바꿔야 하는가? ②위험하지만 경제에 부담을 생각하면 비용이 싼 원전을 유지해야 하는가 하는 것 중 하나를 택하는 문제이기도 하다. 전력회사는 에너지전환에 반대한다. 그러나 재생에너지분야는 전력회사라고 해도 당연히 참여할 수 있고, 이 분야에 경쟁력을 갖고 있다. 따라서 에너지전환은 이들 전력회사에서도 신규사업 진출의 커다란 기회이기도 하다. 그런데 왜 반대를 할까? 그 이유는 지금까지 정부의 방침에 따라 거액의 자금을 원전에 투입해왔기 때문에 원전을 중지하면 전력회사에 큰 부채가 남고 회수할 수 없기 때문이다. 이러한 기업에 에너지전환을 강제하면 원전의 부채를 부담할 수 있도록 수입확보의 길을 열어주는 것이 중요하다. 따라서 원전을 계획적으로 중지하면서 발전기술을 축적하고 있는 전력회사에 에너지전환을 적극 추진하도록 하기 위해선 원전이라는 불량채무에서 이들을 해방시킬 필요가 있다. 구체적으로는 원전 관련 부채를 정부가 부담해 세금으로 메우는 방법은 있으나 국민의 강한 반발을 가져올 것이 명백하다. 어쨌든 전력회사가 부담한다고 해도 결국은 전기요금 인상이나 증세를 통한 국민부담으로 돌아올 수밖에 없는 것이 현실이니 말이다.

오노 교수는 일본의 에너지전환과 관련해 ABC 3가지 시나리오를 비교한다. 여기서 검토하는 전원은 원자력, 석유, 석탄, 천연가스, 자가발전(화력), 폐기물, 재생가능에너지이다. 재생가능에너지로는 대규모수력, 소규모수력, 바이오매스, 지열, 풍력, 태양광이다.

먼저 ①시나리오A는 2020년에 탈원전을 완료함과 동시에 재생에너지 거래제도의 정비를 통해 2020년 재생에너지에 의한 발전량이 현재보다 4% 상회, 2009년도 총발전량의 14%가 된다. ②시나리오B는 2020년에 탈원전을 완료함과 동시에 2020년도의 재생에너지에 의한 발전량이 현재보다 10% 상회, 2009년도 총발전량의 20%로 잡는다. ③시나리오C는 재생에너지에 대해서는 시나리오A와 마찬가지로, 2020년도에 있어서 2009년도 총발전량의 14%로 하지만 탈원전의 완료는 2050년까지 미루는 것이다.

시나리오A, B에서는 모두 2020년도에 탈원전을 완료한다. 이 가운데 시나리오A는 현재 거래제도 이외에 특히 재생에너지를 추진하지 않을 경우, 시나리오B는 재생에너지를 적극적으로 도입해 20%까지 늘이는 경우이다. 이에 대해 시나리오C는 원전을 원칙적으로 40년 수명까지 사용해 최종적으로 2050년도에 모두 폐기함과 동시에 현재 구입제도 이외에 특히 재생에너지의 도입을 추진하지 않는다는 가장 보수적인 가정을 하고 있다.

여기에다 2020년도까지의 발전량에 대해서는 다음과 같은 가정을 한다.

① 2012년부터 2020년까지 총발전량을 연 2.5% 정률로 감소시켜, 최종적으로 2009년도에 대해 20% 절전을 달성한다.

② 석유 등, 폐기물, 대규모수력, 지열 및 태양광의 발전량은 각 시나리오 공통으로 한다. 석유 등은 2020년도에 제로, 폐기물 및 대규모수력은 일정, 지열 및 태양광은 2020년도에 걸쳐 증가한다.

③ 시나리오A, B에서는 석탄의 발전량은 2020년도에 총발전량의 20%로 감소시킨다.

④ 부족한 발전량은 천연가스 및 자가발전으로 보충한다.

이들 가정 아래 시산되는 각 시나리오의 전원별 발전량은 다음과 같다.

각 시나리오 아래에 필요한 설비용량을 계산한 결과, 재생에너지비율을 20%까지 늘리는 시나리오B, 탈원전을 2050년까지 연기하는 시나리오C에서는 석유, 석탄, 천연가스, 폐기물에 대해서는 2011년도의 수준을 유지하면 필요한 발전량을 확보할 수가 있다. 이에 대해 시나리오 A에서는 2020년도에는 탈원전을 완료하면서 재생가능에너지비율을 14%에 이르게 하기 위해서 천연가스 이외에 대해서는 설비용량을 확장할 필요는 없지만 천연가스에 대해서는 2020년도의 가동률을 2009년도 수준으로 하기 위해 설비용량을 2012년부터 매년도 0.72GW씩 증가시켜갈 필요가 있다.

한편 재생에너지의 설비용량과 설비이용률에 대해서는 다음과 같은 스케줄로 각 시나리오의 2020년도 목표를 달성시키도록 가정을 했다.

대규모 수력의 경우 모든 시나리오에서 2011년 수준을 유지, 건설이용률은 41.5%로 잡는다. 소규모수력은 시나리오A, C의 경우 2011년 수준을 유지하며, 시나리오B에서는 2011년 수준을 2013년까지 유지하고 2014년부터 매년 9.0%의 정률로 확대하며, 설비이용률은 61.9% 수준으로 한다. 바이오매스는 시나리오A, C의 경우 2011년 수준을 유지한다. 시나리오B에서는 2011년 수준을 2013년까지 유지하며, 2014년부터 매년 12.8% 정률로 확대한다. 설비이용률은 52~66%를 유지한다. 지열은 모든 시나리오에서 2011년 수준을 2015년까지 유지하고 2016년부터 매년 11.5%의 정률로 확대하고 설비이용률은 60~70%를 유지한다. 풍력은 시나리오A, C의 경우 2012년부터 매년 10.9%의 정률로, 시나리오B의 경우 매년 25.5%의 정률로 확대하고 설비이용률은 21~22%를 유지한다. 태양광의 경우 모든 시나리오에서 2011년보다 매년 20.8%의 정률로 확대하고 설비이용률은 12%를 유지한다.

특히 이들을 실현하기 위해 필요한 설비투자액을 시산하면 각 전원에 대해 매년 설비용량의 차이를 취해 그것들을 건설용량당 단가(엔/kW)를 곱해 각년도의 설비투자액으로 삼았다. 일본의 경우 각각의 설비에 대한 평균건설기간과 투자단가는 〈표 6-2〉와 같다.

표 6-2 일본 발전설비의 건설기간과 단가

전원	건설기간	설비용량당 단가	
		2010~12년도 단가 (kW당)	2013~20년도 매년도 증가율
천연가스	3년	12만 엔	0.00%
소규모수력	1년	90만 엔	0.00%
바이오매스	1년	35만 엔	0.00%
지열	4년	80만 엔	0.00%
풍력	2년	27만 5000엔	0.26%
태양광	1년	48만 3000엔	-6.50%

출처: 小野善康, エネルギ—轉換の經濟效果, 岩波書店, 2013, p.34.

에너지전환에 필요한 비용은 설비투자액에 더해 원전의 폐로 비용을 합쳐야 한다. 일본의 경우 1985년 종합에너지조사부 원자력 부회 보고서에 따르면 사용후핵연료 반출에 3년, 계통제염, 안전저 장을 12년, 해체철거에 10년으로 보아 폐로의 총소요기간을 25년 정도 잡고 있다.

〈표 6-3〉은 일본의 노형·전기출력별 폐로비용을 나타낸다.

표 6-3 일본의 노형·전기출력별 폐로비용

노형	출력	폐로비용		
		총계	1~3년째	4~25년째
BWR	대형(110만kW급)	700억 엔	7.7억 엔/년	30.8억 엔/년
	중형(80만kW급)	550억 엔	7.7억 엔/년	23.9억 엔/년
	소형(50만kW급)	350억 엔	7.7억 엔/년	14.9억 엔/년
PWR	대형(110만kW급)	640억 엔	7.7억 엔/년	28.0억 엔/년
	중형(80만kW급)	500억 엔	7.7억 엔/년	21.7억 엔/년
	소형(80만kW급)	320억 엔	7.7억 엔/년	13.5억 엔/년

출처: 小野善康, エネルギ—轉換の經濟效果, 岩波書店, 2013, p.36.

이러한 설비투자액과 폐로비용의 합계를 각 시나리오에 따라
구한 결과 재생에너지설비투자액은 2020년에 발전량비율을 2009년
의 20%로 하는 시나리오B의 경우가 가장 높은데 연간 0.9조 엔에
서 3.0조 엔 정도가 된다. 이에 대해 재생에너지발전비율이 14% 정
도인 시나리오 A와 C의 경우 0.8조 엔에서 1.7조 엔 정도였다. 또
한 모든 시나리오에서 원전의 폐로비용은 최대 연간 1000억 엔에
미치지 않고, 재생에너지의 설비투자액과 비교하면 매우 낮은 것으
로 나타났다.

또한 재생에너지 각 항목의 설비투자액은 시나리오A와 C의
경우 태양광에 대한 설비투자에 의해 2020년의 재생에너지 14%를
거의 충당할 수 있지만 시나리오B의 경우 풍력을 한층 더 도입하
고 소규모수력 등 다른 재생에너지의 설비투자가 필요하다는 결론
이 났다.

또한 이러한 시나리오의 경제파급효과는 〈표 6-4〉와 같다.

표 6-4 일본의 2018년도 경제파급효과

		시나리오A	시나리오B	시나리오C
	①당초취업유발수	19만 명	34만 명	18만 명
호황 시	②기존부문생산감소 (=①×0.082)	1.6조 엔	2.8조 엔	1.5조 엔
불황 시	③소비확대액 (=①×0.059)	1.1조 엔	2.0조 엔	1.1조 엔
	④소비재취업유발수 (=①×0.72)	14만 명	25만 명	13만 명
	⑤총취업유발수 (=①+④)	33만 명	59만 명	31만 명

출처: 小野善康, エネルギ一轉換の経済効果, 岩波書店, 2013, p.50.

계산 결과 경제상황이 호황이냐 불황이냐에 따라 영향을 받는데 최근의 장기적 경제불황을 고려하면 전반적으로 시나리오B의 경제효과가 가장 큰 것으로 나타났다. 이 경우 에너지전환에 따라 34만 명의 노동력이 필요하기에 기존부문의 생산은 2.8조 엔 감소한다. 그 결과 안심·안전한 사회는 실현되지만 2.8조 엔분의 생산감소라는 국민부담이 있다. 이 때문에 에너지전환을 생각할 때 부담과 편익의 비교를 행할 필요가 있다. 그러나 현재 일본과 같은 불황이 장기화될 때 앞으로 10년 내에 경기가 회복하기 어려운 상황에서는 에너지전환에 드는 추가적인 노동투입은 기존부문의 노동력을 빼앗지 않고 실현가능하다. 특히 고용의 확대에 의해 소비가 자극받아 그 규모는 각각 시나리오에 있어서 취업유발 수에 취업유발에 의해 향상된 실질소비의 확대계수 0.059를 곱한 값이 된다.

오노 교수는 결론적으로 "에너지전환과정에서 경제 전체로는 부담은 없지만 누가 득이 되고 누가 손해를 보게 되는지 배분문제는 있다"고 말한다. 에너지전환에 의한 전기요금의 인상은 산업구조의 전환을 가져오고 전기집약산업의 경쟁력이 약화하는 한편 전기절약산업은 발전하고 새로운 거대한 재생가능에너지시장이나 에너지절약제품시장이 생기기 때문에 원전이라는 부채의 처리를 정부가 잘 맡아서 한다면 전력회사는 재생에너지발전에 노력하고, 전기집약기업은 절약기술개발에 노력하고, 가전기업은 에너지절약제품개발에 노력할 수가 있다. 이렇게 되면 국제경쟁력도 높아져 새로운 경제성장을 실현시킬 수 있다는 것이다.

탈원전의 비용과 편익

오시마 겐이치는 《원전의 비용》(20011)이란 책에서 '탈원전의 비용'도 다루고 있다. 그는 탈원전에너지전환에 대한 산업계나 전력업계의 우려는 ①탈원전으로 인해 경제에 미치는 영향에 대한 우려와 ②재생가능에너지에 대한 의문으로 나뉘어진다고 한다.

먼저 탈원전으로 인해 경제에 미치는 영향에 대한 우려의 목소리 가운데 대표적인 것이 원전을 정지하면 그만큼 화력발전소를 가동시키는 시간이 늘어나고 화석연료의 소비가 늘어나고, 연료비가 늘어남으로써 발전비용이 상승해 결국 전기요금이 오르는 것 아니냐는 것이다. 우리나라 원전추진파가 늘상 하는 이야기이다. 일본의 경우 에너지환경회의의 시산(2011년 7월)에 따르면 일본의 원전이 정기검사로 순차적으로 정지해 재가동되지 않는 경우 2012년에는 원자력발전이 제로가 된다. 그 부족분을 석탄이나 LNG, 석유 등 화력발전에 의존하면 화력발전의 연료비가 늘어나 전국에서 3조 1600억 엔 정도의 부담이 늘어난다는 것이다.

여기에는 몇 가지 검토할 점이 있는데 우선 연료의 증가분이 어느 정도일지는 전력수요에 의존한다는 점이다. 에너지절약투자, 에너지절약기기의 도입 등에 의해 전력수요를 근본적으로 줄일 수 있다면 늘어나는 분은 적어질 것이고 추가적 비용도 감소한다. 따라서 절약을 체계화할 필요가 있다는 것이다. 원자력발전을 없앨 경우 비용만을 강조하고 편익을 보지 않는 것은 단편적이라는 것이다.

그러면 탈원전의 비용은 어떠할까? 중요한 것은 무엇을 기반으로 하는가에 따라 편익이 바뀐다는 데 있다. 2011년 7, 8월의 실적처럼 절약으로 전력수요를 15% 줄일 수 있었는데 15년이라는 기간에 걸쳐 전력의 20%를 재생에너지로 공급한다고 가정을 한다. 우선 비용이다. 절약이나 재생에너지의 보급이 충분해지기까지 단기적으로는 화력발전에 의한 연료급증이 있다. 다만 이 비용도 재생에너지가 늘어남에 따라 화력에 필요한 연료비는 감소한다. 가정대로의 절전이 가능하다면 탈원전분 30%의 절반에 상당하기에 연료의 증가분은 절반으로 줄고 일본에너지환경회의의 수치를 그대로 사용해 첫 년도의 추가비용은 1조 5800억 엔이 된다. 재생가능에너지가 도입되면 서서히 화석연료의 증가가 줄어들고 12년째 이후에는 감소로 돌아선다. 15년간 드는 비용은 7조 9000억 엔이 돼 평균하면 연간 약 5300억 엔이 된다. 재생에너지 보급비용도 탈원전비용의 일부이다. 재생에너지는 탈원전을 위한 것만은 아니지만 여기서는 재생에너지 도입에 드는 추가적 비용에 대해 살펴보자. 2009년에 일본 환경성이 시산한 바에 따르면 2030년까지 2010년도의 발전량(발전사업용)의 약 20%에 상당하는 전력을 재생에너지로 보충한다고 하면 22조 엔이 든다. 20년간 20%는 너무 낮기에 15년간 계산하면 연간 1조 4700억 엔이다. 이 2가지를 합치면 일본의 경우 탈원전에 필요한 비용은 앞으로 15년간에 걸쳐 연평균 약 2조 엔 정도 생각할 수 있다는 것이다.

그러면 탈원전의 편익은 어떠할까? 오시마 교수는 이렇게 말한다.

첫째로 탈원전을 추진하면 원전을 가동하기 위한 비용이 절약된다. 전력 각 사가 공표하는 유가증권보고서에 따르면 일본의 전력 9개사에서 2006~10년도에 연간 1조 6800억 엔이 영업비용으로 계상돼 있다. 이 가운데 원전을 없애면 어느 정도가 절약될 것인가가 문제이다. 원전운전에 따른 연료비, 수선비, 위탁비 등이 필요하지 않게 된다. 합계액은 실적으로 연평균 약 8400억 엔이다.

둘째로 일본의 경우 장기적으로 필요한 재처리비용이 절약된다. 일본 원자력위원회에 따르면 2011년 3월 현재 제출액으로 재처리비용총액은 12조 2100억 엔이다. 이 가운데 건설비 2조 2000억 엔은 이미 지출됐다. 또 시설 폐지조치에 1조 5400억 엔, 반환방사성폐기물처분에 필요한 비용 5200억 엔은 탈원전해도 필요하다. 이들을 제외하면 앞으로 7조 9500억 엔이 추가적인 비용으로 든다. 여기에다 사용후핵연료를 전량 재처리하려고 하면 롯카쇼무라재처리공장만을 상정한 이 금액으로는 충당하기 어렵다. 제2재처리공장에서의 재처리비용이 여기의 실적제출금액과 같은 금액이며, 반환방사성폐기물처분비용 5200억 엔은 필요하지 않기 때문에 이 분을 빼면 연간 약 1조 3100억 엔이다.

셋째, 재처리 그 자체만이 아니라 재처리에서 나오는 고준위방사성폐기물이나 TRU(초우라늄)폐기물처리에 필요한 비용도 절약할 수 있다. 이것도 절반 가량의 재처리분에서 나오는 이들 방사성폐기물처리비용만으로 연간 700억 엔 가깝다. 전량 재처리하면 이 두 배가 든다. 게다가 이 비용에 포함된 비용은 건설비용과 중대사고가 일어나지 않는 경우의 관리비용만이다. 지중에 매설하면 관리비용은 필요하지 않다고 하지만 고준위방사성폐기물은 적어도 10만 년은 인류로부터 격리할 필요가 있다. 어떠한 문제가 발생할지 예상할 수 없고 장기적으로 생각하면 천문학적 금액이 들지도 모른다. 연평균 필요액을 견적내기도 어렵지만 적어도 연평균 1400억 엔은 필요하다고 보고 있다.

넷째로 원자력정책을 추진하기 위한 재정지출도 절약할 수 있다. 이것은 일반회계와 특별회계에서 나오는 기술개발경비, 지역을 지원하기 위해 지출되는 전원3법교부금 등의 입지대책비이다. 이들 합계액은 연간 약 3500억 엔이다.

이를 모두 합치면 15년간 사고비용을 포함하지 않는 경우에도 탈원전에 의한 편익은 연평균 약 2조 6400억 엔이 된다. 따라서 탈원전의 편익은 비용을 상회한다. 더욱이 사고비용을 고려하면 탈원전에 의해 회피되는 비용, 즉 편익은 매우 크다. 지역의 파괴, 사람의 생명이나 건강의 파괴 등 금전으로 환산할 수 없는 피해나 피난에 따른 비용, 경제적 피해, 사고수습, 제염, 원상회복, 폐로에 드는 비용이 절약된다. 또 사고 후 복구대책비가 국가예산에 계상돼 있지만 이것도 회피할 수 있다. 원전사고는 최악의 경우 100조 엔을 넘는 규모의 피해를 초래할 가능성조차 있다. 현시점에서 이를 연평균 비용으로 환산하기는 매우 어렵다.

원자력발전을 유지하려면 이들 회피될 수 있는 비용은 원자력발전을 유지하는 한 영구히 지불하지 않으면 안 된다. 한편 재생가능에너지사업이 자립하면 보급정책에 필요한 비용은 제로가 된다.

보다 상세한 검토를 위해선 각각의 비용이 발생하는 시점이나 확실성이 다르기 때문에 1년마다 비용으로 환산하기 어려운 것도 있다. 그렇지만 백엔드비용과 사고비용 등을 포함하면 탈원전에 드는 비용보다도 원자력발전에 의존하는 비용이 크다는 것은 자명하다. 재처리나 고준위방사성폐기물처분을 위해 원자력환경정비촉진·자금관리센터에 3조 2617억 엔이 외부 적립돼 있기에 재처리정책을 중단하고 적절하게 자금을 활용해가면 전력회사의 경영의 격

변도 완화할 수 있을 것이다. 단지 전기를 얻기 위해서만 원전을 계속해 거대한 비용이나 리스크를 지고 가는 것은 합리적인 판단이라고는 도저히 볼 수 없다는 것이 결론이다.

일본의 사례이지만 사용후핵연료재처리문제를 빼고는 우리나라 상황을 이해하는 데 매우 도움이 된다. 우리는 지금 원전추진파들이 탈원전정책으로 인해 자신들이 잃을 것만 주로 생각하지 우리 사회와 미래세대가 얻을 탈원전의 이익에 대해선 눈감고 있는 것 아닌가 하는 생각이 든다.

탈원전을 위한 정책 제언

탈핵에너지전환을 어떻게 할 것인가 하는 문제는 결국 현재 우리나라 전체 에너지소비의 6%, 전체 발전량의 30% 정도를 차지하는 핵발전의 비중을 어떻게 소화할 것이냐 하는 문제이다. 김현우 에너지기후정책연구소 연구원은 《포스트 후쿠시마와 에너지전환시대의 논리 탈핵》(2011)이란 책 가운데 '한국 사회의 탈핵 시나리오를 생각한다'는 글에서 "핵발전 안 하고도 사는 법이 있다"고 말한다.

핵발전 없는 녹색사회로 전환하기 위해서는 대중적으로 공감할 수 있는 논의의 틀이 필요한데 탈핵한국사회를 상상하는 데 가장 큰 반론은 수출과 소비증가로 에너지수요가 계속 늘고 있는 상황에서 핵발전 증설이 불가피하지 않느냐는 주장과 함께, 핵발전을 대체할 수 있는 에너지원이 당장 존재하느냐 하는 문제이다. 이는 신규 핵발전소 건설을 중단할 때 여기에 해당하는 전력분은 에너지

수요관리와 효율화로 해결하고, 노후 핵발전소의 단계적 폐쇄로 발생할 전력분은 재생에너지 비중 확대로 충당하는 시나리오로, 이 과정은 한국 온실가스 배출의 유의미한 감축을 수반하는 것이어야 한다는 것이다.

　이렇게 볼 때 대안에너지를 늘리기 위해 다음과 같은 점을 고려할 필요가 있다.

　첫째, 정부의 에너지예측에 정확성을 기하고, 에너지절약형 생산·소비구조를 만들어가야 한다. 지속가능한에너지환경미래공동연구소(JISEEF)의 2004년 연구에서 한국이 비용효과적인 에너지 효율성 증진방안을 통해 핵발전소를 증설하지 않고도 국가경제 목표를 달성할 수 있는 에너지대안이 가능하다는 점을 몇 가지 시나리오를 비교하면서 제시했다. 이 시나리오의 결론은 한국의 경우 신규 핵발전소 증설 없이도 장래 예측된 에너지수요를 만족시키면서 동시에 이산화탄소 배출도 상당히 낮출 수 있기 때문에 상대적으로 온실가스 배출이 적은 LNG발전 확대가 과도기적 수단이 될 수 있다고 제안하고 있다(김현우 외, 2011).

　박년배 세종대 연구교수는 장기에너지대안예측(LEAP)모형을 사용해 전력부문 재생에너지 전환의 가능성과 효과를 분석했다. 박 교수는 2050년까지 원자력과 석탄, LNG 등의 전력설비 비중을 각각 3.4%, 0%, 3.5%로 대폭 줄이고, 재생가능에너지 전력설비 비중을 93%로 높인 '지속가능사회 시나리오'대로 전력수급계획을 짤 경우 누적비용이 667조 원 정도 드는데 비해 2050년까지 '원자력 38.7%, 석탄 19.1%, LNG 11.3%, 재생에너지 30.8%'의 전력설비 비율로 '정부정책 시나리오'를 짜면 지속가능사회 시나리오의 90% 수준인 605

조 원 정도가 드는 것으로 분석했다. 기준 시나리오의 누적비용은 554조 원이다. 요컨대 지속가능사회 시나리오를 따르더라도 비용은 기준 시나리오나 정부정책 시나리오 대비 약 1.2배 정도이므로, 한국의 경제수준을 감안하면 충분히 감당할 수 있는 수준일 뿐 아니라 온실가스도 감축할 수 있다는 것이다.

둘째, 대기업에 원가 이하로 공급되고 있는 왜곡된 산업용 전기요금의 합리적인 인상을 통한 전기생산성을 높이도록 정책을 펴야 한다. 우리나라에서 가장 전기를 많이 사용하는 현대제철 당진공장의 경우, 2012년 550만MWh의 전력을 사용했는데 전기요금이 4533억 원으로 1kW에 82원꼴이 된다. 이는 산업용 평균단가 92원보다 10% 이상 저렴하게 전기를 사용한 것으로 만약 산업평균단가로 전기를 사용했다면 현대제철 당진공장은 592억 원의 전기요금을 더 냈어야 한다.

OECD 절반 수준인 국내 전기요금을 에너지절약 인센티브와 연계해 수요관리할 필요가 있다. 가정용 누진제의 경우도 2017년에 개선된 형태가 3단계 전기요금으로 200kW 이하(93.3원), 201~400kW(187.9원), 401kW 이상(280.6원)으로 책정했는데 이는 400kW 이상을 사용할 경우 상대적으로 전기요금이 많이 줄어드는 형평성 문제가 있다. 가정용 누진제의 경우도 1인, 2인, 4인 가족별 에너지소비모델을 현실에 맞게 개선할 필요가 있다. 이와 함께 전기요금에 재생에너지부과금을 신설하고, 서민이나 수송용 유류 조세 경감 등 전기소비 취약층 보호조치를 시행해야 한다.

가천대 에너지IT학과 홍준희 교수, KDI국제정책대학원 유종일 교수는 2013년 11월 11일 제2회 부산비전정책토론회에서 '기업용 전기요금의 과감한 정상화를!'이라는 주제발표에서 "정부가 산업체 전기요금을 매년 10%씩 5년간 지속적 인상을 선언하고 이를 통해 기업의 전기 생산성을 향상시키는 정책을 쓴다면 원전입지 지역 반값전기료는 물론 장기적으로 원전입지 지역의 에너지 전환을 이끌어낼 수 있을 것이다"라고 밝혔다. 홍 교수는 산업용 전기료를 2018년까지 OECD 평균수준으로만 인상하면 매년 12조원의 돈을 확보할 수 있다고 말한다. 이렇게 할 경우 장기적으로 국가의 전기 생산성이 높아지며 높은 전기세가 소비자 스스로 전기생산성을 높이도록 강제하고, 그 결과로서 소비자가 부담하는 전기요금 총액이 줄어드는 효과를 낳는다. 이러한 산업용 전기요금 정상화 방안이 기업들의 지나친 부담을 줄 우려는 거의 없다. 전기요금 인상으로 마련된 재원의 일부를 사용하여 정부주도의 에너지 인프라 혁신사업을 추진해 전기를 절약해주는 새로운 기술과 공정, 제품으로 교체하도록 보조금을 제공하면 기업의 제조원가의 상승부담을 상당부분 해결할 수 있다. 대기업에는 원가 이하로 공급하면서 일반 가정에는 세계에서 유례를 볼 수 없는 가혹한 누진세를 적용하는 것은 합리적인 전력정책이라고 볼 수 없다. 혹한·혹서기의 전력수요 피크 타임을 고려한다면 가정수요(전체의 13~14%)보다 3~4배가 많은 산업체 전기에도 다양한 누진제를 도입할 필요가 있다. 우리나라 대기업도 이제는 값싼 산업전기에만 의존하지 않고 전기생산성을 높이는 방안을 모색해야 할 때이다.

셋째, 대안에너지의 보급을 위해 발전차액지원제도(FIT)를 되살리는 등 제도적 보완이 필요하다. 현재 우리나라는 2012년부터 '신재생에너지공급의무화제도(RPS)'를 시행하고 있는데 이것이 오히려

2002년에 도입했던 '발전차액지원제도'보다 후퇴한 정책이라는 지적이 있다. 소규모 햇빛발전소와 관련해 발전차액지원제도의 경우 햇빛발전을 통해 생산된 전력을 한전이 항상 기준가격으로 구매해주는데 비해 신재생에너지공급의무화제도에서는 한전이 시장에서 결정된 가격으로 제한된 양만 구입하면 되게 돼 있어 설치비 단가가 높은 소규모 햇빛발전소의 경우 가격경쟁력이 상대적으로 떨어지기에 햇빛발전의 확대가 어려워진다.

발전차액지원제도는 신재생에너지 설비를 도입한 시점에서 그 시설에서 공급되는 에너지(주로 전력)의 구입가격을 가령 20년과 같이 일정기간을 보증하는 방식이기에 신재생에너지사업자가 사업계획을 세우기 쉽고 투자위험이 낮기 때문에 재생에너지의 보급조성 비용을 최소화할 수 있다. 특히 풍력발전과 태양광발전 등 초기투자가 투자의 대부분을 차지하는 방식에서는 매우 효과적이다. 이 제도는 현재 세계 50개국 이상에서 사용되고 있으며 신재생에너지 보조금 정책으로 가장 일반적인 방법이다.

유럽위원회는 2008년 1월 자연에너지 보급촉진방안에 관한 보고서에서 FIT의 제도적 효율성이 다른 제도에 대해 분명히 유리하다고 분석했다. 국제에너지기구(IEA)는 2007년까지 신재생에너지 자체나 FIT제도에 대해 부정적이었으나 2008년 6월에 발행한 보고서에서는 재생에너지를 대량 보급시켜야 한다고 밝히고, 그 보급촉진책도 FIT가 그린전력증서를 기반으로 한 시스템보다 우수하다는 입장을 보였다.

한편 최근에는 독일 등이 FIT제도를 재검토해 현실에 맞게 수정하는 움직임도 보이고 있다. 독일의 경우 화력 등 기존 발전비용의 증가, 세금 증가에다 FIT 부과금도 추가돼, 전력요금이 2000년에서 2013년 사이에 2배 이상 인상됐다. 2013년 시점에서 FIT 부과금이 가정용 전력요금에서 차지하는 비중이 20% 정도라고 한다. 2012년 말에는 독일 국민의 절반이 부과금에 불만을 느끼고 있으나 에너지전환 자체는 국민의 70%가 이익이 된다는 여론이 형성돼 있었다. 2016년 6월 독일 정부는 2017년부터 FIT제도를 원칙적으로 폐지할 방침을 결정했다. 그것은 발전설비가 급속히 늘어난 결과 전력의 매입비용이 전기요금에 가산돼 요금이 급등한 것으로, 날씨에 따라 대량의 전력이 남게 된 것이 주된 폐지의 요인이 됐다. 대안으로 2017년 이후에는 고정가격보다는 더 시장가격에 가까운 가격으로 매입을 하게 된다.

넷째, 지자체가 에너지분권에 앞장서서 지역 특성에 맞는 재생가능에너지원 개발 및 투자에 나서야 한다. 지금까지 에너지 공급에 관해서는 중앙정부에게 권한이 주어지고 지방정부는 지역에너지에 대한 고민이 없었다. 독일의 경우 재생에너지로 100% 자급을 지향하는 지역이 현재 500곳을 넘는 것으로 알려져 있다. 일본의 경우도 나가노현은 2012년부터 자연에너지보급을 위해 '자연에너지 100% 자급형 커뮤니티 만들기사업'을 추진하고 있다. 지역 시민단체나 기업 등이 연대 또는 협력해 지역의 에너지 자립률을 높이는 데 이바지하는 혁신적이고 모델성이 높은 자연에너지 비즈니스모델을 공모해 자금을 지원해주는 사업이다. 또한 행정이 솔선수범하는 것도 중요하다. 하이브리드카, 전기자동차 등을 공용차로 도입하거나 공공시설 등에 태양광발전시스템이나 천연가스 열병합발전 등 재생가능에너지를 도입할 필요가 있다.

재생에너지보급에서 무엇보다 중요한 것은 지역분산형발전, 즉 '동네에너지'의 특성과 강점을 살려야 한다. 노벨평화상 수상자이자 국제재생에너지전문가인 존 번 델라웨어대학 석좌교수는 "서울의 건축물 지붕만 잘 활용해도 태양광으로 서울 전체 에너지의 30% 정도를 충당할 수 있다"고 주장한 바 있다(한겨레신문, 2017.6.1).

　　또한 에너지의 지역자산화가 가능하도록 재생에너지 생산에 지역주민이 참여하는 '협동조합'을 적극 지원하는 시스템이 마련돼야 한다. 도농복합지역에는 농사를 지으면서 재생에너지를 생산하는 '에너지영농'을 할 수 있도록 관련 법을 제정할 필요가 있다. 우리가 잊어서는 안 되는 것이 자원절약과 더불어 건강한 먹을거리를 생산하는 지속가능한 농업을 구축해야 한다는 사실이다. 이러한 농업에 대한 자립성 제고나 '지산지소(地産地消)' '로컬푸드'의 확립이 없이는 에너지절감도 불가능할 뿐더러 에너지절감만으로 미래의 식량문제를 근본적으로 해결할 수 없다.

　　다섯째, 스마트 그리드(Smart Grid)를 구축해야 한다. 스마트 그리드는 기존의 전력망에 정보기술(IT)을 접목해 전력 공급자와 소비자가 양방향으로 실시간 정보를 교환하면서 에너지효율을 최적화함으로써 새로운 부가가치를 창출하는 차세대 전력망 또는 지능형 전력망을 말한다. 발전소와 송전, 배전시설과 전력 소비자를 정보통신망으로 연결하고 양방향으로 공유하는 정보를 통해 전력시스템 전체가 한 몸처럼 효율적으로 작동하는 것이 기본개념이다. 우리가 사용하는 전기는 실제 사용량보다 10% 정도 더 많이 생산하도록 설계돼 있는데 IT기술을 전력망에 적용해 전기사용량과 공급량 등을 효율적으로 통합 관리할 수 있다. 따라서 집이나 사무실, 공장 어디서

든지 사용한 전기요금을 실시간에 확인할 수 있고, 전기요금이 비싼 낮 시간대를 피해 밤에 가전제품을 선별적으로 이용할 수 있으며, 국가차원에서도 전력공급의 균형을 이룰 수 있게 해준다.

여섯째, '기업의 사회적 책임(CSR)'을 강화하고 민관거버넌스 체제를 구축하도록 노력해야 한다. '기업의 사회적 책임'을 바탕으로 기업이 환경경영에 대한 새로운 체제를 도입해 사회와의 부단한 커뮤니케이션을 하도록 분위기를 마련해줘야 한다. 이는 지금까지의 공급자 중심의 기업가치와는 달리 사회공헌을 바탕으로 새로운 대안사회시스템 만들기에 기업이 적극 나서야 한다는 말이다.

또한 이러한 에너지절감 및 온실가스 감축문제는 운수·에너지산업 차원의 에너지절감 노력과 함께 소비 부문에서의 현명한 선택이 바탕이 돼야 할 것이다. 따라서 가정에서도 에너지절약, 자원절약 등 생활행동 변화를 위해 효율 좋은 에너지 소비 기기를 선택해 보급하게 하고, 가정에서의 에너지절약 및 실천도를 자가점검할 수 있는 시스템을 구축하고 이에 따른 인센티브를 부여하는 방법에 대한 정책적 연구가 있어야 할 것이다. 이러한 것은 바로 정부와 기업이 시민들의 창의성과 열정을 높이 사서 굿거버넌스(Good Governance)가 되도록 해야 정책 추진의 시너지 효과를 얻을 수 있을 것이다.

일곱째, 재생가능에너지를 전력계통에 포함시키는 전력개혁과 동북아 에너지협력을 추진해야 한다. 재생에너지보급을 위해선 중장기적으로 풍력, 태양광발전 등 재생에너지발전과 같은 '변동형 전원'도 기존의 전력계통과의 연계 접속이 중요한 열쇠이다. 이들 '변동형 전원'도 모두 전력계통에 넣어 '변동하는 기저전원' '즉응하는 피크전원'으로 자리매김하도록 해야 한다. 송전계통에 재생에너지를 다른 전원보다 우선해 접속하는 '우선접속' 원칙 확립이 절실하다. 현재 발전과 송배전을 모두 장악하고 있는 한국전력에서 발전과 송배전을 분리하는 시스템을 갖출 필요가 있다. 현재 한국전력거래소와 같이 도매전력시장만이 운영되고 있는데 정말 중요한 것은 피크타임 때 '전력과부족'을 실시간에 거래하는 '전력수급불균형해소시장' 또는 '실시간전력거래시장'을 통해 개별거래에 대응할 수 있는 전력거래시장을 구축해야 한다. 이 경우 피크타임 때 전력가격이 오르기에 수요억제 효과를 가질 수 있고 이럴 경우 대기업이나 대규모 수요처를 가진 곳이 자가발전, 비상발전기를 가동하는 효과도 얻을 수 있다.

　　더 나아가서는 문 대통령이 후보시절 환경에너지공약팀이 준비해왔던 '동북아 에너지 협력 추진' 정책을 좀 더 큰 그림에서 추진할 필요가 있다. 과거 참여정부 시절 개성공단으로의 전력망 연결, 남·북·러 전력망연계, 가스파이프라인 논의 등의 경험을 살려, 장기적으로 남북한은 물론 러시아의 수력, 가스, 중국의 태양광, 풍력, 몽골의 태양광, 풍력 등 다양한 발전원과 연계하는 '동북아 슈퍼그리드'의 구축을 준비해야 한다. 또한 원전사고와 관련해 한중일 사고정보 교류 및 협력대응체제 구축도 필요하다. 정부 차원에서 한중일 핵발전소안전 네트워크를 구축하고, 시민사회도 한중일 시민네트워크를 지속적으로 만들어갈 필요가 있다. 최근 탈원전정책을 펴고 있는 타이완과의 긴밀한 네트워크 구축도 필요하다고 본다.

에너지전환은 마인드 전환에서부터

우리는 에너지를 이용하지 않으면 살아갈 수 없다. 그런데 우리들의 생활 속에서 생산·유통·소비의 과정을 살펴보면서 스스로 자원을 아끼고, 오염을 줄이며, 습관을 바꾸는 일이 매우 중요하다. 단순한 기술적 개선으로 에너지고갈이나 환경오염문제가 해결될 수 없다. 결국 삶에 대한 태도의 문제가 중요한 것이다. 에너지전환에 앞서 인식의 전환이 필요하다고나 할까.

노던콜로라도대학 리처드 R. 유린(Richard R. Jurin) 교수는《지속가능한 삶을 위한 원칙(Principles of Sustainable Living)》(2012)이란 책에서 건강과 행복, 번영을 위한 새로운 비전을 12가지로 나눠 소개하고 있다.[16]

첫째, 새로운 삶의 방식으로 나아가기이다. 삶을 살아가면서 무엇이 중요한지를 이해하는 것에서부터 출발해야 한다고 강조한다. 틀에 박힌 사람들의 사고방식에서 벗어나 변화하는 데 장벽이 되는 것이 무엇인지를 생각하고 자신의 사고방식을 바꾸는 것이 중요하다.

둘째, 사회적, 문화적 트랜드를 이해하려고 노력해야 한다. 자신의 삶의 형태를 규정하는 사회·문화적 트랜드가 무엇인지, 자신의 삶의 형태에 대한 생각과 이 세상의 문제와 어떻게 연결돼 있는지, 보다 조화로운 삶의 양식을 위해 무엇을 바꿔야 할지 알아차려야 한다.

셋째, 생활기준(standard of living)과 삶의 질(quality of living)을 구분해야 한다. 현대 기술적 소비 기반이 삶에 드는 숨은 비용을 발견하고, 사람들로 하여금 소비심리에 영향을 주는 요소를 이해하며, 광고가 어떻게 해서 만들어졌고, 현대 생활의 소비자심리를 어떻게 유지하고 있는지를 이해해야 한다. 지속가능한 비전은 참된 행복, 건강, 웰빙, 평등과 양립하는 좋은 생활기준을 증진시킨다. 안락하고 사치스러운 좋은 생활기준은 대단한 것이지만 생활환경의 악화로 미래세대에 부담을 주어서는 안 된다.

넷째, 체계적으로, 지속가능하게 생각하는 습관을 길러야 한다. 체계적인 사고와 그것이 어떻게 근본적인 문제점을 발견하는 데 도움을 주는지를 알아야 하고, 근본적인 문제점과 수없이 표피적으로 드러난 문제와는 다르다는 것을 이해해야 한다. 지구 또한 하나의 단순 시스템이란 걸 알고, 지구의 지속가능성에 대해서도 생각해야 한다.

다섯째, 경제, 번영, 지속가능성을 늘 함께 생각하는 것이 중요하다. 경제가 우리 현대 생활의 모든 면과 연결돼 있음을 이해하고, 현대 환경문제가 이러한 경제행위에서 나왔음도 알고, GDP가 아닌 웰빙에 바탕을 둔 발전이 더 바람직하다는 사실을 이해해야 한다.

여섯째, 건강하고 지속가능한 생활양식을 선택하라는 것이다. 현대농업이 환경문제를 낳고, 장단기적으로 자신의 건강에 미치는 영향에 대해 이해하고, 자신의 먹거리가 건강문제와 연결된다는 사실을 인식하고 보다 나은 삶의 질을 가져 오는 적극적인 생활양식을 만들어가야 한다.

일곱째, 행복과 웰빙에 대해 깊이 생각하라. 행복과 웰빙을 정의하는 데 도움을 주는 심리학적 요인을 이해하고, 오늘날 우리의 소비태도가 행복과 웰빙에 이르는 데 장애가 되는지를 알고, 개인 간의 관계를 증진시키고, 모든 사람들을 위해 도움이 되는 더 나은 경제시스템을 촉진하는 것이 행복과 웰빙을 증진시키는 것이라는 사실을 알아야 한다. 또한 우리 모두가, 자연과 더불어 연결돼 있음을 아는 것이 중요하다.

여덟째, 교육개혁이 중요하다. 지속가능한 삶을 위한 교육이 전통적인 교육과는 다르다는 것을 이해하고, 새로운 공부는 지속가능한 사고에서부터 시작해야 한다. 미디어교육도 비즈니스가 오로지 소비자 차원에서만 다루는 문제점을 인식해야 한다. '생태적 문맹'에서 벗어나 자연과 접하는 교육이 돼야 하며, 교육은 궁극적으로 지속가능성으로 나아가야 한다.

아홉째, 기술과 산업생태를 함께 생각하라. 기술적 변화와 그것이 사회에 미치는 영향에 대해 이해하고, 녹색기술의 사고방식을 알아야 한다. 화석연료의 현실을 파악하고 재생에너지에 관심을 높이는 것 또한 중요하다.

열 번째, 지역사회를 소중히 하라. 지역사회에 참여하는 것이 지역을 거듭나게 할 수 있다. 지역사회를 단순한 주거지로만 보지 말고 지역재창조라는 차원에서 사람들에게 매력적으로 다가가는 것이 중요하다.

열한 번째, 지속가능한 생활로 전환하라. 지속가능성이라는 원칙이 다양한 지역사회에서 어떻게 실천되고 있는지를 확인하는 것은 매우 중요하다. 지속가능한 공동체란 지역주민이 그곳이 곧 '가정'이라고 느낄 수 있는 그런 마음을 키워내야 한다.

열두 번째, 변화를 두려워 말라. 새로운 아이디어나 개념을 받아들이도록 노력하고, 문화규범을 분석하고 시민적 논의가 왜 더 필요한지 그 필요성을 인식할 필요가 있다. 그리하여 지속가능한 삶을 증진시킬 수 있는 정책이 많이 만들어지고 실행돼야 한다는 것이다.

탈원전에너지전환으로 가기 위해서 우리의 의식, 생활양식, 제도라는 측면에서 전반적인 개선이 필요하다고 본다. 그중에서 인식의 전환이 매우 중요하다. 이러한 것이 생활양식의 변화로 이어져야 하고, 근본적으로는 제도의 개혁으로 나아가야 한다.

탈원전에너지전환을 위한 마인드로는 어떤 것들이 있을까? 그것은 무엇보다 모든 것은 소멸한다는 엔트로피법칙을 이해하는 일이다. 그래야 자원의 귀중함을 안다. 우리의 삶은 자연이라는 자본에서 자원이라는 이자를 꺼내 사는 것임을 이해해야 한다. 여기서 지속가능한 발전, 지속가능한 사회의 개념이 나올 수 있다. 자연을 보는 우리의 의식과 태도는 매우 중요하다. 자연은 정복의 대상이 아니라 공생의 상대이며, 우리 인간은 자연의 일부임을 잊어선 안 된다. 종교적으로는 '물아일체(物我一體)' 또는 '선량한 관리자로서의 인간'의 역할이 중요하다. 독일 출신의 영국 환경경제학자 E.F. 슈마허(Schumacher)의 '작은 것이 아름답다'의 마인드를 깊이 생각해 보는 것도 중요하다. 석유 등 자원고갈에 대한 인식 및 절약정신, 원자력의 기술적 문제점에 대한 인식, 적정기술 또는 대안기술 추구, GDP 숫자에 치중하는 성장주의에서의 탈피, 농업중시, 그리고 단순소박한 삶의 추구가 그 핵심이다. 오늘날 대량생산·유통·대량소비의 시스템의 문제점을 깊이 생각하는 것은 매우 중요하다. 우리들의 삶과 우리 사회의 현상에 대한 성찰이 필요하다. 우리 사회의 양극화문제를 어떻게 보는가, 남북한 관계를 어떻게 보는가 하는 '사회적 의식'이 매우 중요하다.

　　그러면 탈원전에너지전환을 위한 생활양식은 어떤 것들을 들수 있을까? 그것은 우리들의 의식주 생활에서 우리들의 행위를 반성하는 데서 시작해야 할 것 같다. 생각만 하는 것에서 벗어나 실천하는 것이 중요하다. 에너지전환을 위해 우리들의 소비행위를 보면 ①자원 아끼기 ②오염 줄이기 ③친환경 습관 갖기로 크게 나눠볼수 있겠다. 자원 아끼기는 무엇보다 전기, 물, 종이 등의 자원을 절약하는 습관을 갖는 게 중요하다. 오염 줄이기는 대기오염, 수질오염, 토양오염, 쓰레기오염 등이 있는데 자동차 이용 억제, 온실가스 배출 억제, 합성세제 적게 쓰기, 농약 및 화학비료 적게 쓰기, 일회용품 적게 쓰기의 실천이 중요하다. 친환경 습관 갖기는 환경가계부 쓰기, 탄소발자국 계산하기 등 생활에서 환경실천 일기를 쓰거나 환경 장보기, 자동차에 얽매이지 않는 생활, 환경적인 여가 보내기, 환경단체 회원 가입하기도 좋은 실천이다.

　　끝으로 탈원전에너지전환을 위한 제도 개선은 어떤 것이 있을까? 많은 정책들은 어떤 행위를 진작시키거나 억제하기 위해 ①인센티브와 ②패널티적 요소를 바탕으로 한다. 이러한 점에서 탈원전에너지전환을 유도하기 위한 인센티브제도로 먼저 오염을 줄일 경우 지불하는 실적보조금이나 세제상 혜택 조치, 가정이나 상가에서 전기, 상수도, 도시가스 등의 사용량을 절감할 경우 혜택을 주는 탄소포인트제 등을 실시하는 것이 중요하다. 경우에 따라 도시인구의 농촌이주를 유도하는 '농어촌 이주자 대상 기본소득' 실시도 고려할 만하다. 화석연료를 줄이기 위해서 차량운행 억제방안도 종래의 '5부제'나 '요일제' 혜택 수준이 아니라 '마일리지제' 등을 도입해 실질적인 혜택을 줄 필요가 있다. 또한 이를 단순한 에너지만이 아니라 복지, 일자리를 포괄해 종합적인 판단에서 정책이 이뤄져야 한다. 그리고 배출부과금이나 벌과금 등 패널티적인 제도도 확실히 실행해야 한다. 쓰레기가 될 상품의 경우 폐기물 수거 및 처리까지 사전에 고려한 확대생산자책임제도가 있듯이 원전의 경우 폐로비용이나 사용후핵연료처리비용도 실질적으로 발전원가에 포함해야 한다. 환경세를 제대로 도입하고, 화석연료나 원자력에너지에 대해 제대로된 과세를 할 필요가 있다.

문재인 정부의 탈원전에너지전환정책이 성공하기 위해서는 에너지전환과 관련한 비용을 적절히 지불할 수 있는 시스템을 제대로 설계해 시행하는 일이 중요하다. 통신비는 10년 사이에 몇 배나 올랐음에도 사회적 저항이 별로 없는데 전기요금에 대해서는 정부 자체가 요금 현실화에 너무 경직된 반응을 보이고 있다. 이것은 국민의 의식을 제대로 간파하지 못한 탓이다. 적어도 정상적인 국민이라면 안전하고 양질의 전력을 소비하기 위해서는 어느 정도의 추가요금 부담은 당연하다고 생각할 것이다. 그런데 우리나라는 지금까지 기득권층의 이익 보전에만 신경을 쓰다 보니 실제 서민들의 삶은 핍박해졌다. 경제성장 운운하고 지금까지 엄청난 성장을 해왔다고 하지만 오히려 양극화는 더욱 심해졌다.

이런 점에서 에너지전환을 위해서는 우리 국민들의 의식과 생활양식, 그리고 제도가 서로 맞아야 한다. 전체적인 국민들의 의식이 높아지기 위해서는 개인의 각성과 교육제도의 혁신, 그리고 언론이 제대로 기능을 해야 할 것이다. 그리고 생활양식을 바꾸기 위해서는 에너지전환을 비롯한 환경교육의 강화, 정부의 대국민 캠페인의 강화, 인센티브와 패널티를 바탕으로 한 효과적인 정책 시행, 국민과의 끝없는 소통 등이 중요할 것이다. 그리고 이러한 것을 바탕으로 '신상필벌'의 제도를 세우고 이를 개선해 나가는 노력이 필요하다. 이러한 제도적 개선이야말로 국민의 인식과 생활양식을 새롭게하는 계기가 되기도 한다.

우리는 흔히 미래에 대해 예측을 많이 한다. 그러나 미래는 객관적이라는 이름의 예측으로 주어지는 것이 아니다. 탈원전에너지전환은 남의 나라 이야기나 남의 일이 아니다. 바로 우리와 우리 미래세대의 일이다. 그렇기에 우리는 우리 스스로 미래를 선택해야 한다.

에필로그:
나는 왜 한수원 비상임 이사가 되었나*

'신뢰받는 글로벌 에너지공기업' 한수원 만들기를 위하여

'외부전문가의 눈으로 경영혁신 추진'–신뢰받는 국민기업 한수원 만들기

한수원은 국내 유일의 원자력발전소 운영회사로 국내 전력의 약 30%를 공급하는 임직원 1만 명이 넘는 우리나라 대표적인 국가기간산업의 공기업이다. 2016년 경영평가에서 수익성 AAA를 기록, 공공부문 자산 1위(자산총계 약 53조 원), 2016년 매출액 11조 2771억 원(전년대비 5% 증가), 영업이익 3조 8472억 원(1% 증가), 당기순이익 2조 4721억 원(1% 증가)으로 재무제표상 최우량기업이라 할 수 있다.

반면에 한수원은 2011년 3월 11일 일본 후쿠시마원전사고 이후, 잦은 사고 및 고장, 그리고 사고은폐, 부품납품비리사건을 비롯한 원전 관련 부정·비리사건 등으로 인해 국민과 원전입지 지자체

---

* 이 내용은 필자가 2018년 1월 한수원 비상임 이사 공모때 임원추천위원회에 제출한 직무수행계획서 그대로이다.

주민들에는 안전과 생명보다 기업이익을 중시하는 '불량·불신기업'의 딱지표도 항상 따라다니는 대표적인 공기업이기도 하다.

더욱이 지난해 5월 새 정부가 들어서고 새 정부의 '탈원전에너지전환정책'의 추진과 그 과정에서의 신고리5·6호기 공론화 등을 통해 한수원을 비롯한 원전업계와 원전입지 지자체 주민, 시민환경단체 간의 갈등이 심화돼왔다. 그만큼 한수원 입장에서는 경영불안 요소가 높다고 할 수 있다.

'신뢰받는 글로벌 에너지 리더'라는 한수원이 표방한 비전 달성을 위해 가장 기본적인 것은 스스로 밝혔듯이 '국민의 신뢰를 받는 일'이다. 그것은 한수원의 5대 핵심가치가 '안전(Ultimate Safety), 기술력(Technology), 정도경영(Timeless Integrity), 존중(Respect), 사회적 책임(Social Responsibility)'을 조합한 'TRUST'라는 데서도 잘 나타나고 있다. 이는 원전 안전에 대한 신뢰와 함께 원전업계의 부정비리 발본색원에 대한 국민의 요구이기도 하다.

한수원이 지금까지 성장해온 것은 100% 국내 원전 독점기업이었기에 가능한 것으로 그 어느 때보다 기업의 투명성, 청렴을 통해 사회와 소통하는 일, 나아가 기업의 사회적 책임(CSR)을 확대 강화하는 일, 이를 위해 원전사고의 철저한 예방 및 방지대책 실천과 내부비리 발본 시스템의 구축이 중요하다고 본다.

비상임 이사는 경영진의 경영활동 견제와 감시 역할, 특히 전문 분야와 관련된 주요 안건과 경영이슈를 검토하고 자문 역할을 수행하는 일이다. 이러한 역할을 하기 위해서 외부전문가로서 다음과 같은 원칙과 사업을 제안하고자 한다.

첫째, 안전신화에 매몰돼선 안 된다. 후쿠시마원전사고에서 보앉듯이 원전 중대사고에서 교훈을 얻어야 한다. 이런 점에서 한수원 임직원들이 체르노빌이나 후쿠시마참사와 같은 '원전 사고사'에 대한 체계적인 연구 검토, 공부가 필요하며, 이를 사내교육에 최우선으로 반영할 필요가 있다. 안전교육도 기술적 안전만이 아니라 '사회적 안전'까지 확대해 실시할 필요가 있다. 노조와 함께 '근로자 안전·건강'에 대해서도 허심탄회하게 대화해 새로운 안전기준을 만들어낼 필요가 있다.

둘째, 이러한 조직문화 개선을 위해선 기존의 안전의식에 익숙해져 있는 내부자가 아니라 '외부자의 시각'으로 살펴볼 필요가 있다. 이러한 점에서 원전 안전에 문제를 제기해온 비판적 전문가의 시각으로 한수원 안전문화에 대한 검토가 매우 중요하다고 본다. 이를 임직원 직무교육에 넣어 제도화할 필요가 있다. 또한 한수원 임직원이 특히 원전입지 지자체(기초 및 광역)의 주민, 시민단체, 전문가와 함께 소통채널을 상설화할 필요가 있다. 현재 고리1호기 폐로와 관련해 정기적인 '라운드테이블'을 만들고 향후 고리2~4호기의 폐로 및 안전확보, 지역지원 방안 등의 현안을 놓고 허심탄회하게 대화를 나누고 대안을 찾는 노력이 필요하다.

셋째, 국민의 눈에 비치는 공기업으로서 객관화해서 기업내부를 다시 살펴볼 필요가 있다. 현재 홈페이지에 정보공개 경영공시를 하고 있지만 좀 더 적극적으로 설명책임성(accountability)을 갖고 대응할 필요가 있다. 특히 한수원은 이해관계자(Stakeholers)가 많다. 그중에서 현 단계에서는 국민과 지역 주민과의 커뮤니케이션이 핵심이다. 또한 국회나 감사원의 지적에 대한 적극적인 대응과 즉각적인 정보공개가 필요하다. 산자위의 경우 2017년 1월 한 달에만 20

건이 넘는 지적이 들어왔는데 주로 원전 안전과 경영의 투명성에 대한 것들이었다. 지난 2016년 지표 및 지적사항이 18가지(안전·발전)가 있는데 지적사항의 나열이 아니라 조치내역을 공개하는 것도 중요하다고 본다.

넷째, 2017년 4월 한수원은 2030년 매출 25조 원에서 2031년 매출 13.6조 원으로 하향조정했고 원전 글로벌 3위, 신재생 국내 1위, 원전신뢰도 50%, 지역수용성 70점을 목표로 잡았다. 이에 대해서 좀 더 심도 있는 목표 재검토가 필요하다. 이를 위해 지속가능경영, 윤리경영, 친환경경영, 청렴경영 등 현재 한수원이 하고 있는 경영혁신을 임직원이 합심해서 더욱 강화해나가야 한다.

지속가능한 글로벌 에너지 선도기업으로 살아남기 전략―원전을 넘어서 에너지전환의 시대로

지금 세계는 탈원전에너지전환시대로 가고 있다. 이러한 과정이 새 정부 출범과 함께 정부가 '탈원전에너지전환'에 대해 고민을 하고 있다고 본다. 지금까지 원전 중심의 에너지공급정책에서 수력을 넘어 태양광, 풍력 등 전반적인 에너지전환에 대한 심도 있는 논의를 통해, 한수원이 가장 잘 할 수 있는 에너지생산 공급에 앞장서고 그것도 에너지혁신을 이뤄내는 것이 중요하다고 본다. 2016년 한수원의 총발전량(166,903GWh) 중 원자력발전량이 97.17%(162,176GWh), 수력발전량이 2.8%(4,708GWh), 기타 발전량(태양광, 풍력발전)이 19GWh이다. 한수원의 2018년 경영목표에도 '안전 최우선 경영'과 함께 '깨끗한 에너지 전환'을 강조하고 있다. 이런 점에서 다음 몇 가지를 제안하고자 한다.

첫째, 현재 한수원에서 수력발전의 위상이나 비중이 너무 낮다. 국내에선 대형 댐 공사를 통한 수력발전의 경우 사업 추진이 어려운 실정인 만큼 아시아, 중남미 지역을 중심으로 글로벌 수력발전 시장 선점에 나설 필요가 있다. 국내의 경우 공공성을 가진 지역 소수력발전에 대한 투자를 검토할 필요가 있다고 본다.

둘째, 풍력발전에 대한 과감한 투자 검토가 필요하다고 본다. 공기업 차원에서 태양광발전은 민간기업에게 맡기고 대신 풍력발전에 대해 기술개발 및 설치운영 등에 대한 검토를 통해 그간 공기업으로 원전입지 및 건설 운영에 노하우를 가진 장점을 살려가는 것도 중요하다고 본다.

셋째, 폐로산업에 선도적인 역할을 하고, 지역 폐로산업 육성에도 적극 나서야 한다. 이와 관련해 산자부 등 정부, 원전입지 지자체들과 논의를 통해 지역안배문제도 고려해 추진할 필요가 있다. 폐로기술의 국산화 추진과 더불어 더 중요한 것은 국민의 입장에서 '안전한 폐로'인 만큼 일본의 IHI가 제염해체기술업체 '나이트로시전'사를 매수한 사례나 독일 그라이프스발트원전 폐로와 관련, 원전해체업체이던 사기업 EWN사를 국영화한 사례 등을 연구해 해외기술 제휴를 포함해 국내 원전해체기술의 고도화를 기할 필요가 있다.

넷째, 글로벌 에너지 리더로서 중요한 것은 21세기에 맞는 환경경영을 실천하는 일이다. 다만 너무 '친환경 이미지 경영'에서는 벗어나야 한다고 본다. 영국의 글로벌 에너지기업인 BP가 깨끗한 에너지전환을 꿈꾸며 'Beyond Petroleum(석유를 넘어서)'라는 캐치프레이즈를 내걸고 환경경영을 도입했으나 멕시코만 유정 화재 이후엔 세계적으로 기업이미지에 타격을 입고 있다. 한수원도 '클린에너지'를 너무 강조하기보다는 글로벌 에너지기업으로서 글로벌 스탠더드를 견지하는 지속가능경영을 해가는 것이 중요하다고 본다.

기업의 사회적 책임(CSR)과 사회공헌 프로그램의 확대

한수원은 재무제표상 안전성비율이 매우 높고 매출액 순이익률 22%, 특히 자기자본순이익이 10%에 이르는 초우량기업이다. 그러나 이면에는 공기업인 한수원의 수익률이 적정이윤인가에 대한 비판적 견해도 없지 않다. 더욱이 이익잉여금이 14조에 이르고 있는데 대해 향후 국민부담을 다소 경감할 수 있는 요금체계 개선, 핵폐기물, 폐로비용에 대한 장기적립 등 공기업의 이익을 국민에게 환원하는 차원에서 CSR을 확대 실시할 필요가 있다고 본다. 종래의 한수원의 CSR은 안심가로등 설치사업이나 희망나래사업 등 반응이 좋지만 원전입지 기초지자체 중심의 시혜적 지원이나 홍보사업 수준에서 크게 벗어나지 못하고 있다. 좀 더 다양한 사업, 공기업 한수원에 맞는 CSR프로그램 개발이 필요하다고 본다. 첫째, 이제부터는 좀 더 광역지자체 차원에서, 원전 안전과 재해대책 차원에서 지역주민, 시민단체, 전문가와 소통하는 '국민소통 프로그램'으로서의 CSR사업을 추진할 필요가 있다고 본다. 이러한 사례로 일본 도쿄전력이 1997년부터 3년간, '자연에너지추진시민포럼' 등과 협조해 태양광발전의 보급촉진 지원활동을 추진, 각 단체가 태양광발전 설비의 설치 희망가정을 모집하면 설치비용의 절반 정도를 도쿄전력이 지원하고 동시에 발전량이나 일사량 등의 설비의 가동상황, 실제 평가 등에 관한 정보를 공동으로 분석하는 프로젝트로 이를 벤치마킹

할 필요가 있다고 본다.

둘째, 기후변화, 특히 지구온난화방지사업과 관련해 해외 나무심기 프로젝트에 대해서도 관심을 가질 필요가 있다고 본다. 도쿄전력이 2000년에 호주 뉴사우스웨일즈주에서 현지법인을 설립해 CO_2의 흡수·고정을 목적으로 한 환경 나무심기를 시작한 바 있다. 세계은행의 카본펀드(Carbon Fund)에 참여해 재생가능에너지의 이용 촉진이나 발전소의 열효율 개선 등의 프로젝트에 투자함으로써 수익성과 함께 글로벌기업으로서의 공헌을 하는 방안도 모색할 필요가 있다.

셋째, 종래의 원자력홍보에서 벗어나 '에너지강좌'를 적극 개설할 필요가 있다. 지금까지의 한수원의 청소년교육프로그램 중 상당수가 '원전 필요성 및 안전 홍보'에 중점을 두었다면 이제는 원전만이 아니라 '에너지 전반'에 대한 이해를 통해 글로벌 에너지기업으로 나아가야 한다고 본다. 또한 지역 시민환경단체와 협의해 시민대상의 '찾아가는 에너지환경교실' 개설 등을 통해 상시 소통함으로써 한수원의 이미지를 높일 수 있다고 본다. 외국 전문가 및 활동가를 대상으로 이러한 거버넌스체제를 보여줌으로써 글로벌 에너지 리더 이미지를 세계에 알리는 방안도 모색할 필요가 있다.

주

1   아래의 내용은 國米欣明. 人間と原子力〈激動の75年〉, 幻冬舎ルネッサンス. 2013과 原子力百
    科事典ATOMICA(www.rist.or.jp/atomica)를 바탕으로 작성한 것이다.

2   Dwight D. Eisenhower: "Address Before the General Assembly of the United Nations on Peaceful
    Uses of Atomic Energy, New York City,," December 8, 1953. Online by Gerhard Peters and John
    T. Woolley, The American Presidency Project. http://www.presidency.ucsb.edu/ws/?pid=9774.

3   國米欣明, 人間と原子力〈激動の75年〉, 幻冬舎ルネッサンス, 2013과原子力百科事典
    ATOMICA(www.rist.or.jp/atomica),   WIKIPEDIA(https://en.wikipedia.org/wiki/Chernobyl_
    disaster), フクシマが見たチェルノブイリ26年目の真実, 宗像良保, 寒灯舎, 2013을 바탕으로 작
    성한 것이다.

4   國米欣明, 人間と原子力〈激動の75年〉, 幻冬舎ルネッサンス, 2013과原子力百科事典
    ATOMICA(www.rist.or.jp/atomica),   WIKIPEDIA(https://en.wikipedia.org/wiki/Chernobyl_
    disaster), 畑村洋太郎·安部誠治·淵上正朗. 福島原発事故はなぜ起こったか 政府事故調核心
    解説. 講談社. 2013. pp.10-34.를 바탕으로 작성한 것이다.

5   Gross employment from renewable energy in Germany in 2009-a first estimate, March, 2010. 大
    友詔雄, 自然エネルギーが生み出す地域の雇用, 自治体研究社, 2012. p.77에서 재인용.

6   이창훈 외, 화석연료 대체에너지원의 환경 경제성 평가(1)-원자력을 중심으로, 한국환경정
    책·평가연구원, 2013, pp.41-47.

7   遠州尋美, 2009, pp64-65; 김해창, 2013, pp.57-58.

8   http://kakujoho.net, 김해창, 2015, p.57.

9   遠州尋美, 2009, pp.65-66.

10 아오모리현 에너지종합대책국 원자력입지대책과 발행 《원전연료사이클시설 입지에 따른 지
    역진흥》(2009년).

11 일본 원자력발전환경정비기구(NUMO) 홈페이지(http://www.numo.or.jp) 참고.

12 大島堅一·高橋洋, 地域分散型エネルギーシステム, 日本評論社, pp.12-13.

13 Our World(유엔대학 웹매거진), 브랜든 배럿 로얄 멜버른 공과대학, 개발과 사회-에너지, 아
    시아, 기후변화, 2011년 4월 20일(https://ourworld.unu.edu/jp/can-japan-go-100-renewable-
    by-2050) 내용을 요약, 정리한 것이다.

14 http://www.tatsachen-ueber-deutschland.de의 내용을 요약 정리한 것이다.

15 독일 하인리히벨재단의 Craig Morris, Martin Pehnt가 2012년 11월 28일 발표한 내용으로
    http://energytransition.de와 http://www.kikonet.org에 게재된 내용을 요약 정리한 것이다.

16 Richard R. Jurin, Principles of Sustainable Living, Human Kinetics, 2012. 참조.

참고문헌

고이데 히로아키. 고노 다이스케 역. 후쿠시마 사고 Q&A-핵발전과 방사능. 무명인. 2012.

고이데 히로아키. 김원식·고노 다이스케 역. 은폐된 원자력 핵의 진실. 녹색평론사. 2010.

권승문. 핵발전소 사고 대비를 위한 지침서. 녹색연합. 2013.

김기진 외 18명. 한권으로 꿰뚫는 탈핵. 무명인. 2014.

김명진·김현우·박진희·유정민·이정필·이헌석. 포스트 후쿠시마와 에너지전환시대의 논리 탈핵. 이매진. 2011.

김익중. 한국탈핵. 한티재. 2013.

김정욱. 나는 반대한다: 4대강 토건공사에 대한 진실 보고서. 느린걸음. 2010.

김정욱. 위기의 환경: 어떻게 구할 것인가. 푸른산. 1995.

김해창. 원자력 비상계획구역 확대에 따른 방재 및 안전대책 비용확보를 위한 원전안전이용부담금 제 도입에 관한 연구. 경성대 환경문제연구소 연구보고서. 2014.1.31

김해창. 저탄소 대안경제론. 미세움. 2013.

김해창·차재권·김영하. 고리원전의 탈원전 추진을 위한 원전안전이용부담금 도입에 관한 실증분석. 지방정부연구 제18권 제2호. 2014.8.30.

김해창·차재권·김영하. 부산 고리원전의 탈원전정책에 대한 경제적 가치평가. 환경정책 제22권 제3호. 2014.9.20.

데이비드 J. 디오니시. 정성훈 역. 아메리칸 히로시마. 산지니. 2006.

무나카타 요시야스·김해창. 후쿠시마가 본 체르노빌 26년째의 진실 그리고 부산. 도서출판 해성. 2014.

박승준. 한국 월성, 고리원전 1호기 사고피해 모의실험-일본 SEO code 기법의 한국 원전 적용 두 번째. 환경운동연합. 2012.

손진상. 댐 주변지역 지원사업 효율화방안. 과학기술법연구 제14집 제2호. pp.77-78. 2009.

산업통상자원부·한국수력원자력(주). 2014년 원자력발전백서. 2014.

스기타 사토시. 임삼진 옮김. 자동차, 문명의 이기인가 파괴자인가. 따님. 1996.

신부용. 대안 없는 대안 원자력발전. 생각의 나무. 2005.

심기보. 원자력의 유혹. 한솜미디어. 2008.

양재영·이영희·허균영·이상훈·백원필·김연민·노동석·김해창·김진우·윤순진. 서울대 사회발전연구소 기획. 원자력논쟁-원자력 전문가가 직접 알려준 찬반의 논거. 한울. 2017.

우자와 히로후미. 김준호 역. 지구온난화를 생각한다. 도서출판 소화. 1996.

윤순진. 기후변화 대응전략으로서의 원자력발전정책에 대한 비판적 검토 : 지속가능한 발전의 관점에서. 한국행정학보 제37권 제4호. 359-382. 2003.

이근대·박정순. 사후처리비용과 원자력발전의 경제성 평가. 에너지경제연구원. 2005.

이유진. 원전 하나 줄이기-에너지소비도시에서 에너지생산도시로!. 서울연구원. 2016.

이정전. 환경경제학. 박영사. 2004.

이창훈 외. 화석연료 대체에너지원의 환경·경제성 평가 I-원자력을 중심으로. 한국환경정책평가연구원. 2013.12.

이치근. 국가안전 증진방안 분석보고서: 테러저지를 위한 과학/기술의 역할. KOSEN Expert Review.

한민족과학기술자네트워크. 2003.

장우석. 원전의 드러나지 않은 비용. 현대경제연구원. 2012.

장정욱. 핵발전소와 지역경제·지방재정-일본 아키타정의 사례. 부산대 사회과학대학 30주년 기념 국제학술세미나. 2012.11.9.

정지범. 고준위 방사성 폐기물 처리시설 정책의 공론화와 갈등예방에 관한 연구. 한국행정연구원. 2010.

조규성. 탈핵비판. 글마당. 2017.

조석·이지평·김창섭·윤순진·노동석·전영환·이상훈. 에너지에 대한 모든 생각: 최신 에너지 이슈 와 국내외 정책 현황. 메디치미디어. 2016.

조성진. 원자력발전 외부비용의 이해. 에너지경제연구원. 2015.

탈바꿈프로젝트. 탈바꿈-탈핵으로 바꾸고 꿈꾸는 세상. 오마이북. 2014.

하타무라 요타로·아베 세이지·후치가미 마사오. 김해창·노익환·류시현 역. 안전신화의 붕괴-후쿠 시마 원전사고는 왜 일어났나. 미세움. 2015.

한국산업조직학회. 균등화 발전원가 해외사례 조사 및 시사점 분석. 한국전력공사. 2018.1.

한국원자력환경공단. 2017년도 중·저준위 방사성폐기물 관리 시행계획. 2017.

한국환경경제학회. 고준위방폐물 관리시설 확보를 위한 사회적 비용 산출 연구 중간보고서. 한국 원자력환경공단. 2018.7.

허가형. 원자력 발전비용의 쟁점과 과제. 국회예산처. 2014.3.

후쿠시마 소책자 간행위원회. 후쿠시마의 10가지 교훈. 2015.

히로세 다카시. 김원식 역. 원전을 멈춰라-체르노빌이 예언한 후쿠시마. 이음. 2011.

國米欣明. 人間と原子力〈激動の75年〉. 幻冬舍ルネッサンス. 2013.

広瀬隆. 原発処分-先進国ドイツの現実. 五月書房. 2014.

金子勝. 脱原發成長論. 築摩書房. 2011.

内閣府原子力政策担当室. 原子力発電所の事故リスクコスト試算の考え方. 原子力発電·核燃料サイク ル技術等検討小委員会(第2回)資料第1号. 2011.10.13.

内海聰. 放射能と原發の真実. KIRASIENNE. 2015.

大島堅一. 原発のコスト: エネルギー転換への視点. 岩波書店. 2011.

大友詔雄. 自然エネルギーが生み出す地域の雇用. 自治体研究社. 2012.

東京電力福島原子力発電所における事故調査·検証委員会. 政府事故調報告書. 2012.7.

藤田祐幸. もう原發にはだまされない. 靑志社. 2011.

滝川薫·村上敦·池田憲昭·田代かおる·近江まどか. 欧州のエネルギー自立地域. 学芸出版社. 2012.

名嘉幸照. '福島原発'ある技術者の証言. 光文社. 2014.

朴勝俊. 脱原發で地元経済は破綻しない. 高文研. 2013.

飯田哲也. '原発の終わり'これからの社会エネルギー政策のイノベーション. 学芸出版社. 2011.

滝川薫·村上敦·池田憲昭·田代かおる·近江まどか. 欧州のエネルギー自立地域. 学芸出版社. 2012.

朴勝俊. 脱原發で地元経済は破綻しない. 高文研. 2013.

飯田哲也. '原発の終わり'これからの社会エネルギー政策のイノベーション. 学芸出版社. 2011.

上岡直見. クルマの不経済学. 北斗出版. 1996.

上岡直見. 自動車にいくらかかっているか. コモンズ. 2002.

山崎久隆. 原子力施設への破壊的行動の意味. アソシエ. 10. 御茶の水書房. 2002.

西尾漠. 原子力·核·放射線事故の世界史. 七つ森書館. 2015.

船瀬俊介. 巨大地震が原発を襲う. 地湧社. 2007.

小野善康. エネルギー転換の経済効果. 岩波書店. 2013.

小倉志郎. 元原発技術者が伝えたいほんとうの怖さ. 彩流社. 2014.

松木良夫他. JAEA-Review 2008-029. 2008.

伊東光晴. 原子力発電の政治経済学. 岩波書店. 2013.

畑村洋太郎・安部誠治・淵上正朗. 福島原発事故はなぜ起こったか-政府事故調核心解説. 講談社. 2013.

遠州尋美. 低炭素社会への選択-原子力から再生可能Iエネルギーへ. 法律文化社. 2009.

宇沢弘文. 自動車の社会的費用. 岩波書店. 1974.

熊本一規. 脱原發の経済学. 緑風出版. 2011.

宗像良保. フクシマが見た本pチェルノブイリ26年目の真実. 寒灯舎. 2013.

澤井正子・原子力發電所周辺で小児白血病が高率に発症. 原子力資料情報室通信 No.405. 2008.3.1.

清水修二. 原發になお地域の未来を託せるか. 自治体研究社. 2011.

村上達也・神保哲生. 東海村・村長の脱原發論. 集英社. 2013.

藤田祐幸. もう原發にはだまされない. 青志社. 2011.

金子勝. 脱原發成長論. 築摩書房. 2011.

遠州尋美. 低炭素社会への選択-原子力から再生可能エネルギーへ. 法律文化社. 2009.

山崎久隆. 原子力施設への破壊的行動の意味. アソシエ 10. 御茶の水書房. 2002.

船瀬俊介. 巨大地震が原発を襲う. 地湧社. 2007.

アソシエ編集委員會. アソシエ 第10號: 原子力の終焉. 御茶の水書房. 2002.

エントロピー学会. 原発廃炉に向けて:福島原発同時多発事故の原因と影響を総合的に考える. 日本評論社. 2011.

Beck. C. K. Proc. 3th Conf. Atomic Energy, Geneva. 1965.

DECC. Consultation on an updated Waste Transfer Pricing Methodology for the disposal of higher activity waste from new nuclear power stations. Department of energy and Climate Change, London. Report URN 10D / 994. 2010.

en.wikipedia.org/wiki/List_of_civilian_nuclear_accidents

European Communities. Extenalities of Energy: Methodology 2005 Update. 2005.

GREENPEACE International. False Hope. 2007.

IAEA. Monitoring and Surveillance of Radioactive Waste Disposal Facilities Specific Safety Guide. 2014.

Jacobs. Radioactive Waste Storage and Disposal Facilities in South Australia. 2016.

Mycle Schneider, Antony Froggatt et al. World Nuclear Industry Status Report 2018.

NUMO. Costing method for HLW disposal in Japan. Technical Meeting on Financing Schemes for Radioactive Waste Disposal Programmes. 2017.

OECD/NEA. Nuclear Electricity Generation: What Are the External Costs?. 2003.

WECD(World Commision on Environment and Development). Our Common Future. Oxford University Press. 1987.

www.aesj.or.jp

www.rist.or.jp/atomica